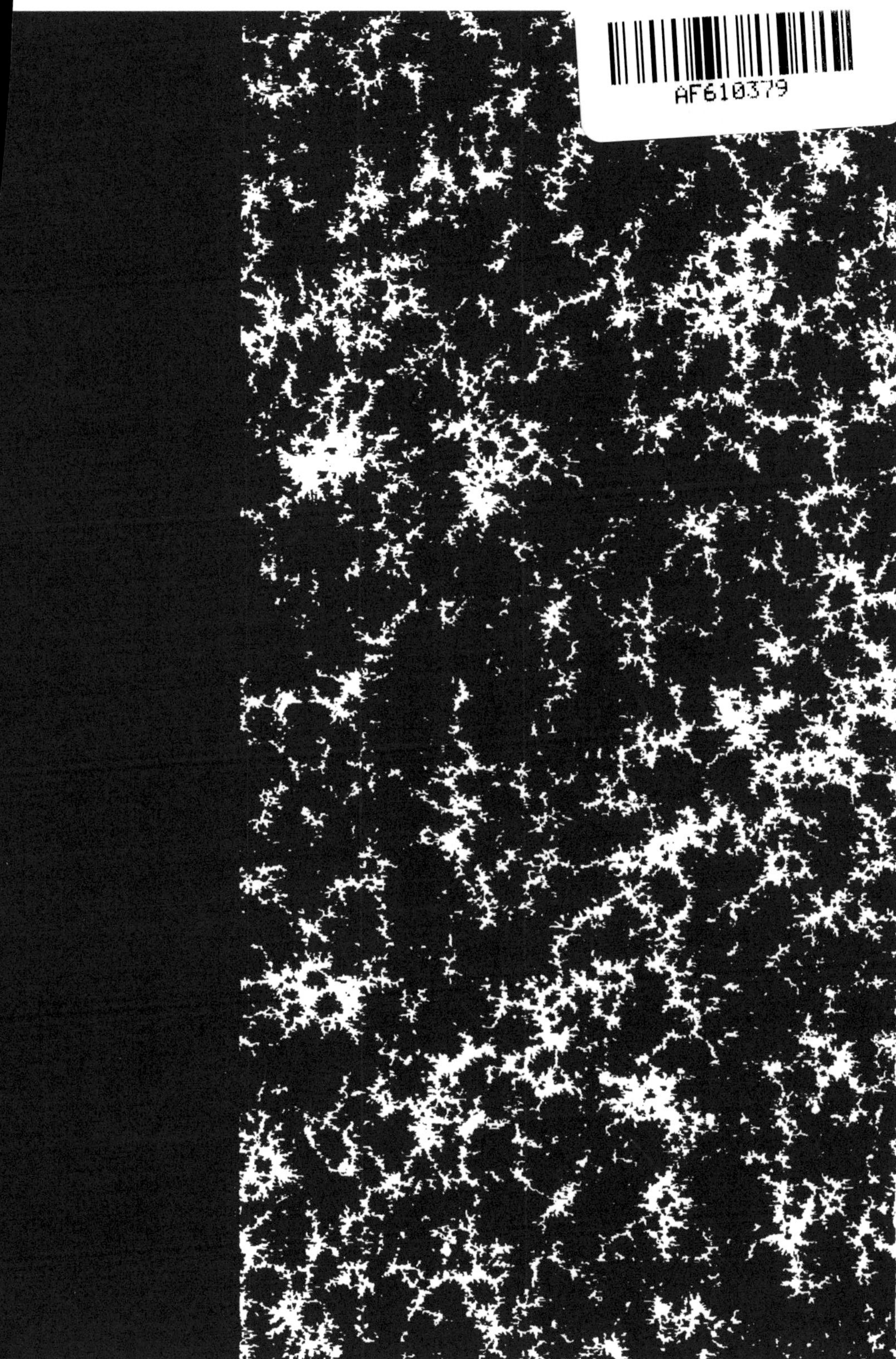

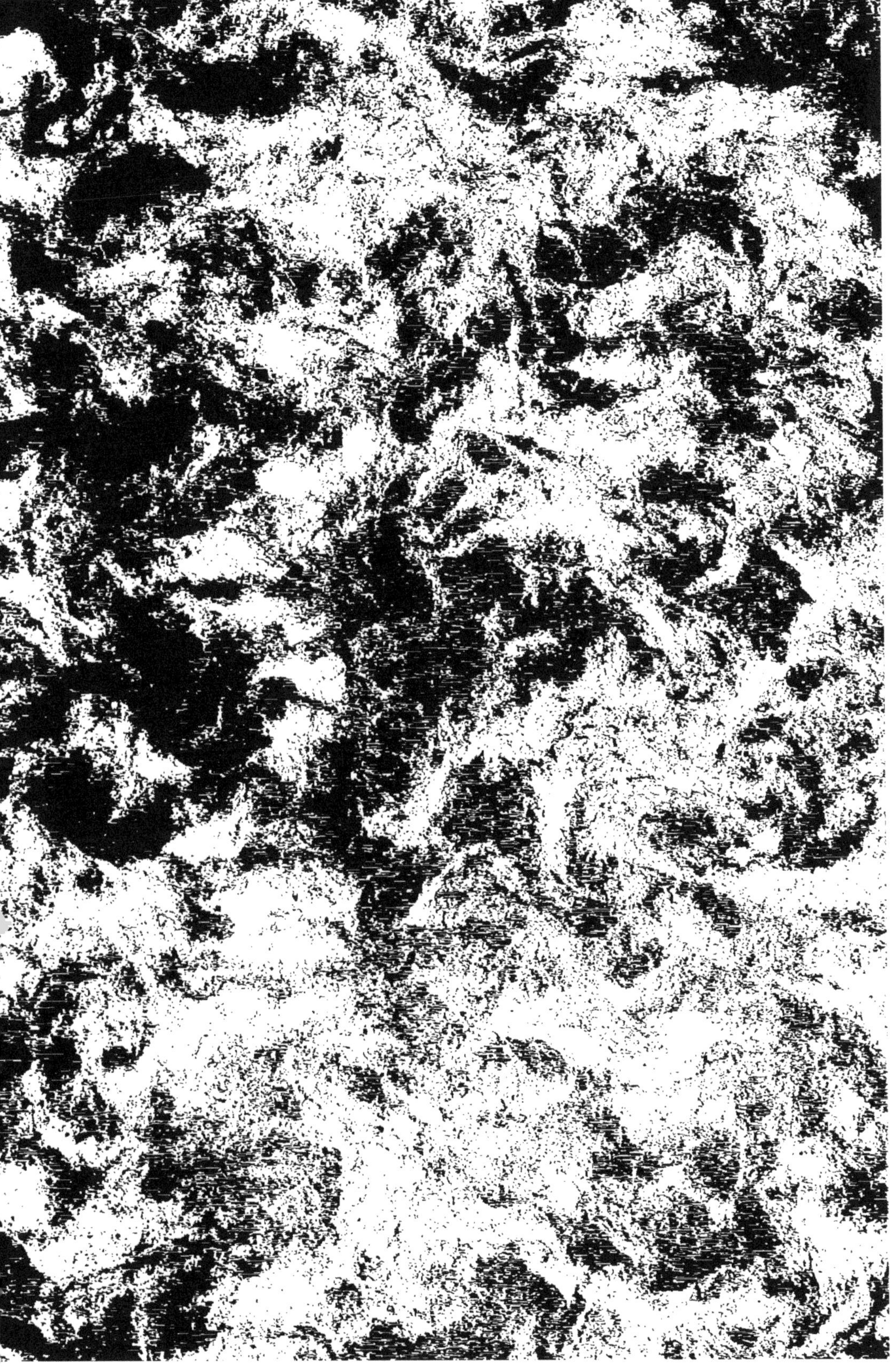

DE

L'ORAISON FUNÈBRE

DANS LA GRÈCE PAIENNE

DE

L'ORAISON FUNÈBRE

DANS LA GRÈCE PAIENNE

Par H. CAFFIAUX

Officier d'Académie.

VALENCIENNES

Imprimerie de B. Henry, Marché-aux-Poissons, 2.

— 1860 —

ERRATA

Page 33, ligne 1. Au lieu de citoyéns, *lisez :* citoyens.

Page 36, note 3. Au lieu de épitaphium, *lisez :* epitaphium.

Page 37, note 1. Fermez la parenthèse après le mot Didot.

Page 48, note 2. Au lieu de : était-elle aussi admise à jeter quelques fleurs, etc., *lisez :* était-elle aussi admise, en toute occasion, à jeter quelques fleurs sur ces tombes? On a quelque raison de le croire en lisant l'inscription funèbre citée par Démosthènes dans son *Discours pour la Couronne* (édit. Landois, § 89), et les épitaphes de l'*Anthologie ;* il est visible, toutefois, etc.

Page 54, note 2. Au lieu de voir surtout, etc., *lisez :* voir le § 1 du *Ménexène.*

Page 75, note 1. Beulé. *Acropole*, au lieu de tome I, *lisez :* t. II.

Page 77, ligne 13. Au lieu de : Bien qu'ami, *lisez :* bien qu'ami.

Page 129, ligne 1. Modifiez ainsi le commencement du discours d'Hypéride : « Athéniens, les discours qui, dans l'avenir, feront, devant ce tombeau, l'éloge de Léosthènes et des autres Athéniens morts avec lui pendant la guerre, auront, pour attester que ces guerriers furent des braves, le témoignage actuel de [tous ceux qui ont vu, sur le champ de bataille, etc.

Page 147. A la fin de la note commençant à la page 146, ajoutez : Une harangue de polémarque paraît aussi avoir été composée par le sophiste Epiphanius, qui enseigna la rhétorique à Athènes. (Suidas. *Vit. Epiphanii*, cité par Westerman.)

Page 199, ligne 1. Au lieu de : et ajoute à l'éclat du talent, *lisez :* et ajoutent à l'éclat du talent.

Page 205, dernière ligne de la note. Au lieu de habenta, *lisez :* habento.

Page 209, ligne 11. Au lieu de Maximus Tyrins, *lisez :* Maximus Tyrius.

Page 252, note J, ligne 12. Au lieu de aila negligenter, *lisez :* alia negligenter.

Lisez avec un accent aigu au lieu d'un accent grave : ἴσως page 53, note I; αἴσθησις page 98, note I; et εἴη page 254, note M, ligne 8.

Page 255. Lisez avec un ι souscrit l'adjectif conjonctif au datif singulier masculin partout où il se rencontre dans la note O.

Pages 258 et 261, notes P et U. Ajoutez l'esprit rude au mot Ελλήνων.

AVANT-PROPOS

Une étude sur l'oraison funèbre chrétienne n'est plus à faire. Des hommes éminents ont traité de cette grande éloquence dont Bossuet est la plus parfaite expression et qui, plus que toute autre peut-être, immortalise le XVIIe siècle. — A eux donc l'appréciation de ces chefs-d'œuvre de l'âge d'or de notre littérature. — Mais s'ils en ont parlé avec une autorité qui ne laisse rien à faire à la critique, peut-être n'est-il pas sans intérêt de rechercher ce que fut chez les païens ce genre que le christianisme a élevé au sublime.

Telle sera notre tâche ; nous nous efforcerons de démêler ce que put être l'éloge des morts aux époques les plus rapprochées de son origine ; nous tenterons d'en rassembler les vestiges épars, d'en retrouver les caractères ; puis nous étudierons les monuments que le temps a respectés et dont l'authenticité, le mérite ou la faiblesse seront successivement l'objet d'un scrupuleux examen. Mais nous nous bornerons aux productions émanées de la Grèce : c'est là seulement que les matériaux abondent, et qu'ils constituent, par leur importance et leurs caractères bien marqués, un genre à part, ayant ses règles, sa méthode, ses habitudes.

Notre travail, qui n'a d'autre prétention que de faire connaître les devanciers des princes de l'éloquence chrétienne, se partage en quatre périodes.

La première comprend la recherche de l'éloge funèbre personnel et privé depuis les temps les plus reculés jusqu'aux guerres médiques.

La seconde traite de l'éloge politique et collectif des guerriers morts pour la patrie pendant toute la durée des guerres médiques.

Nous rangerons dans la troisième les oraisons funèbres de même nature qui furent prononcées depuis la guerre du Péloponèse jusqu'à la perte de l'indépendance.

Nous examinerons dans la quatrième les éloges individuels qui remplacèrent les oraisons funèbres collectives et se succédèrent jusqu'à ce que la parole évangélique eût fait taire le dernier des sophistes païens.

Enfin, pour rendre cette revue aussi complète que possible, nous y ajouterons une étude sur la Monodie, cette autre forme de l'Oraison funèbre pendant la quatrième période, ainsi qu'un chapitre sur le Discours de consolation.

PREMIÈRE PÉRIODE

ORAISON FUNÈBRE PERSONNELLE ET PRIVÉE

DEPUIS LES TEMPS LES PLUS RECULÉS JUSQU'AUX GUERRES MÉDIQUES

« L'éloge funèbre, dit M. Villemain, est sans doute une » des plus anciennes formes qu'ait reçues l'éloquence. » En effet, si l'éloquence est fille de l'émotion, quel événement devrait plus vivement impressionner les hommes primitivement réunis, que la disparition du plus vénéré ou du plus brave, manquant tout à coup à la tribu ou à la famille, et laissant, ainsi qu'Ajax dans les rangs de ses soldats, un vide au combat, un vide au conseil, ou bien, au foyer domestique, les privations et la misère, comme pour perpétuer dans tous les cœurs les longs souvenirs et les longs regrets ?

Mais si la mort a pu, même à cette époque, amener de douloureux épanchements, de pathétiques adieux, il est vraisemblable que le progrès des lumières dut rapidement perfectionner cette expansion spontanée de la parole : l'homme, dans toutes les conditions que lui peut faire, je ne dirai pas la civilisation, mais même la barbarie, n'a pas seulement, dans les replis de son cœur, l'instinct secret de son immortalité, il a encore, et c'est le gage providentiel de son perfectionnement moral, le sentiment vague d'abord, puis plus précis, d'une destinée à accomplir ; de là, l'idée de devoir appliquée à ses actes, de là, la nécessité de l'éloge pour récompenser celui qui a bien vécu.

Aussi l'Oraison funèbre n'a jamais jeté plus d'éclat qu'aux plus beaux jours des civilisations, soit antique, soit moderne ; répétons-le, cependant, elle n'en est pas l'apanage exclusif ; on la retrouve au contraire aux époques les plus éloignées, à celles que le flambeau de l'histoire n'éclaire que par intervalles et de ses rayons les plus vacillants ; j'oserai même dire — et les sauvages de l'Amérique en ont donné la preuve — que les peuples primitifs sont encore ceux chez lesquels elle se montre avec le cachet le plus original.

C'est dans les livres saints, ces premières et sublimes archives de tous les genres de poésie et d'éloquence, comme le dit M. Villemain, que se rencontre le plus ancien éloge funèbre.

« Ils nous font entendre la plainte de David sur la mort
» de Saül et de Jonathas. David célèbre les deux guerriers
» tombés aux champs de bataille : il vante leur courage,
» leur beauté ; il publie et recommande leur mémoire,
» il décrit le deuil du peuple qui les a perdus ; rien n'est
» à la fois plus solennel et plus spontané que ce témoi-
» gnage des vivants à la gloire de ceux qui viennent de
» mourir ; rien ne doit avoir plus naturellement inspiré
» l'éloquence [1]. »

[1] M. Villemain. *Essai sur l'Oraison funèbre.*

Mais ceci est de la poésie. Cherchons mieux nos autorités et ouvrons les annales du peuple le plus anciennement célèbre ; l'Egypte nous présente l'éloge funèbre aux époques les plus lointaines. Au dire de Diodore, il était usité non-seulement aux funérailles des rois, mais encore à celles des simples particuliers.

« S'il ne se présente pas d'accusateur, dit-il, (le cadavre attend avant la sépulture la sanction de l'opinion publique)
» ou si les imputations sont reconnues calomnieuses, les
» parents procèdent à l'éloge du défunt. Ils ne parlent
» point de sa naissance comme les Grecs ont l'habitude
» de le faire, car tous les Egyptiens sont, à leurs propres
» yeux, également nobles ; mais, remontant à son en-
» fance, ils y montrent l'instruction et l'éducation qui
» sont devenues la règle de sa vie. Ils passent ensuite
» à l'âge viril, rappelant sa piété envers les Dieux, sa jus-
» tice, sa modération et ses autres vertus. Dans une prière
» aux Dieux infernaux, ils demandent pour lui une place
» parmi les âmes pieuses, et la multitude répond à ces pa-
» roles en exaltant la gloire du mort qui, dans les enfers,
» va se trouver à jamais réuni aux âmes bienheureuses. »

Ce spécimen de l'oraison funèbre chez les Egyptiens est curieux ; m'objectera-t-on qu'il reproduit l'éloge d'une époque assez voisine de Diodore ? Non, car quelques lignes plus bas l'historien cite les noms des différents législateurs auxquels il rapporte les coutumes dont il vient de faire mention, et ils appartiennent presque tous à l'antiquité la plus reculée.

Dirons-nous que la Grèce, et spécialement Athènes, reçut de l'Egypte, comme tant d'autres choses, la coutume de louer les morts ? On a tant abusé de l'origine égyptienne qu'il est bon de se tenir en garde contre une illusion dont n'ont pas toujours su se défendre les Grecs eux-mêmes, et cependant, en fait d'arts, d'institutions, de coutumes, que de choses la Grèce ne doit-elle pas à l'Egypte ! Dans tout ce qui a trait à la mort, à l'autre vie, ne retrouvons-nous pas en Egypte le fond des croyances mythologiques si richement orné par la poétique imagination des Grecs, et serait-il téméraire de faire descendre des pratiques égyptiennes un usage de plus ? Voici un passage de Cicéron qui, sans être d'une précision décisive, ajoute cependant à cette probabilité.

« La coutume d'enterrer les morts commença, dit-il, à » Athènes dès le temps de Cécrops..... On faisait ensuite » des banquets funèbres où les parents venaient prendre » place couronnés de fleurs, et c'était dans ces festins » qu'on prononçait l'éloge du défunt, lorsqu'il y avait » matière à louer, car c'était un crime de mentir dans » ces occasions [1]. »

Bien qu'il ne soit pas dit, en propres termes, que tous ces usages, y compris l'éloge, remontassent à Cécrops, ils sont néanmoins consignés immédiatement après l'innovation qu'Athènes doit à cet Egyptien, et vraisemblablement en ont été la conséquence.

On remarquera cette sincérité imposée à l'éloge et déjà signalée par M. Villemain dans l'oraison funèbre égyptienne : commune aux éloges des deux peuples, elle fortifie la filiation qu'indique Cicéron.

Constatons que, dans la pensée du savant Romain, ces éloges sont antérieurs à Solon, ainsi que le prouve ce qui suit :

« Lorsque le luxe s'introduisit dans les funérailles avec » l'expression de la douleur, comme nous l'apprenons de » Démétrius de Phalère, Solon l'interdit par une loi que

[1] *De legibus*, liv. II.

» nos décemvirs ont presque transportée mot à mot dans » la dixième table, etc.... Il n'y a plus rien dans Solon » relativement aux sépulcres, sinon qu'il défend de les » détruire, etc.... Mais peu après (peu après Solon, sans » doute,) la somptuosité des monuments que nous voyons » dans le Céramique donna lieu à la loi qui défend aux » particuliers d'en élever qui demandent plus de travail » que n'en peuvent faire dix hommes en trois jours, de » les décorer de vernis, de statues appelées Mercures, de » prononcer des éloges, sinon dans les obsèques publiques » et par celui qui en avait été officiellement chargé. »

On le voit, avant d'arriver à l'époque de Solon les cérémonies funèbres avaient déjà eu le temps de vieillir assez pour que le législateur dût réprimer les écarts de l'exagération et de l'orgueil. Il est vraisemblable que les éloges avaient suivi la même progression car *peu après* « *aliquanto post* » ce fut l'éloge funèbre lui-même qui fut radicalement supprimé.

Voilà des détails précis et circonstanciés que nous donne un homme dont le vaste savoir n'embrassait pas seulement la belle littérature de la Grèce, mais qui en avait approfondi la législation aussi bien que celle de son pays. Remarquons en outre que Cicéron paraît avoir eu sous les yeux un ouvrage de Démétrius de Phalère touchant à l'objet qui nous occupe, et, à l'autorité si compétente de l'orateur romain, vient encore se joindre celle non moins précieuse pour nous d'un écrivain grec, orateur, philosophe, historien, homme d'Etat qui, par l'époque où il vécut, par ses connaissances, par sa position à Athènes était plus à même que personne d'être bien informé.

Il est pourtant un passage de Denys d'Halicarnasse qui semble démentir ce que nous venons d'admettre sur la foi de Cicéron :

Après avoir décrit les honneurs funèbres rendus à Brutus, le Sénat allant au devant de son corps, le peuple apportant du vin et des tables chargées de mets pour l'armée, et enfin le collègue du défunt prononçant son éloge du haut de la tribune, il ajoute :

« Je ne puis dire avec certitude si Valerius fut le pre-
» mier auteur de cette coutume ou si elle était déjà établie
» sous les rois. Il me paraît seulement, par les écrits
» des plus anciens poètes et des plus célèbres historiens,
» que l'usage de louer les grands hommes à leurs funé-
» railles est très-ancien chez les Romains et qu'ils ne
» l'ont point emprunté des Grecs. Nous lisons, il est vrai,
» dans les histoires que les Grecs, pour rendre plus écla-
» tante la pompe funèbre de leurs amis, donnaient quel-
» quefois des spectacles de gladiateurs ou des courses de
» chevaux comme fit Achille à la mort de Patrocle,
» comme Hercule l'avait fait avant lui à celle de Pélops,
» mais aucun de ces écrivains ne parle d'oraisons funè-
» bres, excepté quelques poètes tragiques d'Athènes qui,
» par flatterie [1] pour leur République, ont avancé fausse-
» ment que Thésée fit l'éloge des Argiens en leur rendant
» les honneurs de la sépulture. Les Athéniens, en effet,
» ne s'avisèrent que fort tard de faire le panégyrique des
» morts, soit qu'ils aient commencé par ceux qui ver-
» sèrent leur sang pour la patrie à Artémisium, à Sala-
» mine et à Platée, soit qu'ils eussent déjà accordé cette
» marque de distinction à ces généreux soldats qui don-
» nèrent tant de preuves de leur valeur dans les plaines
» de Marathon. Mais la journée de Marathon est posté-
» rieure de seize ans à la mort de Brutus, quand même

[1] Eschyle est au-dessus d'une pareille imputation ; nous verrons plus loin pourtant qu'il parle de l'éloge funèbre.

» on supposerait qu'il eût été le premier dont on eût fait » l'oraison funèbre. Du reste sans rechercher avec trop de » curiosité [1] qui des Romains ou des Grecs sont les au- » teurs d'une aussi louable coutume, il est certain, pour » peu qu'on y fasse attention, que les Romains l'ont em- » porté sur les Grecs par la sagesse avec laquelle ils en » ont usé. Les Athéniens, dans leurs éloges, se bornaient » au seul courage, etc... [2] »

On le voit, il y a contradiction ; mais cette contradiction n'est qu'apparente.

Denys d'Halicarnasse a certainement raison quand il nous présente le discours dont Publicola honora la mémoire de son collègue, comme sans précédents à Athènes. Il ne paraît pas, en effet, que jamais une oraison funèbre y ait été prononcée en l'honneur d'un particulier, par ordre des magistrats, avant ni même après l'époque où eut lieu l'éloge de Brutus ; mais de ce que nul éloge public ne consacra les services d'aucun grand citoyen, s'en suit-il que jamais, pour la vertu guerrière comme pour

[1] Quoique je doive négliger la question laissée par Denys indécise, je ne puis m'empêcher de faire remarquer que les Romains qui ont pris aux lois de Solon tant de règlements et de détails pour leurs funérailles, pourraient bien leur avoir pris aussi l'idée de l'éloge personnel. Seulement ils en ont fait une récompense nationale, chose qui ne se vit jamais à Athènes que pour la totalité des morts tombés dans une campagne. Cette différence s'explique par la différence des deux gouvernements : L'aristocratie romaine eut dédaigné de prodiguer à la plèbe une pareille distinction pour une mort assez vulgaire. Athènes, avec ses goûts démocratiques, eut souffert impatiemment tant d'honneurs accumulés sur une seule tête. Le héros de la fête fût-il mort, il pouvait naître dans sa famille cet orgueil qui inspire le goût de la domination et produit ensuite des Pisistrates.

[2] *Antiquités romaines*, liv. V, § 17.

des vertus plus douces, nulle parole n'ait été dite sur une tombe ? Faut-il croire qu'au sein de la famille, dans un cercle qu'ont pu étendre l'amitié, l'affection, la reconnaissance, la sympathie, un éloge, expression non plus collective et officielle, comme celui dont parle Denys, mais familière et toute spontanée d'une grande douleur, ne se soit jamais entendu ?

Denys ne le dit pas ; insistons même sur ce point que, dans tout le morceau cité, il n'est question que d'éloge prononcé *par l'ordre et au nom de l'Etat.* Quand l'historien se sert de ces propres expressions : « *Les Athéniens, en* » *effet, ne s'avisèrent que fort tard de faire le panégyrique des* » *morts, soit qu'ils aient commencé par ceux qui versèrent* » *leur sang pour la patrie à Artémisium, à Salamine et à* » *Platée, soit..., etc., etc.* », il est clair qu'il parle des Athéniens assemblés solennellement, agissant comme peuple, donnant, à ce titre, une récompense nationale, et non des Athéniens envisagés isolément, comme simples particuliers et prononçant sur la tombe de leurs amis et de leurs proches un éloge compris dans un adieu suprême. En opposant les Romains aux Athéniens, le critique juge, non les habitudes privées, mais la politique de chaque peuple, et c'est à ce point de vue seulement qu'il donne la supériorité aux Romains. En dehors de ces limites, la comparaison qu'il établit n'aurait pas de sens ; dans les conditions où je la maintiens, elle est, au contraire, d'une parfaite justesse.

Nous pouvons donc concilier le double témoignage de Cicéron et de Denys d'Halicarnasse, et, en admettant avec Denys que l'éloge public date, pour les Grecs, de l'époque de l'invasion de Xerxès, reporter au même temps le décret dont parle Cicéron, décret qui interdit « de pro- » noncer des éloges funèbres, excepté dans les obsèques

» publiques et par celui qui en aurait été officiellement » chargé ; » mais nous maintenons qu'il ressort de ce dernier témoignage la reconnaissance implicite d'un autre éloge usité antérieurement, aux funérailles des particuliers, éloge que prononçaient des orateurs non autorisés par l'état et qui sans doute n'étaient eux-mêmes que les parents et les amis du défunt.

Du reste, si la compétence du savant Romain constatant cette coutume avant les guerres médiques avait besoin d'être appuyée par d'autres preuves, nous les trouverions encore ; elles n'abondent pas sans doute, mais elles sont décisives.

Ainsi Eschyle, dans *Agamemnon*, nous parle de l'éloge comme d'une chose certaine, habituelle et obligatoire : « Les vieillards d'Argos demandent en frémissant à Clytemnestre *qui ensevelira Agamemnon*, *qui le louera sur sa* » *tombe* [1] *?* »

Philostrate n'est point, il est vrai, une autorité incontestable; pourtant il n'eut pas émis gratuitement une opinion contraire aux croyances reçues. Or, il dit en parlant d'Ajax : « les Athéniens exposèrent son cadavre, et ce fut » Mnesthée qui prononça l'éloge funèbre par lequel ils » ont l'habitude de louer les morts [2]. »

Nous sommes prêt à reconnaître que nous n'avons ici qu'un usage des temps historiques appliqué rétrospectivement à l'antiquité; mais n'en peut-on conclure que ces éloges, dans la pensée commune, remontaient à une époque très-ancienne et que ce qui semble prématuré pour le temps d'Ajax, peut s'affirmer sans péril pour celui de Solon qui appartient bien à l'histoire ?

Faisons néanmoins bon marché de cette citation et re-

[1] M. Patin. *Tragiq. grecs*, t. III, p. 375. — [2] Heroica, § XIII.

venons à Denys d'Halicarnasse, qui nous donnera encore notre meilleur argument.

Dans le chapitre de son traité de rhétorique [1] où il parle de l'Oraison funèbre, après avoir indiqué deux genres d'éloges, l'un personnel, à l'usage de ceux qui meurent dans leur lit, l'autre politique et collectif pour les guerriers qui succombent sur un champ de bataille, il ajoute : « Παραδείγματα δ' αὐτῶν ἐστί που καὶ πάρα τοῖς ἀρχαιοις. Nous » avons des modèles de ces genres dans les ouvrages des » anciens. » Et plus bas il nomme les oraisons politiques de Thucydide, Platon, Lysias, Démosthènes, Hypéride. Passant ensuite à l'autre genre : « οὐκ ἀπορήσομεν δὲ οὐδὲ τῶν » πρὸς ἕκαστον, ἐπεί τοι καὶ τὰ ποιήματα μεστὰ τούτων. Nous ne » manquons pas de modèles pour l'éloge personnel, puis» que les poëmes en sont pleins. » — πολύς τε καταλογάδην » ἐστὶ τούτων λόγων, ἔν τε τοῖς πάλαι καὶ τοῖς ὀλίγον τί πρὸ ἡμων » γενομένοις. Nous possédons un grand nombre de ces » éloges en prose, composés tant par les anciens que par » les écrivains qui ont précédé quelque peu notre épo» que. »

Voilà un passage qui nous semble trancher la question d'une manière péremptoire : Les Athéniens, dans un temps qui était déjà l'antiquité pour le siècle de Denys, ont connu et pratiqué l'éloge individuel, τὸν πρὸς ἕκαστον. Sans doute dans la pensée de Denys, les guerres médiques appartiennent à cette antiquité ; mais comme l'éloge per-

[1] On a élevé des doutes sur l'authenticité de ce traité comme œuvre de Denys d'Halicarnasse et je regrette vivement de n'avoir pu m'éclairer de la thèse de M. Sadous. Du reste la chose est, pour les besoins de mon sujet, assez indifférente : que ce traité soit de Denys ou d'un autre, il est certainement d'un homme bien informé.

sonnel n'existait plus alors, il faut nécessairement qu'il soit ici question d'une époque antérieure.

Que si, à propos de modèles, le critique nous renvoie d'abord aux poètes, n'en soyons pas surpris, c'est apparemment pour les éloges les plus anciens, pour ceux qui ont précédé la rhétorique : ceux-là, en effet, n'ont pas dû laisser de traces écrites ailleurs que dans les naïves imitations que la poésie antique savait tirer de la vie contemporaine. L'éloquence n'existait alors que comme un don naturel qui s'ignore, et pour laisser quelque chose après elle, il fallait qu'elle eût eu quelque conscience d'elle-même et qu'elle fût devenue un art.

C'est, du reste, ce qui ne se fit guère attendre ; et quand le talent de la parole, mieux apprécié, plus répandu fut étudié avec ardeur, quand des hommes éloquents eurent pu être jaloux de conserver une inspiration heureuse et de la faire vivre dans sa forme authentique, d'une vie distincte et réelle, alors parurent ces nombreux éloges en prose que mentionne Denys.

Il ne nous en reste aucun, il est vrai ; mais nous reste-t-il un seul dithyrambe ? Et, de ce que le temps nous les a tous ravis, aurions-nous bonne grâce à les nier ? — Si nulle part nous ne trouvons nettement cité un seul de ces discours, c'est qu'étant un des épisodes les plus ordinaires des funérailles, ils étaient probablement compris dans l'expression qui désigne les honneurs que l'on doit et que l'on rend aux morts [1] ; c'est que les funérailles se

[1] Hérodote, en parlant de l'Athénien Tellus, dit, après avoir indiqué les honneurs qui lui furent rendus : « *δημοσίῃ τε ἔθαψαν » αὐτοῦ τῇπερ ἔπεσε, καὶ ἐτίμησαν μεγάλως* ; ils l'enterrèrent aux » frais du public au lieu même où il tomba et lui décernèrent de » *magnifiques honneurs.* » Nous ne disons pas qu'on lui ait ac-

faisant pour ainsi dire en famille, ils avaient au dehors très-peu de retentissement [1] ; c'est qu'en outre ayant été supprimés peu après Solon, ils n'ont pas dû être bien nombreux[2]. Songeons d'ailleurs que, provenant d'orateurs inconnus, ne parlant que de personnages inconnus ou vulgaires, ils n'avaient pas grande chance d'être cités comme monuments littéraires et visaient très-peu sans doute aux honneurs de la célébrité. Nous-même enfin, si les besoins de notre thèse ne nous conduisaient à nous occuper de leur existence, donnerions-nous, au point de vue de l'art, de bien vifs regrets à cette perte, et pouvons-nous nous étonner que les contemporains et la postérité en aient tout simplement fait justice, les premiers en ne les remarquant pas, la seconde en les oubliant?

Non, sans doute, et si, dans le grand naufrage qui a englouti tout entiers tant d'illustres génies, nulle épave ne nous a apporté un discours, un fragment même, appartenant à l'objet actuel de nos recherches, les données qui précèdent nous semblent bien suffisantes pour nous permettre d'assurer que l'éloge funèbre exista antérieurement aux guerres médiques et peut-être dès la plus haute antiquité.

Et d'ailleurs, quoi de plus conforme que ces éloges au génie éminemment oratoire et passionné des Grecs ? Dès l'aurore de leur civilisation, ils avaient des hymnes de vengeance, des hymnes de deuil ; pourquoi n'auraient-ils

cordé un éloge funèbre, que de choses pourtant laissent supposer ces derniers mots ! (Hérodote, liv. I.30).

[1] Cicéron. *De legibus* : « Sublata etiam erat celebritas virorum » et mulierum, quò lamentatio minueretur..... Quocircà Pittacus » omninò accedere quemquam vetat in funus aliorum. » (Liv. II).

[2] Le mot πολὺς qualifie vraisemblablement plutôt la fin de la phrase que le premier membre ἔν τε τοῖς πάλαι.

pas eu aussi des discours pour la tombe de leurs morts, surtout quand tout fut, de tout temps, objet d'exposition par la parole chez ce peuple essentiellement orateur [1] ?

Ajoutons que cette coutume de louer les morts est si naturelle au cœur humain qu'on la retrouve même chez les Spartiates, et cela, à une époque où leurs monosyllabes étaient à peu près les seuls frais d'éloquence qu'ils se permissent encore. Hérodote, en parlant des funérailles des rois lacédémoniens [2], nous montre les hommes, les femmes, les Ilotes, pêle-mêle, se frappant le front et déclarant que le roi qu'ils viennent de perdre « était le » meilleur des rois. » — Ceci, sans doute, n'est pas une oraison funèbre, mais nous sommes à Sparte et non à Athènes ; aussi en pourrions-nous presque conclure *à priori*, et par une induction toute spontanée, que l'éloge funèbre, le discours étendu existait dans cette dernière ville, à la même époque, puisque l'expansion par la parole, l'éloge et même l'exagération — l'un des défauts du genre — étaient d'usage dans la patrie de la vérité et du silence aux funérailles de ses rois.

Nous croyons donc à l'existence de l'éloge funèbre dès les temps les plus reculés ; mais où trouver maintenant des données suffisantes pour concevoir ce qu'il a été sous sa forme primitive ?

Denys d'Halicarnasse nous l'a dit, adressons-nous aux poètes. Ouvrons donc Homère, Eschyle, Sophocle et Euripide; ils nous montrent des héros pleurés par leurs amis

[1] Ils ont encore aujourd'hui, paraît-il, des improvisations funèbres appelées *myriologues*. Voir Fauriel. *Chants populaires de la Grèce moderne*, discours préliminaire, t. I, p. 39 et suivantes. — Voir encore Marino P. Vreto. *Mélanges néohelléniques*, p. 32.

[2] Liv. VI, § 58.

ou par leurs proches et quels que soient les rapports des personnages entre eux, les particularités de la situation ou les circonstances de la catastrophe, l'expansion de leur douleur affecte deux formes bien caractérisées. Ce sont ou de dramatiques lamentations, des cris de douleur qu'accompagne tout le désordre du désespoir [1], comme dans le myriologue moderne ; ou bien une contemplation plus calme, mais tout aussi douloureuse du triste destin qui a frappé la victime et du même coup ceux qui la pleurent [2]. On ne peut, en effet, méconnaître ces derniers caractères dans les plaintes qu'exhalent Andromaque, Hécube et même Hélène devant le cadavre d'Hector.

Nous ne les citerons pas, tout le monde les connaît ; insistons seulement sur ce point qu'ils sont une sorte d'épanchement intime où les regrets se mêlent à l'éloge : Andromaque fait honneur à son mari d'avoir été le défenseur de la patrie, des femmes et des enfants ; Hécube, dans un discours plus mâle et digne de la mère d'un guerrier, le félicite d'être mort plutôt qu'esclave ; puis, quand ses tendresses de cœur reprennent le dessus, elle constate encore, avec une triste satisfaction, qu'il a gardé la fraîcheur et la beauté même au sein de la mort ; Hélène vante l'humanité, la douceur de celui qui la protégeait contre de trop justes colères, à la merci desquelles elle va se trouver sans défense. Toutes ces réflexions sont pathétiques, mais ce qui les caractérise surtout, c'est d'être l'effusion sans apprêt de la douleur.

[1] Eschyle. *Les sept Chefs*. — Sophocle. *Œdipe à Colone ; les dernières scènes.*

[2] Homère. *Iliade*, liv. XXIV. — Voir encore les plaintes d'Achille et celles de Briséïs sur le cadavre de Patrocle. *Iliade*, liv. XIX. Et enfin dans Euripide *(les Phéniciennes)* celles d'Antigone.

La seconde forme de l'éloge funèbre, celle qu'affectionnent plus particulièrement les tragiques, nous offre une éloquence d'un élan, d'un tour plus rapide et le mouvement toujours croissant d'une impétueuse douleur ; mais pour en bien sentir la portée et la force, il ne faut pas la demander à la traduction textuelle du grec ; ouvrons plutôt, comme M. Patin [1], C. Delavigne dont la savante imitation nous fera goûter le myriologue antique, bien mieux que l'interprétation la plus fidèle d'Eschyle.

Voilà sous la double forme que nous donnent les poètes, l'écho plus ou moins modifié des premières oraisons funèbres.

Peut-être trouvera-t-on peu de rapports entre les allocutions indiquées dans Homère et le dialogue d'Eschyle, dialogue brisé à chaque instant par l'impétuosité des répliques et si brusque de mouvements, même dans la marche parallèle des pensées. Faisons remarquer que cette différence est bien plus apparente que réelle ; au fond, la situation est la même : Antigone et Ismène devant le cadavre de leur frère ; Hécube, Andromaque, Hélène devant celui d'Hector, épanchent, les unes simultanément, les autres tour à tour leur douleur. Mais si les deux sœurs, dans la vivacité du sentiment qui les oppresse, s'interrompent mutuellement pour se compléter, pour enchérir l'une sur l'autre et porter le trouble et l'intérêt du drame jusqu'aux dernières limites du pathétique, malgré la forme différente qu'en reçoivent leurs plaintes, le fond n'en est pas moins encore cette contemplation douloureuse, quoique moins réfléchie, que nous offrent les discours successifs d'Andromaque, d'Hécube et d'Hélène.

Faut-il croire que si ces deux formes sont devenues

[1] *Tragiq. grecs*, t. I, p. 192.

distinctes, c'est que l'épopée et le drame, en s'emparant du fond commun, l'ont chacun diversement marqué du caractère qui lui est propre ? Nous ne le pensons pas ; dans la réalité, ces deux formes ont pu se présenter simultanément et sans se confondre : à ces époques reculées qui touchent aux temps héroïques, les divers membres de la famille venaient tour à tour [1] adresser au défunt quelques adieux ; l'un d'eux, le plus important sans doute, le père peut-être, ou le plus disert, gardait plus longtemps la parole et les lamentations des autres personnages servaient probablement de cadre à son discours, voilà tout à la fois le myriologue du drame, et le discours suivi de l'épopée [2].

[1] Cet usage se retrouve dans les temps postérieurs au commencement de l'ère chrétienne. (Voir le chapitre sur la Monodie.) L'ami, le concitoyen, l'habitant de la maison à un titre quelconque pouvaient-ils, à l'occasion, élever aussi la voix dans ce moment suprême ? On serait tenté de le croire. Eschyle en effet, immédiatement avant ce myriologue dont nous recommandons la lecture, nous montre, devant les cadavres d'Etéocle et de Polynice qu'on apporte sur la scène, le chœur, se partageant en deux, pour unir sa douleur à celle d'Antigone et d'Ismène. Il faut convenir pourtant que ce n'est pas ici que nous trouvons l'*éloge*. Le chœur déplore au contraire les haines, les crimes et le trépas des deux frères. On comprend pourtant que, dans des circonstances différentes et en présence d'autres personnages, les réflexions auxquelles il se livre se soient changées en regrets et en tendres adieux. C'est ce que le théâtre grec nous montre à chaque pas. — Du reste, si la chose n'est pas certaine pour l'époque contemporaine d'Eschyle, elle est indubitable pour celle de St-Grégoire de Naziance, témoin ce passage de ses poésies : « Quelquefois une jeune fille, » dans la maison de sa mère, devant le corps inanimé de son fiancé » chéri, nouvelle épouse encore toute parée, malgré son pudique » embarras, commence la plainte funèbre ; puis *ses esclaves et » ses compagnes, debout sur deux rangées, gémissent tour à » tour pour donner trève à son chant lamentable.* »

[2] Le myriologue n'est pas la forme exclusivement adoptée par le drame. Voir dans les *Phéniciennes*, d'Euripide, le beau monologue d'Antigone.

Il est bien vrai que nous ne trouvons pas tout à fait encore dans ce dernier l'éloge tel que le font entendre Denys d'Halicarnasse et Cicéron ; mais rappelons aussi que nous n'avons demandé à Homère que le reflet poétique d'une oraison funèbre, de même nature sans doute, mais antérieure à celle que mentionnent ces deux écrivains ; songeons en outre que ce n'est qu'à travers ce que la poésie ajoute, retranche ou modifie selon ses besoins, qu'il nous est donné d'entrevoir la réalité, et avouons toutefois que cela nous permet de comprendre ce que fut à son point de départ l'éloquence funèbre.

Si nous voulons maintenant nous enquérir de ce qu'ont pu être ces éloges en prose supprimés après Solon, ils ont dû vraisemblablement être analogues à ceux que nous venons de mentionner, mais avec moins de naïveté dans l'expression de la douleur. On conçoit facilement qu'avec le progrès des lumières et à la suite de la pompe qui, au dire de Démétrius de Phalère, envahit les funérailles, l'éloge funèbre ait, lui aussi, voulu laisser quelques traces brillantes, et qu'il se soit présenté sous un air plus étudié et en se drapant avec un art jusqu'alors inconnu. Peut-être alors l'orateur — car c'était un orateur — sacrifiait un peu la vérité au désir de remplir dignement sa tâche ; sans doute aussi, en cherchant à élever son sujet, il donna mainte fois aux actions et aux vertus du mort, fussent-elles des plus vulgaires, l'importance de services publics, ayant contribué au bien-être de l'Etat. Cette supposition pourra paraître bien gratuite, mais ce qu'il y a de certain, c'est que l'éloge fut interdit par une loi somptuaire qui voulut punir surtout les écarts de l'ostentation et de l'orgueil ; or, si l'éloge fut compris dans la proscription, il paraît assez naturel d'en conclure qu'il avait également pêché, soit en blessant le sentiment démocratique, soit par ses seules exagérations. Peut-être trouverions-nous quelques vestiges de cette intempérance élogieuse dans une scène des *Suppliantes* d'Euripide, où Adraste fait, devant Thésée et les Athéniens, l'éloge des sept chefs dont ils ont reconquis les restes [1].

Nous y renvoyons le lecteur ; il y verra que ce ne sont pas seulement les vertus domestiques, les qualités sociales de ces hommes que vante Adraste, il y a chez le poète une intention manifeste de faire de Capanée et des autres chefs des types de bons citoyens, et, à cette occasion, l'éloge monte d'une manière assez intempestive jusqu'à la patrie elle-même ; la rendait-on toujours responsable de ces étranges vertus, et n'eut-elle pas parfois à rougir de ceux dont on faisait ses enfants les plus dignes ? Je l'ignore ; mais voilà peut-être le défaut, en même temps que le cachet distinctif, de ces éloges écrits qui ont précédé quelque peu les guerres médiques. Quoique plus apprêtés que ceux dont nous avons fait mention tout à l'heure, ils ne laissent pas d'être de la même famille et rien vraisemblablement ne nous empêche de résumer en ces termes les caractères de tous les éloges funèbres compris dans cette première période :

Ils furent individuels, familiers, de peu d'étendue, sans aucun caractère officiel, sans prétention littéraire ; la simplicité, l'abandon, le pathétique d'une vraie douleur étaient leurs qualités les plus ordinaires, et, prononcés

[1] « L'éloge des guerriers morts, tel que le fait Adraste, dit M. Patin (vol. 3, p. 375 des *Trag. grecs*), contredit l'idée qu'on s'en forme d'après les *Sept Chefs*, d'Eschyle, et même d'après les *Phéniciennes*, d'Euripide. Il paraît étrange d'entendre louer les vertus domestiques, les qualités sociales de ces hommes violents et audacieux qui bravaient la terre et le ciel même, etc... »

au sein de la famille, ils avaient dû en recevoir un cachet d'intimité qui, à défaut d'autres motifs, eût suffi pour expliquer que la plupart n'aient point été écrits.

Que s'ils ont, avec les années, altéré ces caractères d'une éloquence toute primitive, si l'exagération leur a fait étaler des services et des vertus imaginaires, ils n'ont pu se montrer longtemps sous cette forme nouvelle : une loi fit justice de leurs empiètements téméraires et les frappa de mort.

SECONDE PÉRIODE

DE L'ORAISON FUNÈBRE POLITIQUE ET COLLECTIVE

PENDANT TOUTE LA DURÉE DES GUERRES MÉDIQUES

I.

Interdite aux funérailles des simples particuliers pour ne plus exister que comme récompense publique, l'Oraison funèbre n'en devait jeter qu'un plus vif éclat; Athènes — car il n'est ici question que d'Athènes — décida que ces éloges seraient collectifs, prononcés devant le monument des guerriers morts pendant la durée d'une campagne et confiés à l'orateur le plus habile.

Il est au moins inutile de faire ressortir tout ce qu'ils durent gagner à devenir ainsi la conquête du talent, la consécration du génie, et combien le champ s'agrandissait pour l'éloquence, quand l'auditoire devenait un peuple tout entier; le but du discours, l'exaltation de ceux qui avaient fait à la patrie le sacrifice de leur existence, et l'orateur, l'organe de cette même patrie reconnaissante, au milieu de sa gloire, des succès que ses enfants avaient payés de leur sang le plus pur.

Par qui était choisi cet orateur? Je ne sais. Thucydide, d'accord avec Lysias, Platon et Démosthènes, le dit nommé par la *ville* ou par les *citoyens* ; Platon, dans un autre endroit, et après lui Aristide désignent le *Sénat;* Cicéron, au passage déjà cité, se sert d'expressions qui laissent le point indécis [1]. Il est probable, et c'est l'opinion de Westerman, que le Sénat choisissait ou proposait et que le peuple ratifiait son choix.

Quant à la cérémonie des funérailles, nous voyons par les détails que nous ont conservés Thucydide et Diodore de Sicile, qu'on lui donna toute la solennité possible, et, aux raisons déjà alléguées pour expliquer l'abolition de l'éloge individuel, peut-être aurions-nous pu ajouter que, dans sa gratitude profonde, Athènes voulut garantir à qui mourait pour elle le privilége exclusif de l'Oraison funèbre ; dans cette hypothèse l'éloge individuel et familier aurait cessé le jour même où fut institué l'éloge officiel et collectif.

Quelque intéressant que puisse être pour nous le tableau des fêtes patriotiques qui l'accompagnaient, il n'est pas compris nécessairement dans l'unité de notre sujet et nous ne nous y arrêterons pas. Cependant, comme il y a eu parfois confusion entre l'auteur du décret qui établissait les funérailles publiques et celui qui y ajouta un éloge, peut-être ferons-nous bien de dire quelques mots de leur double origine.

Les funérailles publiques sont d'une date bien plus ancienne : contrairement à ce qui se pratiquait pour l'éloge, elles ont été parfois accordées à un seul citoyen,

[1] Publicè ad eam rem constitutus.

témoin l'Athénien Tellus [1] dont nous avons déjà parlé, témoin Solon qui reçut aussi cet honneur [2].

Comme récompense collective, elles sont encore antérieures aux guerres médiques ; Pausanias nous en donne cette preuve :

« En cet endroit, dit-il, se trouvent les tombeaux des » Athéniens qui, avant la guerre persique, furent tués » dans la lutte contre les Éginètes et qui, par un décret » du peuple, partagèrent avec leurs esclaves l'honneur » d'être enterrés aux frais du public et d'avoir leurs noms » inscrits sur la stèle [3]. »

Qui institua ces funérailles collectives ? On s'accorde généralement à désigner Solon : peut-être cependant ne fit-il qu'étendre, par un décret, à la totalité des victimes [4] d'une campagne, une distinction qui, de loin en loin, se conférait avant lui à quelque brave dont on avait exceptionnellement remarqué la valeur.

On a voulu aussi rapporter à Solon le décret qui prescrivait l'éloge collectif [5], mais il suffit de jeter les yeux

[1] Voir p. 11 la citation textuelle. L'exemple de Tellus, enterré à l'endroit où il tomba, prouve encore que le lieu de la sépulture fut choisi d'abord arbitrairement avant que la loi n'affectât le Céramique à cet usage. Ant. Westerman (*De publicis Atheniensium honoribus*) pense que cette loi fut promulguée peu de temps après la mort de Solon.

[2] Elien. V. H. VIII.16 cité par Westerman. *Ibid.*

[3] *καὶ Ἀθηναίων δ'ἔστι τάφος οἳ πρὶν ἢ στρατεῦσαι τὸν Μῆδον ἐπολέμησαν πρὸς Αἰγινήτας — Ἦν δὲ ἄρα καὶ δήπου δίκαιον βούλευμα, εἰ δὴ καὶ Ἀθηναῖοι μετέδοσαν δούλοις δημοσίᾳ ταφῆναι καὶ τὰ ὀνόματα ἐγγραφῆναι στήλῃ· δηλοῖ δε ἀγαθοὺς σφᾶς ἐν τῷ πολέμῳ περὶ τοὺς δεσπότας.* Liv. 1, § 29. Edition Didot.

[4] Westerman, p. 58.

[5] *Le scoliaste de Thucydide et Anaximène le rhéteur*, cité par Plutarque (*Publicola*, 9.) — Voir Westerman. *Ibid.*, p. 59.

sur les premiers mots de l'oraison funèbre de Périclès pour reconnaître l'impossibité de cette allégation :

« La plupart de ceux qui ont déjà parlé à cette tribune, » dit Périclès, ont loué celui qui a ajouté à la loi cet éloge » des morts. »

Bien que le scoliaste dise en note : δῆλον ὅτι τὸν Σόλωνα, le texte est formel et porte τὸν προσθέντα τῷ νόμῳ. Or, celui qui a *ajouté à la loi* ne peut être le même que *l'auteur de la loi ;* autrement l'orateur les eut confondus dans la même expression, au lieu de les distinguer en n'adressant qu'à l'auteur de l'addition les éloges de ceux qui l'ont précédé à la tribune.

D'ailleurs, Diodore de Sicile contredit cette opinion en nous donnant, à défaut du nom de l'auteur, la date précise de son décret. Il dit, après avoir raconté la bataille de Platée :

« Les Athéniens ornèrent les sépulcres de ceux qui » avaient succombé pendant la guerre persique, ils insti- » tuèrent des jeux funèbres et des luttes autour de leurs » tombes, et une loi décida que d'éminents orateurs » feraient leur éloge et perpétueraient le souvenir des » hauts faits qui leur avaient valu une sépulture publi- » que [1]. »

Or, comme Aristide commandait les Athéniens à la bataille de Platée, peut-être fut-il l'auteur de la loi. Du reste, ce qu'il importe surtout de connaître, c'est l'époque où elle parut, et Diodore, sur ce point, ne nous laisse aucun doute.

Quel fut le caractère de ces éloges ? Denys d'Halicarnasse nous l'a dit au passage déjà cité : ils furent la glorification exclusive du courage, et l'historien en prend

[1] Liv. XI, § VII. Edition Didot.

occasion pour les mettre bien au-dessous de ceux qui, à à Rome, récompensaient indistinctement tous les mérites.

En principe, il a raison, et je rends bien volontiers hommage au bon sens pratique des Romains qui savaient apprécier les vertus civiles ; pourtant, on ne doit comparer que des choses qui se présentent dans des conditions identiques, et Denys ne me semble pas tenir assez compte de la différence des institutions politiques, ni de l'époque où fut rendu le décret, ni des circonstances qui ont amené sa promulgation.

Au milieu des guerres médiques, quand Athènes dut son salut et sa liberté à l'épée de ses enfants, alors qu'une loi intervenait pour consacrer par la parole l'éloge des morts, n'était-il pas bien naturel que la vertu la plus idolatrée fût le courage ? Quelle estime pouvait avoir alors un peuple enthousiasmé de ses triomphes pour les humbles et modestes vertus de la vie privée, pour les mérites obscurs, quoique réels, d'un citoyen, eût-il été un digne magistrat, un sage administrateur? Quand tous les cœurs avaient battu à l'unisson dans ces moments d'angoisse où la liberté était en péril, quand on avait vaincu à Marathon, vaincu à Salamine, vaincu à Platée, ces Perses odieux qui avaient brûlé et saccagé l'Acropole, dévasté la patrie, détruit les temples, voulu l'asservissement de toute la Grèce, et qu'à force d'héroïsme on avait pu s'enivrer de vengeance et de gloire, pouvait-il rester encore dans les âmes de l'admiration pour autre chose que pour la valeur? Non, et le courage dut être à cette époque la seule vertu qui parût digne de l'honneur exceptionnel que la démocratie athénienne décernait à ses défenseurs. Que cet hommage rendu à la bravoure ait exalté parfois des hommes à d'autres égards indignes, c'est chose probable ou plutôt certaine ; mais la patrie sauvée par eux ne voulait voir en eux que leur gloire, et c'était justice ; car, ainsi que Périclès le dit dans Thucydide : « Rachetant » le mal par le bien, ils ont été plus utiles à l'Etat par » leurs hauts faits, qu'ils ne lui ont nui par leurs fautes » particulières. »

D'ailleurs, si l'on veut admettre, comme nous le marquons plus haut, que l'État, en supprimant les éloges individuels et privés, eut au nombre de ses motifs le désir d'ajouter à l'éclat de ces éloges collectifs, il devient nécessaire de reconnaître que le fond n'en pouvait guère varier et qu'on ne sacrifiait ainsi l'éloge des vertus civiles que pour célébrer exclusivement et sans réserve la vertu principale du soldat, la valeur.

Nés dans l'exaltation du triomphe, ces éloges ont dû être pleins d'élan et de passion : la bravoure des guerriers, la grandeur des résultats obtenus, l'illustration de la patrie qui leur doit toute sa gloire, quel admirable thème pour le patriotisme ardent d'une pareille assemblée ! J'imagine même que, dans leur enthousiasme, orateur et auditeurs rêvaient de glorieuses représailles, de brillantes et légitimes conquêtes : parmi les promesses de Marathon et de Salamine, la perspective d'une invasion en Asie devait être une des plus attrayantes : Eschyle, dans sa tragédie des *Perses*, nous donne une idée de cette préoccupation très-vraisemblable des esprits, lorsqu'il prête ces paroles à l'ombre de Darius :

« Oh ! je tremble pour les trésors que j'amassai jadis ! » Ils seront la proie du premier qui les voudra conqué» rir ! »

Ce fut encore cette pensée présente au fond de tous les cœurs, autant sans doute que les habitudes de la tribune où il parlait, qui donna à Gorgias l'idée saillante de l'oraison funèbre qu'il fit entendre à un auditoire athénien et que nous croyons pouvoir assigner à cette époque.

II.

GORGIAS — PÉRICLÈS

L'œuvre de Gorgias est perdue, aussi bien que celle qu'avait composée Périclès pour les Athéniens tués dans la guerre de Samos. L'Antiquité nous a transmis comme ayant appartenu à l'une et à l'autre, deux courts fragments : quelques lignes de celle de Périclès, et une page qu'elle a signée du nom de Gorgias.

La critique, peut-être, s'était trop peu occupée de ce second fragment traité jusqu'ici avec une indifférence fort dédaigneuse, lorsque M. Egger, dans ces derniers jours [1], l'a interprété d'une manière nouvelle qui lui restitue une certaine valeur.

« On aimerait, dit-il, à connaître par leurs œuvres les » sophistes et les rhéteurs dont les leçons et les exemples » contribuèrent plus ou moins directement à former le » talent de Thucydide....... Peut-être n'avons-nous qu'un » pastiche de Gorgias dans les lignes suivantes, attribuées » à une oraison funèbre de guerriers morts pour la liberté » d'Athènes ; en tout cas, composée dans un temps où » les traditions de cette école n'étaient pas encore éteintes,

[1] *Revue européenne*, 15 mars 1860.

» cette page est pleine d'intérêt pour nous ; elle doit nous
» offrir au moins le reflet fidèle des qualités et des dé-
» fauts qui caractérisaient ces premiers professeurs d'élo-
» quence. »

M. Egger ayant donné la traduction d'une partie de ce morceau, nous nous empressons de la faire connaître au lecteur :

» Que pourrait-on désirer en eux de ce qui convient à
» des hommes ? Que pourrait-on regretter qui fît tort
» à des hommes ? Je pourrais dire ce que je veux, mais
» je voudrais ne dire que ce qu'il faut pour échapper à
» la jalousie des hommes et pour ne pas éveiller la ven-
» geance des dieux... Ces guerriers, en effet, eurent une
» vertu divine dans un corps mortel... Ayant surtout
» exercé deux facultés : la prudence par les conseils, la
» force par les actions ; prêts à servir le juste malheu-
» reux et à punir l'injuste qui prospère ; audacieux quand
» l'intérêt le demande ; ardents pour les nobles pensées,
» opposant à la folie le calme de la raison, rendant l'injure
» pour l'injure, les égards pour les égards ; courageux
» contre les hommes de courage, terribles dans les dan-
» gers terribles. En témoignage de ces vertus ils ont,
» vainqueurs de l'ennemi, élevé un trophée en l'honneur
» de Jupiter et en souvenir de leur reconnaissance, etc. »

Qui sait ? Au sein de l'école, un des disciples de Gorgias s'exerçant à composer dans le genre de son maître (γοργιάζων), et sur des sujets traités par lui, est peut-être l'auteur de cette série d'antithèses fatigante et puérile, car ce n'est pas ainsi que Gorgias eût captivé les Athéniens de Périclès ; tel passage analogue, dans son oraison funèbre, présentait sans doute quelques oppositions symétriques fort admirées de son temps : l'élève imitateur, reprenant tout à la fois et le fond et la forme, les aura, dans sa verve indiscrète, reproduites avec une exubérance ridicule, et, au lieu d'avoir une page de Gorgias, nous n'avons ici qu'une sorte de charge de son style si vanté.

Quelque précieuse pourtant que soit cette image incertaine d'une éloquence perdue, elle jetterait, toute seule, peu de lumière sur ce que fut l'Oraison funèbre à cette époque ; heureusement, Philostrate avait lu l'œuvre de Gorgias, ainsi que le fameux discours prononcé à Olympie, et il nous en a laissé le contenu qu'il expose en ces termes :

« Quant à l'oraison funèbre que Gorgias prononça à » Athènes en l'honneur des guerriers morts pendant la » guerre et que les Athéniens honorèrent de funérailles » et d'éloges publics [1], elle fut composée avec un art » extrême : excitant les Athéniens à la guerre contre les » Perses et reprenant l'idée émise par lui aux jeux olym- » piques, il ne dit plus rien de la concorde parce qu'il » parlait devant les Athéniens qui aspiraient au comman- » dement et qui ne pouvaient y arriver sans une agression » audacieuse, mais il s'étendit sur l'éloge des vainqueurs » des Perses, montrant que des victoires remportées sur » les barbares, il résulte des chants de triomphe, de celles » qu'on remporte sur les Grecs, des hymnes de deuil [2]. »

Nous comptions tout à l'heure parmi les formes de l'oraison funèbre avant la guerre du Péloponèse une belliqueuse aspiration vers des conquêtes en Asie ; en voici justement la preuve : rien de plus naturel du reste ; nous avons vu qu'il faut dater de la bataille de Platée l'institution de l'éloge collectif. « A cette même époque, » Aristide, dit Plutarque [3], dans une assemblée générale

[1] οὓς Ἀθηναῖοι δημοσίᾳ ξὺν ἐπαίνοις ἔθαψαν.

[2] *Vie des Sophistes*, liv. 1, chap. IX. Edition Didot.

[3] *Vie d'Aristide*. chap. XXXVI.

» des Grecs, avait présenté un décret qui prescrivait une » levée de dix mille hommes de pied, de mille cavaliers » et la construction d'une flotte de cent vaisseaux *pour* » *faire la guerre aux barbares.* » Il s'entend de soi-même que l'éloge collectif, né des mêmes circonstances, du même enthousiasme, des mêmes besoins, ait reproduit la pensée du décret d'Aristide. Il est même impossible d'admettre que l'orateur ait négligé une source d'inspiration aussi féconde, un moyen d'action aussi puissant sur un peuple animé de pareilles dispositions [1], et cette forme doit avoir été bien impérieusement populaire, puisqu'un rhéteur, élevé à l'ombre de l'école et n'entendant rien aux affaires publiques, ne crut pas pouvoir se dispenser de la traiter [2].

C'était donc, selon toute vraisemblance, le thème favori de l'Oraison funèbre avant Gorgias et ce fut encore après lui un sujet traité avec complaisance par ses admirateurs ; plusieurs passages d'Isocrate viennent à l'appui de cette assertion ; celui-ci entre autres, qui est une allusion visible au discours de Gorgias et aux imitations qui en furent faites. Après avoir donné aux Grecs le conseil de se réunir pour marcher contre les barbares [3], Isocrate ajoute : « Je n'ignore pas qu'un grand nombre de so-

[1] Voir dans Isocrate (*Panég.*, § 41 et 42), quelles haines vivaces les invasions médiques avaient laissées dans tous les cœurs.

[2] Non admiror tale argumentum ad illustrandum sibi delegisse (Gorgiam) quod admodum vulgare atque tritum erat, hoc tempore. (Ant. Westerman. *De Epitaphio Demosth.*, p. 7.) — Remarquons que ce thème ne se perdit jamais, même chez les Grecs des époques postérieures aux guerres médiques : il va de Gorgias à Isocrate qui l'expose avec tous ses développements dans sa lettre à Philippe ; et, de ce prince qui s'en préoccupa beaucoup, la pensée de l'orateur passe à Alexandre qui la mit à exécution.

[3] *Panég.*, § 1. Edition de Lécluse.

» phistes (σοφιστῶν) m'ont déjà prévenu, etc.... » Me dira-t-on que les funérailles publiques n'étaient pas la seule occasion qui permît à ce lieu commun de se produire? J'en conviens, il y avait l'école d'abord, puis les assemblées générales et particulières de la Grèce. Mais l'école ne créait pas, elle imitait les types célèbres en s'exerçant aux genres en faveur, et quant aux discours prononcés dans leurs assemblées, si les Grecs y écoutaient avec plaisir d'habiles orateurs développant des sujets de toute nature, je ne crois pas qu'ils les eussent entendu volontiers répéter indéfiniment le conseil de Gorgias, car tous ne leur apportaient pas, comme Isocrate, la garantie d'un labeur de dix ans pour vaincre la satiété.

Au contraire, dans l'oraison funèbre de cette époque, ce thème était à sa place : toujours de circonstance, il devait toujours plaire, et nous verrons bientôt que cette tribune de l'oraison funèbre se faisait volontiers une éloquence de formes convenues. Que ce texte ait été développé dans mainte panégyrie, cela ressort du discours d'Isocrate, mais il me semble en ressortir également que l'Oraison funèbre ne le négligea pas.

Ce n'est pas tout, un autre passage du même discours [1] contient une expression qui me paraît digne d'être remarquée : Isocrate, voulant raconter à son tour les guerres médiques et montrer les exploits de Sparte et d'Athènes qu'il va développer, « afin, dit-il, que son récit soit un » monument de la valeur des ancêtres et de leur *haine* » contre les barbares [2], » ajoute : « Je n'ignore pas qu'il » est difficile, quand on vient le dernier, de parler de

[1] § 21.

[2] ἵν' ἀμφοτέρων ὑπομνήματα γένηται τῆς τε τῶν προγόνων ἀρετῆς, καὶ τῆς πρὸς τοὺς βαρβάρους ἔχθρας.

» choses que les citoyéns les plus éloquents ont fait pa-
» raître tant de fois dans l'éloge des guerriers morts pour
» la patrie. » — Or, dans toutes les oraisons funèbres de son temps, nous voyons bien d'abord l'éloge des ancêtres et ensuite l'exaltation des victoires remportées sur l'Asie, mais rien qui explique l'emploi du mot *haine* (ἔχθρα). Pour le justifier, pour se rendre compte des modèles qu'à pu imiter Isocrate [1], il faut supposer des discours dans lesquels se trouvaient des exhortations passionnées contre les Perses et remonter jusqu'aux œuvres qui, comme celle de Gorgias, appartenaient à notre seconde période.

Mais cet éloge est-il bien de l'époque que je lui assigne? Ne m'objectera-t-on pas que le sophiste sicilien n'arriva à Athènes qu'avec l'ambassade des Léontins, c'est-à-dire vers la cinquième année de la guerre du Péloponèse [2]? C'est, en effet, l'opinion la plus accréditée [3] ; j'espère néanmoins pouvoir établir que Gorgias fit un premier voyage en Grèce avant la guerre de 431.

Il est bien vrai que je vais prendre mes preuves dans Philostrate, écrivain un peu suspect; mérite-t-il pourtant ici une juste défiance? J'admets qu'il soit un guide peu sûr en mainte occasion, dans sa *Vie d'Apollonius de Tyane*, par exemple; mais doit-il pour cela rester sous le coup d'un anathème général? Lorsqu'il s'agit des sophistes, ne

[1] § 41 et 42. — [2] 88e *Olymp.*, 2e année.

[3] At Gorgiam ante Oly. 88.-2 in Græciam venisse nullo scriptoris testimonio firmatur. (Ant. Westerman. *De Epit. Dem.*) D'un autre côté, M. A. Pierron, dans son *Hist. de la Littérature grecque*, fait venir Gorgias en Grèce avant l'ambassade des Léontins, vers 440 avant J.-C. ; M. Theil, traduisant l'ouvrage de l'Allemand Ficker, indique aussi la même date. — Il est fâcheux que ni l'un ni l'autre n'apportent de preuves à l'appui de leur opinion.

peut-il être une autorité compétente, lui qui les connaissait à fond, les avait étudiés avec amour et qui en parle si bien? Gorgias paraît avoir été l'objet particulier de ses recherches et de son admiration. Il écrit en effet à l'impératrice Julie, femme de Septime Sévère : « Conseille au plus » audacieux des écrivains Grecs, à Plutarque, de n'être » plus hostile aux sophistes et de ne plus calomnier Gor- » gias [1]. » Il donne des détails très-précis sur cet homme célèbre [2] et sur le caractère de son éloquence [3]. Il apprécie l'influence qu'il a exercée de son temps sur les peuples comme sur quelques beaux génies [4]; il parle des innovations qu'on lui doit et qui ont contribué aux progrès de l'éloquence [5]; il semble enfin avoir approfondi toutes les questions qui touchent aux sophistes et à leur art qui était, après tout, le sien.

Nous croyons donc pouvoir, sur ce terrain, faire, sans danger d'hérésie, quelque cas de sa parole ; voyons maintenant les passages dont s'autorise notre opinion.

« Il n'est pas étonnant, dit-il [6], que, déjà avancé en âge, » Gorgias ait été à Athènes l'objet d'une admiration géné- » rale : il dut captiver tout ce qu'il y avait de savants, » Critias et Alcibiade jeunes encore, Thucydide et Péri- » clès déjà murs (ἤδη γηράσκοντε). »

Périclès avait donc entendu Gorgias? Mais d'après les données reçues, Gorgias ne vint à Athènes que trois ans après la mort de Périclès... Philostrate ignorait-il la bio-

[1] *Epît.*, 73. — [2] *Sop.*, liv. I, § IX. — [3] Ibid.

[4] Les Thessaliens, les Athéniens. — Isocrate, Platon, Agathon. Périclès, les poètes épiques, Critias, Alcibiade. (*Sop.*, liv. I, § XVI-XVII. Ep. 73).

[5] Improvisation, écoles d'éloquence, figures nouvelles, etc.. préface des *Sophistes* et *Vie des Soph.*, liv. I, § IX.

[6] *Vie des Soph.*, I, § IX.

graphie de son rhéteur favori ? Ignorait-il aussi que Périclès est mort au début de la guerre du Péloponèse et que l'ambassade des Léontins, fait historique auquel est intimement lié le personnage de Gorgias, lui est bien postérieure ?

Autre assertion qui, cette fois, ne lui est pas personnelle, mais qui paraît être l'expression d'une croyance généralement admise :

« On dit qu'Aspasie de Milet exerça Périclès à se per-
» fectionner en imitant Gorgias : λέγεται δὲ καὶ Ἀσπασία ἡ
» Μιλησία τὴν τοῦ Περικλέους γλῶσσαν κατὰ Γοργίαν θῆξαι. »

Ainsi Périclès, avant d'être un orateur consommé, avait gagné à étudier Gorgias d'après les conseils de la belle Milésienne.

La conclusion à tirer de ces deux passages ressort d'elle-même. D'ailleurs, si nous y prenons garde, il y a dans l'idée dominante du discours de Gorgias la preuve la plus certaine que cet éloge a dû précéder la guerre du Péloponèse.

En effet, supposons-le prononcé au plus fort de la lutte, le développement d'un pareil thème peut-il échapper au reproche d'être la satire indirecte de la politique athénienne ? Et faut-il croire que le sophiste sicilien fût passionné pour la gloire de la nation qui l'écoute au point de manquer, par amour du bien public, une assez belle occasion de plaire à tout le monde ? Non, sans doute. Ne croyons donc pas qu'il ait voulu, pour une dangereuse innovat on et pour le plaisir de donner un bon conseil, risquer sa popularité et la continuation de l'existence fort douce qu'il menait à Athènes. Je le trouve, au contraire, fidèle aux habitudes caressantes des sophistes, ne fût-ce que par la suppression de toute cette partie qui, dans son discours d'Olympie, avait trait à la concorde. Cela devait être assez mal reçu des Athéniens ; il s'empresse de le retrancher pour ne diminuer en rien ses chances de plaire. Que s'il s'est borné à l'exhortation à marcher contre l'Asie et l'a fait suivre d'un salutaire conseil, c'est qu'il le pouvait faire impunément et sans causer une surprise compromettante ; c'est que la guerre était encore incertaine et les esprits sans résolution irrévocablement arrêtée ; c'est enfin qu'il reprenait une des formes usitées avant lui et encore en vigueur à l'époque de son premier voyage, mais qui, une fois la lutte commencée, ne pouvait plus se produire, surtout dans un discours prononcé au nom de l'État.

Dira-t-on que sa qualité d'étranger l'éloignait de la tribune [1] et que son oraison funèbre ne fut qu'un exercice de rhétorique composé après coup et qui n'eut jamais de retentissement qu'au théâtre, ou dans un cercle de vains admirateurs [2] ?

Répondons tout d'abord que Lysias était étranger, ce qui ne l'empêcha pas d'en prononcer une, sinon plusieurs [3] ; d'ailleurs il n'est écrit nulle part qu'il fallût être citoyen, il suffisait qu'on fût l'*orateur le plus habile*, et la volonté nationale devait, ce me semble, dans une démocratie, ne reconnaître d'autre loi qu'elle-même. Quant à l'autre allégation, elle ne peut se soutenir après une seule lecture du texte de Philostrate. Il y a là, en effet, des détails qui ne sont pas seulement une reconnaissance im-

[1] Ant. Westerman. *De Epitaphio Démosth.*, p. 128.

[2] Id. *Ibid.*

[3] Lysiam épitaphium scripsisse non est dubium, imò plures scripsit, testibus Dionysio Halic., Plutarcho, Theone, Suida, Photio. Ant. Westerman. *De Epith. Démosth.*, p. 33. — On pourrait alléguer en outre que Lysias, malgré son talent bien supérieur, ne jouit jamais de la popularité de Gorgias et n'excita pas, comme lui, un enthousiasme universel.

plicite d'existence officielle pour l'oraison funèbre qui nous occupe, mais encore une sorte de date, ainsi que nous le verrons tout à l'heure.

Toutefois, que nos préférences ne nous rendent pas exclusif, et, si l'autorité de Philostrate ne semble pas assez forte pour prévaloir contre une opinion communément reçue, proposons un terme moyen qui concilie tous les témoignages. Pausanias nous en suggère l'idée, par l'ordre de succession qu'il établit entre les circonstances qui ont donné à Gorgias l'occasion de se faire connaître :

« Gorgias, dit-il, se rendit célèbre par son éloquence » dans l'assemblée générale des Grecs à Olympie et en se » rendant à Athènes comme ambassadeur avec Tisis [1]. »

Qui nous empêche de croire qu'avant d'aller à Athènes il ait fait un voyage à Olympie ? Rhéteur, il avait plus d'un titre pour se rendre à cette auguste assemblée, et il est difficile de croire qu'il ait attendu l'extrême vieillesse pour venir demander aux Grecs réunis un de ces triomphes que les souverains de son pays n'avaient garde de dédaigner [2]. Là, il a pu se rencontrer avec Périclès, Thucydide et tous ceux que nomme Philostrate ; là encore, à la suite du fameux discours prononcé du pied de l'autel de Jupiter, il a pu, pour ces Athéniens dispensateurs de la gloire, reprendre le thème de sa première harangue, et, l'appropriant d'une manière toute particulière à cet auditoire d'élite, en faire une oraison funèbre sur le plan conservé par Philostrate. Son discours, dans ce cas, ne

[1] εὐδοκιμῆσαι δὲ Γοργίαν λόγων ἕνεκα ἔν τε Πανηγύρει τῇ Ολυμπικῇ φασι καὶ ἀφικόμενον κατὰ πρεσβείαν ὁμοῦ Τισίᾳ παρ'Αθηναίους; (Liv. VI, § 17.8, édition Didot,

[2] Gélon, Hieron.

serait qu'une déclamation, mais une déclamation ayant précédé l'ouverture des hostilités, et, pour la recherche de ce que fut l'Oraison funèbre pendant notre seconde période, elle a, dans ces conditions, toute la valeur d'un éloge authentique.

Il ne nous reste plus qu'à préciser en quel temps dut se faire le premier voyage de Gorgias et pour quels morts glorieux il composa son oraison funèbre.

Entre Salamine (480) et le début de la guerre du Péloponèse (431), quarante-neuf ans s'écoulent, et, comme la vie de Gorgias a été des plus longues, il serait difficile de savoir où s'arrêter, si Philostrate, dans les termes qu'il emploie, ne nous donnait quelques éclaircissements.

Il dit, à propos du discours lu à Olympie : στασιάζουσαν γὰρ τὴν Ἑλλάδα ὁρῶν ὁμονοίας ξυμβουλος αὐτοῖς ἐγένετο. — L'emploi de στασιάζω, qui marque la divergence d'opinion, l'action de se grouper en factions, en partis, me semble désigner d'une manière indubitable une de ces époques d'agitation sourde où les ligues se forment, où l'orage s'amoncèle. Tels ont été les temps qui ont précédé la guerre du Péloponèse. L'oraison funèbre suivit le discours d'Olympie, elle fut donc vraisemblablement prononcée à propos d'une des luttes partielles qu'Athènes eut à soutenir avant d'avoir affaire à la confédération puissante qui se formait pour l'assaillir.

Un autre passage déjà cité est plus explicite encore ; c'est celui qui désigne Thucydide et Périclès *déjà mûrs* (ἤδη γηράσκοντε) au nombre des admirateurs de Gorgias. Périclès étant né entre les années 500 et 490, et ayant vécu de 60 à 70 ans, ce n'est guère qu'à ses quinze dernières années que peut s'appliquer le texte de Philostrate. Or, en 457 commence la seconde guerre sacrée [1], Athènes et Sparte s'y trouvent en présence avec des succès partagés. En 449, Périclès entre en Phocide pour faire restituer aux habitants de ce pays la présidence des cérémonies de Delphes. Il achète à son retour la retraite des Corinthiens et des Spartiates qui avaient envahi l'Attique [2] et comprime la révolte de Mégare et de l'Eubée (446).

Voilà un premier fait historique, et nous pouvons nous y arrêter, à moins qu'on ne préfère une date plus rapprochée des commencements de la guerre du Péloponèse, l'année 434 par exemple, pendant laquelle Athènes envoya des secours à Corcyre contre les Corinthiens. Enfin, si, malgré le témoignage précis de Philostrate, on aime mieux faire de cet éloge funèbre une simple déclamation, on peut en placer la date après 440, époque assignée par Ficker au premier voyage de Gorgias à Athènes. Dans ce cas, elle aurait célébré les vainqueurs de Marathon, de Salamine ou de Platée, ou même les victimes des deux expéditions citées en dernier lieu : ces sanglants préludes d'une guerre fratricide prêtant, plus que les luttes contre les barbares, au sage conseil de l'orateur sicilien.

Nous pouvons donc regarder comme définitivement acquis à la seconde période le discours de Gorgias et ranger l'exhortation à la guerre contre les Perses au nombre des formes qu'elle affectionnait le plus. Un autre caractère que je crois pouvoir assigner à l'Oraison funèbre dans ces temps glorieux, c'est une manière de pleu-

[1] La première guerre sacrée remonte à l'an 600 avant J.-C. L'orateur Eschine en est le plus ancien historien. (Discours contre Ctésiphon, 69.36). — Voir le savant article de M. Dehèque dans le supplément de l'*Encyclopédie moderne*.

[2] Dezobry et Bachelet. *Dict. gén. de Biographie et d'Histoire*.

rer les morts, plus vraie et plus naturelle que celle qui prévalut dans la suite.

Athènes, alors victorieuse, n'avait pas peur de laisser couler les larmes, elle ne craignait point que des images touchantes rendissent hostiles les dispositions toujours fort équivoques de la foule après des désastres. Ce fut sans aucun doute pendant cette seconde période que Périclès prononça ces attendrissantes paroles : « L'année a perdu » son printemps », et descendit de la tribune couronné de fleurs par les mères un instant consolées [1]. Cette poétique et touchante comparaison a dû appartenir à l'éloge funèbre des guerriers morts pendant l'expédition de Samos (441), éloge confié à Périclès [2] et dont nous ne pouvons rien dire, car il ne nous en reste que ce passage authentique cité par M. Villemain :

« Ces hommes sont devenus immortels comme les » Dieux eux-mêmes ; car nous ne voyons pas les Dieux » en réalité, mais par les honneurs qu'on leur rend et les » biens dont ils jouissent, nous jugeons qu'ils sont im- » mortels. Les mêmes signes existent dans ceux qui » meurent pour la défense de la patrie [3]. »

L'éloge, comme on le voit, monte jusqu'à une sorte d'apothéose que nous pressentons dans le pastiche de Gorgias et que nous retrouverons dans la suite.

Résumons notre pensée sur cette seconde période : l'Oraison funèbre y était la glorification du courage ; elle

[1] Plutarque. *Périclès*, 8 et 28.

[2] Ex quâ oratione desumpta putant verba quæ leguntur apud Aristotelem : R. III.107, Weber I.I., p. 607, annot. 157. (Westerman, *De Epith. Démosth.*, p. 29).

[3] Simonide avait dit, en parlant des guerriers morts aux Thermopyles : « Tout morts qu'ils sont, ils vivent encore, puisque » leur valeur leur attire toujours des éloges sur la terre. »

était vraisemblablement un chant de triomphe empreint de belliqueuses exhortations à la conquête de l'Asie. La patrie, grande et fière de ses enfants, savait les pleurer avec une poétique tendresse, et les récompensait par une promesse de gloire qui allait jusqu'à l'assimilation aux dieux.

TROISIÈME PÉRIODE

DE L'ORAISON FUNÈBRE POLITIQUE ET COLLECTIVE

DEPUIS LA GUERRE DU PÉLOPONÈSE JUSQU'A LA PERTE DE L'INDÉPENDANCE

I.

Mais ces caractères qui convenaient à une époque de triomphes durent bien changer quand, avec la guerre du Péloponèse, arrivèrent les fautes, les revers, les malheurs. L'Oraison funèbre, dans les mêmes conditions, n'était plus possible : Athènes qui, dans les guerres médiques, avait été le rempart de la Grèce contre toutes les forces de l'Asie, avait peine à se défendre contre quelques-uns de ces peuples pour qui elle avait été jadis un bouclier ; naguère victorieuse, elle était maintenant humiliée, pour ne pas dire vaincue..... Il va de soi que l'éloge des guerriers, l'éloge de leur courage tout seul — surtout quand il avait été malheureux — ne pouvait plus suffire, et l'on dut avoir recours aux expédients pour le rehausser par quelque chose de grand et d'une incontestable splendeur.

Je ne veux pas dire que, sans transition, sans tâtonnements, s'opéra une modification complète et radicale. Il est vraisemblable qu'en présence de quelques retours de fortune, Athènes entendit encore retentir l'oraison funèbre de la seconde période, moins toutefois le thème de Gorgias qui n'eût plus été qu'un hors-d'œuvre ; mais ces exceptions n'ont pu guère se rencontrer que pendant les premiers temps de la lutte et avant que l'éloquence funèbre eût pris le caractère bien tranché que lui imprimèrent d'éminents orateurs, car le génie ne manqua pas à cette période : Périclès, Lysias pendant la guerre du Péloponèse, et, plus tard, Platon, Démosthènes, Hypéride, voilà les grands écrivains qui l'élevèrent aussi haut qu'elle pouvait encore parvenir.

Périclès est celui qui lui donna le plus et dont elle garda plus particulièrement l'empreinte. Sans le reproduire, tous procèdent de lui et se ressemblent avec néanmoins d'assez notables différences : ces traits communs qui leur donnent un air de famille, résultent des exigences de la situation que nous venons d'indiquer ; les réunir me semble chose intéressante et utile. Nous y gagnerons non-seulement une idée plus nette des caractères distinctifs de l'Oraison funèbre à cette époque, mais ce travail préparatoire sera encore une base solide pour les analyses que nous présenterons successivement des divers monuments que nous ont laissés ces grands hommes.

Essayons d'abord de montrer comment se constitua cette nouvelle forme d'oraison funèbre.

Nous l'avons dit, l'orateur chargé de célébrer des guerriers morts après des succès insignifiants ou des revers, dut chercher autour de lui quelque chose d'élevé, d'imposant et de véritablement splendide pour donner à son sujet la grandeur et l'éclat qui ne se retrouvaient plus dans les faits. La nécessité de plaire à un peuple enivré de lui-même, difficile sur l'éloge et habitué à être flatté, rendait la tâche plus aride encore. Comment, en effet, tirer des sujets de félicitations du sein de calamités publiques et des motifs de flatteries ou de fierté d'un amoindrissement d'influence ou de pouvoir ? La difficulté fut tournée d'une manière ingénieuse : l'éloge d'Athènes, qui avait pu épisodiquement dans la période précédente, faire partie de l'Oraison funèbre, en devint, dans ces temps malheureux, la partie principale ; l'Oraison funèbre changea, pour ainsi dire, de sujet et de base, et ce fut une bonne fortune pour les orateurs, comme pour la vanité fort en souffrance du peuple athénien.

Cet éloge d'Athènes, l'éloquence voulut lui donner les proportions les plus grandioses : on ne s'en tint pas à célébrer la gloire des guerres médiques, c'eût été accuser la pénurie du présent et éveiller des comparaisons fâcheuses ; on fit une revue rapide de toute l'épopée athénienne en remontant jusqu'à l'ère fabuleuse et mythologique. Athènes, à toutes ses époques de misères, a eu l'art de faire servir les morts au profit des vivants, tout en se réservant de substituer à l'occasion l'éloge des vivants à celui des morts [1]. Puis, comme le premier besoin des orateurs était d'aduler cette démocratie impérieuse, ils ajoutèrent à ce canevas, déjà si vaste, tout ce qu'ils crurent de nature à être bien reçu. Ainsi, l'Autochthonie du peuple athénien, ses lois, ses institutions, sa forme de gouvernement prirent, selon les besoins du moment ou le génie de l'orateur, une part plus ou moins large dans l'Oraison funèbre.

[1] Périclès. *Oraison funèbre*, § 2.

Il fallait cependant amener ces brillants développements de manière à ce qu'ils ne parussent pas un hors-d'œuvre. Voici à quel point de vue se plaça l'orateur pour les relier à son sujet : « Ces guerriers ont fait le sacrifice de leurs » jours parce que leur glorieuse patrie méritait un pareil » dévouement, et la grandeur d'âme qui leur a inspiré un » si beau sacrifice, ils l'ont due à la naissance distinguée, » à la noble éducation dont ils lui sont redevables en- » core[1]. »

C'est ainsi qu'un élément secondaire se trouva substitué à l'élément principal ; et l'éloge des guerriers descendit si bien de son importance première qu'il perdit jusqu'à sa place reconnue et désignée dans le discours. On le mit, soit au commencement, soit à la fin, au choix de l'orateur[2].

Quels caractères nouveaux ces innovations durent-elles imprimer à l'Oraison funèbre ?

D'abord, l'orateur, préoccupé du désir de plaire, puisant, comme les poètes, aux sources du merveilleux, et traitant des sujets qui semblaient de leur domaine exclusif, orna sa parole plus qu'il ne l'eût fait sans cette circonstance. Il en résulte pour l'éloge funèbre un style qui tient le milieu entre la poésie et la prose[3].

Une autre conséquence de cette méthode fut de rendre nécessaire l'éloge de tous les guerriers tués dans les temps antérieurs ; on le réunit à celui des morts dont on célébrait particulièrement les funérailles ; il s'ensuivit encore l'obligation de louer ces derniers en bloc, sans désigna-

[1] Voir les oraisons funèbres de Lysias, Platon, Démosthènes.

[2] *Ménexène*, § 1.

[3] Genus dicendi quod quasi medium tenet locum inter poesim et prosam orationem. (Westerman. *De Epitaphio Demosthenis*, p. 38.)

tion de noms, ni de hauts faits. Sans doute, l'esprit démocratique [1] fut pour quelque chose dans cette habitude qui obtint force de loi ; mais n'y avait-il pas aussi une raison de convenance à louer sans désignation particulière les morts contemporains, quand l'éloge était collectif pour les grands vainqueurs de Marathon et de Salamine ? Et d'ailleurs, en admettant la possibilité d'accuser nominativement ses pertes les plus sensibles, compter ainsi toutes ses douleurs, n'était-ce pas introduire une occasion de larmes dans des circonstances où l'enthousiasme n'était pas toujours facile à faire naître ? n'était-ce pas risquer de voir se changer en cérémonie lugubre une manifestation nationale qui devait rester jusqu'à la fin digne, solennelle, imposante ? Il pouvait se faire encore que, parmi les morts, le plus brave eût été, à d'autres titres, un citoyen méprisable : l'éloge collectif épargnait à l'orateur et à l'assemblée cet embarras comme ce péril. Enfin, dans ce peuple où le contact sur la place publique, en développant les rivalités et les brigues, avait dû faire naître tant de germes de haine et d'esprit de parti, des éloges personnels eussent heurté des prétentions, excité des jalousies et mécontenté tout le monde, en faisant crier pour les uns à l'injustice, pour les autres à la faveur.

Toutefois, gardons-nous de croire que l'éloquence, en s'interdisant tout nom propre, fût condamnée à ne célébrer que des gloires anonymes : les noms des morts, bannis du discours, étaient, soit avant, soit après la cérémonie, gravés sur leur tombe. Cet honneur, nous l'avons vu, avait été accordé, antérieurement aux guerres médiques, à des esclaves qui, dans une guerre contre les Éginètes, avaient péri en combattant à côté de leurs maî-

[1] Discours d'Eschine contre Ctésiphon, § 90 et 91.

tres [1]. L'usage en fut continué après l'institution de l'éloge collectif, témoin une inscription du Louvre [2] qui nous a conservé les noms de guerriers athéniens morts l'an quatre cent soixante-huit ou quatre cent soixante-neuf avant J.-C. [3].

L'éloge collectif échappait ainsi à une étrange contradiction, celle de consacrer tout à la fois le souvenir et l'oubli ; mais quels que fussent d'ailleurs ses nombreux avantages, il entraînait aussi de graves inconvénients et tout d'abord celui de l'exagération.

En effet, tout éloge collectif paraît faible, parce qu'il est vague et banal ; l'exagération, en frappant fort plutôt que juste, était un moyen de le faire mieux sentir.

En outre, cette habitude de faire honneur de la bra-

[1] Voir le texte de Pausanias cité dans la note 3 de la page 23.

[2] Voici la traduction du commencement de cette inscription précieuse, dont je dois la connaissance à M. Egger :

TRIBU ERECHTÉIDE

CEUX-CI : PÉRIRENT : A LA : GUERRE : A CHYPRE : EN ÉGYPTE : EN PHÉNICIE : A ÉLEUSIS : A ÉGINE : A MÉGARE :

LA : MÊME : ANNÉE :

GÉNÉRAUX PHANYLLE, ACRYPTE, ETC.

Viennent ensuite les noms sur trois colonnes : d'abord ceux des guerriers tués à Chypre, puis ceux des morts de l'expédition d'Egypte, et ainsi de suite. (Boeckh. *Corpus inscr. græc.*, n° 165 ; Franz. *Elem. Epigr. Græcæ.*, n° 47).

Ce monument curieux complète ce que Thucydide nous apprend des honneurs funèbres usités à Athènes. La poésie, comprise dans les beaux-arts en général (πᾶσα μουσική) *Ménexène*, § 21, était-elle aussi admise à jeter quelques fleurs sur ces tombes ? On a quelque raison de le croire, en lisant les épitaphes de l'*Anthologie ;* il est visible toutefois que la plupart d'entre elles ne sont que de simples jeux d'esprit et n'ont pu figurer ailleurs que dans les œuvres des poètes qui les avaient composées.

[3] Thucydide. Liv. I, § CIV et suivants.

voure des guerriers à la bonne éducation qu'ils ont reçue de la patrie entraîna parfois l'orateur jusqu'à l'éloge des vertus privées [1]; on conçoit que cet éloge, lorsqu'il s'étendait à la masse tout entière des morts, constituait une exagération nouvelle, et elle ne devait pas être perdue pour ce peuple si spirituel et si frondeur, bien qu'il y trouvât son profit. L'éloge des vertus domestiques, à en juger par le pastiche de Gorgias, a pu exister déjà pendant la seconde période, et, si nous nous en rapportons à à la critique qu'en fait le *Ménexène* [2], il fut, dans la suite, poussé plus loin que nous ne pouvons en juger d'après les modèles qui nous restent.

Au surplus, l'exagération ne se trouvait pas seulement dans l'éloge des morts, elle existait encore dans les louanges prodiguées aux auditeurs [3] et surtout à la patrie.

Quant à cette dernière, c'était presque une nécessité, du moins à certains égards. Il fallait qu'au milieu des revers elle semblât si imposante, si illustre que ceux qui avaient succombé parussent suffisamment payés de leur dévouement par la pensée qu'ils étaient morts pour cette noble mère de tous et n'avaient pas été étrangers à sa gloire.

Il en résulte pour l'orateur un procédé toujours le même

[1] Démosthènes. *Éloge funèbre* : « Dans leurs jeunes années, » jaloux de briller dans toute espèce d'instruction, ils se livrèrent » aux exercices convenables à chaque degré de cet âge ; pères, » amis, parents, ils charmaient tous ceux à qui les liait le de- » voir, etc. »

On peut voir dans le *Panégyrique* d'Isocrate, § 22, un habile éloge des vertus politiques dans lesquelles se trouvent aussi comprises quelques vertus privées ; c'est peut-être le spécimen de ce qu'a pu être l'éloge de ces dernières quand il était bien conçu et ne sortait pas des limites du bon sens et du bon goût.

[2] § 2. Edition Gottleber. — [3] Ibid.

qui caractérise fortement l'oraison funèbre de cette époque. A-t-il à apprécier le sacrifice que les guerriers ont su faire de leur vie ? Bien que l'élévation de sa parole ait quelque chose d'héroïque, bien que son langage solennel annonce des compensations à la vie perdue, malgré l'idée de félicité et même d'apothéose qu'il évoque pour ces hommes presque assimilés aux dieux, je ne sais quel souffle glacé comprime l'émotion et resserre le cœur. N'en soyons pas surpris et ne nous en prenons pas au talent de l'orateur, cette froideur était chez lui calculée. Organe de l'État, il devait, dans l'intérêt de l'État et parfois dans un intérêt purement égoïste, imposer à ces nobles victimes un dernier sacrifice, et les priver du seul tribut qu'on ne refuse point aux morts, celui des regrets et des pleurs.

Après le panégyrique d'Athènes, après l'éloge des morts, il était nécessaire, surtout dans des temps malheureux, de donner des conseils aux vivants, des exhortations aux fils et aux frères, des consolations aux parents, aux enfants, aux épouses.

Les conseils et les exhortations sont ce que réclament les circonstances ou les besoins particuliers de l'orateur. Quant aux consolations, c'est en vain qu'on y chercherait ces mouvements passionnés de l'âme[1] qui, sans doute, auraient fait verser des pleurs, mais des pleurs sans amertume, comme ces attendrissantes paroles : « L'année » a perdu son printemps ! » Ce que nous venons de dire

[1] οὐ γὰρ θρηνεῖν οὔδε ἀπολοφύρεσθαι τοὺς ἀποθανόντας. Οὐ γὰρ αν παραμυθοίμετα τοὺς ὑπολειπομένους, ἀλλὰ μεῖζον τὸ πένθος παρασκευάζοιμεν. Καὶ οὐ δόζει εἶναι τῶν κατοιχομένων ἔπαινος, ἀλλὰ ὀλοφυρμὸς ὡς τὰ δεινότατα παθόντων. (Denys d'Halicarnasse. ΤΕΧΝΗ. Μέθοδος ἐπιταφίων.)

du ton dont se caractérise la mort des guerriers, est encore et surtout applicable aux consolations données à leur famille. Elles ont toutes pour cachet le même héroïsme officiel, une froide résignation qui, ne partant pas du cœur, ne vont pas au cœur. Calme, maître de lui, d'une sérénité majestueuse, l'orateur semble, ici encore, ne connaître qu'un dévouement inflexible à la mère commune, et se montre l'organe du devoir impérieux et triste qui doit être religieusement et simplement accompli.

Cette dignité austère, feinte étiquette qui paraît vouloir imposer aux autres le caractère et la mesure de sa propre douleur, nous ne la verrons nulle part plus évidente que dans le discours de Périclès [1]. C'est que nul peut-être n'eut sa politique personnelle engagée plus profondément et ne sentit le poids d'une responsabilité plus terrible. Cette gravité de convention, cette absence calculée de pathétique étaient, il est vrai, fatales à l'éloquence ; mais on ne peut nier qu'elles ne convînssent à merveille dans une cérémonie qui était moins la glorification des morts que l'apothéose de la patrie.

Un point sur lequel je crois devoir insister et qui est encore une des particularités de l'Oraison funèbre à cette époque, c'est l'absence presque complète de consolations puisées dans la croyance à une vie future : aussi, pas de ces apostrophes émouvantes, de ces prosopopées qui font en quelque sorte sortir du tombeau l'image de ceux que

[1] Ménandre, dans son traité Περὶ ἐπιδεικτικῶν, s'exprime en ces termes : Θουκυδίδης λέγων ἐπιτάφιον ἐπὶ τοῖς πεσοῦσι κατ' ἀρχὰς τοῦ Πελοποννησιακοῦ πολέμου, οὐχ ἁπλῶς ἐγκώμιον εἶπε τῶν ἀνδρῶν, ἀλλὰ καὶ ἐπεσημήνατο ὅτι πεσεῖν ἐδύναντο· ἀλλὰ καὶ ἀπὸ τοῦ θρήνου τὸ ποσὸν ἐφυλάξατο, διὰ τοῦ πολέμου τὴν χρείαν, ὅπερ ἦν ῥήτορος, δακρύειν οὓς προετρέπετο πολεμεῖν· ἔθηκε δὲ τὸν ἀπὸ τῆς παραμυθίας τόπον. (*Rhetores Græci*, édition Tubner. vol. III, p. 418.)

l'on pleure, pour la rendre présente à tous les yeux. Faut-il y voir quelque scrupule religieux? Faut-il s'en prendre à la préoccupation que nous avons signalée chez l'orateur, à son soin continuel d'éviter ce qui pourrait amener un dangereux épanchement de douleur? Je suis assez tenté de le croire, car le dogme d'une vie ultérieure n'était plus, depuis longtemps, chose nouvelle ; les mystères d'Éleusis, auxquels tout pieux Athénien devait se faire initier, n'avaient pas d'autre objet, dit-on, que de préparer l'âme à entrer dans un autre monde. Les poètes, à commencer par Homère, et le théâtre, en avaient assurément répandu la croyance : « La dent du feu n'anéantit pas le sentiment » chez les morts, » dit le représentant des idées populaires, le chœur, dans les *Choéphores* d'Eschyle ; et, en mainte circonstance, la tragédie tire de ce dogme ses plus dramatiques effets.

Peut-être, cependant, à côté du motif indiqué, doit-on en signaler un autre. On sait que le peuple athénien voulait qu'on lui offrît avant tout ce qui était de nature à lui plaire : que venait-il chercher, même dans ces cérémonies funèbres ? Les plaisirs des sens et de l'imagination tout aussi bien que les satisfactions de l'orgueil national et de la vanité. Être amusé, caressé, adulé, bercé, tant pour le présent que pour l'avenir, des plus flatteuses images, voilà, à toutes les époques, quel fut un de ses besoins les plus impérieux. Or, il faut le reconnaître, les plaisirs des Champs-Élysées, tels qu'avait pu les rêver l'imagination si riche pourtant des poètes, étaient restés néanmoins assez monotones, et un orateur courtisan devait éviter, pour son dédaigneux auditoire, des perspectives aussi peu souriantes [1].

[1] Voir dans Homère (*Odys.*, XI,) l'Élysée des héros et les plaintes d'Achille, si étranges pour nous dans une pareille bouche.

Pour que cette idée de la vie future pût convenablement prendre place dans l'Oraison funèbre, il fallait d'abord que des motifs politiques et purement humains ne vinssent pas entraver l'essor de la pensée ; il fallait encore que des mœurs moins sensuelles et un progrès moral dans les idées permissent de concevoir des jouissances autres que les jouissances matérielles ; il fallait enfin, nous le verrons plus tard, même après Socrate et Platon, attendre le christianisme.

Nous avons épuisé la série des formes principales qu'adopta l'oraison funèbre de cette période : elle offrait ainsi de grandes ressources au talent, mais en adoptant d'une manière invariable ces lieux communs de convention, elle devait finir par rencontrer un périlleux écueil, la monotonie, mère de la médiocrité.

Nous trouverons, en effet, chez des orateurs de génie, obligés de repasser par une ornière devenue trop épaisse, des traces d'impatience et de fatigue ; or, quand le génie n'est pas libre, il descend presque toujours au-dessous de la médiocrité. D'ailleurs à quoi peut aboutir une œuvre commandée dans telles et telles conditions et non faite d'inspiration et trouvée loin des sentiers battus ? Cette nécessité de reprendre toujours le même fond commun de tous les éloges explique sans doute le petit nombre d'oraisons funèbres que cite l'antiquité, ainsi que l'infériorité de quelques-unes qui ont paru peu dignes des grands noms qui les ont signées [1].

Voilà ce que paraît avoir été l'Oraison funèbre à partir

[1] ὅσοι μὲν ὑπὸ τῆς βουλῆς αἱρεθέντες ἐπὶ τοῦ πλήθους τοὺς ἐπιταφίους τούτους διεξέρχονται, ἔχουσι ἴσως ἀποφυγὴν ὡς ἐξ ἀνάγκης ἐκόσμησαν, καὶ οὐκ ἄν τις πρᾶγμα ποιοῖτο τοὺς λόγους αὐτῶν. (*Ælius Aristide*. Edition Jebb, t. II, p. 85.)

de la guerre du Péloponèse et il faut reconnaître que l'éducation mâle des anciens peuples de la Grèce [1] avait dû préparer les esprits à admettre les différentes formes que nous avons énumérées. Nous n'osons dire qu'elle n'ait pas eu d'autres caractères, car son cadre assez élastique se prêtait à tous les besoins ; mais, à en juger par le petit nombre des monuments qui nous restent, voilà ce qu'elle fut. Il semble même que l'État ait voulu l'immobiliser dans ces formes convenues en ôtant à l'orateur le temps de s'y préparer et en le condamnant à la nécessité de répéter ses devanciers ou d'improviser son discours [2].

Elle s'est maintenue ainsi, sans altération profonde, pendant plusieurs siècles, et cela se comprend ; elle plaisait à tout le monde, à l'État, au peuple, à l'orateur ; et tous y trouvaient également leur profit.

Le peuple d'abord. Il aimait les fêtes, la pompe, et certes, rien n'était plus magnifiquement solennel que l'éloquence de ces discours d'apparat, qui retentissaient au milieu de la cérémonie que décrit Thucydide [3]. Il aimait la flatterie ; or, quel champ plus vaste que ce canevas toujours le même, toujours nouveau, sur lequel l'éloquence brodait l'éloge d'Athènes ! Les revers, les désastres obscurcissaient-ils l'horizon de sa gloire, il cherchait, en

[1] « Les Grecs étaient instruits à se regarder, à regarder leur » famille comme partie d'un plus grand corps qui était l'État. Les » pères nourrissaient leurs enfants dans cet esprit, et les enfants » apprenaient dès le berceau à regarder la patrie comme une » mère commune, à qui ils appartenaient plus encore qu'à leurs » parents, etc., etc. » (Bossuet. *Discours sur l'Histoire universelle*, part. III, chap. 5.)

[2] Voir l'exorde de Lysias. Voir surtout le § I du *Ménexène*.

[3] Thucydide, liv. II.

s'enivrant de sa grandeur passée, à se faire illusion sur sa faiblesse présente, à se raidir contre le sort, à fermer les yeux sur un amoindrissement de puissance et s'endormait encore une fois, au bord du précipice, en rêvant pour le lendemain le soleil de Salamine et la gloire des anciens jours.

Néanmoins, si l'estime exagérée de soi était le travers le plus généralement dominant à Athènes, ce peuple, si facile à s'aveugler, était trop intelligent pour ne pas sentir que les étrangers, les alliés, pouvaient ne pas partager toutes ses illusions [1]. Il fallait faire, à leurs yeux, bonne contenance, et pour cela, quoi de mieux inventé que l'Oraison funèbre dans les conditions que nous avons indiquées ? Périclès en laisse habilement entrevoir quelque chose au chapitre II de son discours. Quant à Platon, il s'en moque agréablement par la bouche de Socrate [2]. La raillerie porte coup, mais convenons aussi que l'expédient a dû avoir son utilité avant qu'il ne s'usât assez pour prêter au ridicule.

Les parents des morts eux-mêmes ont pu être favorables à cette forme nouvelle de l'Oraison funèbre : ce que, dans certains cas, elle ôtait de satisfaction à leur cœur, elle l'ajoutait à leur orgueil. L'apothéose élevait bien haut leurs enfants, et si les larmes ne leur étaient pas toujours

[1] Le peuple si indulgent sur les épigrammes que lui décochaient ses comiques, lorsque, au théâtre, il se trouvait pour ainsi dire en famille, n'entendait plus raillerie quand on le plaisantait devant les étrangers. On sait qu'Aristophane fut mis en jugement par Cléon à cause de sa comédie des Babyloniens, aujourd'hui perdue, dans laquelle il se moquait du peuple d'Athènes et qui fut représentée à l'époque où arrivaient les étrangers et les alliés. — Voir une note de M. Artaud dans sa traduction des *Acharniens* ; voir encore le début du *Ménexène*.

[2] § II.

permises, ils devaient sentir néanmoins que, puisque Athènes était radieuse, grâce au dévouement de leurs fils, cette splendeur, leur ouvrage, devenait une illustration qui, des morts, rejaillissait sur leurs personnes.

Quant aux orateurs qui étaient aussi des hommes d'État, ils semblent l'avoir faite ainsi pour leur propre usage. Quel moyen puissant, en effet, de s'attacher davantage ce peuple capricieux et mobile, en le flattant sur les points où il éprouvait le désir ou le besoin d'être flatté ! Quel moyen ingénieux d'amener, sans opposition et dans les conditions de bienveillance les plus désirables, l'apologie de leur conduite, de leur politique, de leurs vues ultérieures ! Qu'ils trouvaient facilement à pallier leurs fautes, à raffermir leur popularité ébranlée, et, en maintenant la douleur dans d'étroites limites, qu'ils changeaient facilement une cérémonie pleine de périls pour eux-mêmes, en une fête toute d'enthousiasme et de patriotique orgueil ! Certes, si la tragédie a eu, comme on l'admet d'ordinaire [1], un côté politique à Athènes, est-il par trop téméraire d'avancer que l'Oraison funèbre a pu être un moyen gouvernemental entre les mains de certains orateurs ?

Résumons, avant de passer à l'examen détaillé des monuments de cette période, les caractères principaux et distinctifs que nous venons de reconnaître :

1o L'éloge d'Athènes, remontant aux temps les plus reculés et occupant la première place ; l'éloge du courage des guerriers ne conservant plus qu'une importance épisodique ;

2o L'éloge collectif, égal pour tous, sans désignation de

[1] Voir la thèse de M. H. Weil, *De Tragœdiarum græcarum cum rebus publicis concunctione.* (Paris, 1845) et M. Artaud, préface d'*Antigone.*

noms, ni de hauts faits et s'étendant aux morts de toutes les époques ;

3° L'exagération dans l'éloge qui descend parfois jusqu'à célébrer les vertus privées, uniformément chez tous les morts ;

4° L'éloge de l'Autochthonie et des institutions démocratiques, principe et cause de la bravoure des guerriers ;

5° L'appréciation de leur mort faite avec un air de majesté affectée, froide, sentencieuse, qui semble avoir pour but de comprimer l'émotion et de prévenir les épanchements de la douleur ;

6° Des conseils aux vivants, des exhortations aux fils et aux frères, des consolations à la famille : ces dernières généralement puisées dans les dédommagements que donne la gloire, dans l'idée du bonheur des morts affranchis des maux de cette vie, et dans leur assimilation aux dieux par les honneurs qui leur sont rendus ;

7° L'absence presque complète de consolations empruntées aux espérances d'une autre vie ;

8° Un style riche et paré qui tient le milieu entre la prose et la poésie.

Passons maintenant à l'étude des monuments que le temps nous a conservés.

II.

PÉRICLÈS

ÉLOGE DES GUERRIERS MORTS LA PREMIÈRE ANNÉE DE LA GUERRE DU PÉLOPONÈSE

Avant d'aborder le fameux discours que Thucydide met dans la bouche de ce grand homme, chercherons-nous d'abord à prouver que Périclès en est bien réellement l'auteur?

A la vérité, cette proposition semble ne pouvoir se séparer de la question des harangues dans les historiens; traitons-la néanmoins, elle appartient à notre sujet, mais sans entrer bien avant dans la question générale, car nous ne sommes pas ici sur le véritable terrain où cette dernière doit être débattue. Ce n'est guère en effet qu'après Thucydide que les historiens ont employé les discours étudiés comme un second moyen d'exposition, venant en aide au récit. Un genre aussi neuf qu'était l'histoire sous Hérodote et Thucydide, arrive difficilement, par calcul, à des procédés aussi savants : il trouve instinctivement des formes heureuses; mais il n'appartient qu'au temps et à un art plus raffiné d'en révéler successivement et peu à peu toutes les ressources.

L'idée première des harangues dut être donnée par les

lois mêmes de l'esprit humain. En effet, l'emploi du style direct pour reproduire des paroles entendues se retrouve chez tous les peuples primitifs. Ouvrons la bible et nous voyons à chaque page : *Dieu dit* ; puis une formule directe souvent très-courte et dont la brièveté même rend l'originalité du procédé plus saillante ; les sauvages de l'Amérique, les Orientaux, aujourd'hui encore l'Arabe sous sa tente, ont conservé cette antique habitude de langage. Est-ce chose extraordinaire qu'Hérodote, comme notre Froissart au XIVe siècle, recueillant dans ses voyages les matériaux de son histoire, ait conservé aux allocutions de ses personnages la forme vivante et animée des paroles que lui avaient rapportées les goûts conteurs de l'Orient? Il les a quelque peu ornées sans doute, mais il écrivait pour ces Grecs nés tous artistes et aimant passionnément le beau.

D'ailleurs, à ses yeux, l'histoire était voisine de l'épopée, c'est même la raison qui lui fit écrire son ouvrage en ionien quoiqu'il fût Dorien de naissance ; et comme les poèmes d'Homère sont pleins d'admirables harangues, il dut éprouver fort peu de scrupule pour donner aux siennes une élégance qu'elles n'avaient pas, sans doute, dans les récits originaux.

Quant à Thucydide, s'il a, lui aussi, adopté cette forme, c'est que d'abord son modèle lui en avait suggéré l'idée ; c'est qu'ensuite il pouvait mieux que personne reproduire véritablement ce qui s'était entendu, puisqu'il écrivait l'histoire de ses contemporains et faisait parler, ou ses amis ou ses ennemis, ou ses rivaux [1]. D'ailleurs, si un écrivain cherche à instruire, il ne dédaigne pas non plus d'intéresser et de plaire. Or, pour des Grecs enthousiastes

[1] Westerman. *De Epitaphio Demosth.*, p. 30. 31 et 32.

de la parole et habitués à lui voir opérer des merveilles, une succession de faits isolée des discours qui avaient déterminé leur accomplissement devait paraître chose froide et incomplète, et ces belles harangues, loin d'être pour eux une invraisemblance, étaient, au contraire, une vraisemblance de plus.

Ceci posé, quant aux harangues de Thucydide en général, que dirons-nous en particulier de cette oraison funèbre ? A notre avis, sauf l'expression textuelle qui ne pouvait être conservée, le fond et l'œuvre prise dans son ensemble sont bien de Périclès[1]. Pour peu qu'on réfléchisse, en effet, on verra que Thucydide, visant au rôle d'historien, en présence des passions ardentes dont il avait été déjà victime, ne pouvait, sans se discréditer, prêter à son principal personnage un discours qui ne ressemblât en rien à celui qu'on avait entendu, surtout quand ce dernier, prononcé au nom de l'État, devait avoir quelque chose de l'inviolabilité du décret qui en avait chargé l'orateur. Ajoutons que le peuple d'Athènes — et Thucydide ne l'ignorait pas — avait une intelligence assez vive, pour ne pas prendre facilement le change, et qu'un discours prononcé par un homme comme Périclès et dans de pareilles circonstances, a dû laisser une durable et profonde empreinte. Lisons en effet, sans idée préconçue, cet éloge célèbre, et, fermant le livre, tâchons, s'il se peut, d'oublier l'originalité qui le caractérise ; nous ne le pourrons pas. Cette originalité même, cachet d'authenticité indubitable, le grave profondément dans la mémoire et ne permet pas de douter de la puissance avec laquelle il a dû agir sur un auditoire athénien. Quand il touche à toutes les préoccupations du moment, met un baume sur

[1] Voir l'*Histoire de la Litt. grecque* de A. Pierron.

les blessures, pallie les fautes, flatte, caresse, encourage ; quand ses ruses oratoires mêmes sont un attrait de plus pour un peuple aussi sophistique que celui qui l'écoutait, nous devons croire qu'il fut avidement accueilli et facilement retenu. Songeons ensuite à cette vie tout extérieure du citoyen d'Athènes et nous en conclurons que les conversations du jour même, celles du lendemain, sur l'agora ou dans ces réunions alors en voie de se former des disciples de l'éloquence, ont dû, ou peu s'en faut, en reconstruire complètement l'admirable édifice.

D'ailleurs, qui nous prouve que Périclès ne laissa pas circuler dans Athènes des copies authentiques de son discours [1], comme le firent l'auteur du pastiche de Gorgias, Isocrate, tant d'autres, et probablement aussi les auteurs des éloges en prose que nous avons mentionnés sur la foi de Denys d'Halicarnasse ? Thucydide se serait borné dans ce cas à lui faire subir, en l'abrégeant, de légères modifications, pour qu'il ne nuisît pas aux proportions harmonieuses de son œuvre.

On m'objectera peut-être l'identité de style que présentent et le discours et le reste de l'ouvrage ; mais, à mon sens, ceci n'est point encore une raison sans réplique. Cicéron nous met sur la voie d'une explication qui me semble acceptable [2], si Périclès est bien, comme il

[1] Cicéron. (*De Orat.*, liv. II, § 22). Suidas, cités par Gottleber.

[2] Antiquissimi ferè sunt quorum quidem scripta constent (Gottleber : *extent*) Pericles atque Alcibiades et eâdem ætate Thucydides, subtiles, acuti, breves, sententiis magis quàm verbis abundantes. Non potuisset accidere ut unum esset omnium genus, nisi aliquem sibi proponerent ad imitandum. Consecuti sunt hos Critias, Theramenes, Lysias : multa Lysiæ scripta sunt, non nulla Critiæ, de Theramene audivimus. Omnes etiam tum retinebant illum Periclis succum, sed erant paulò uberiore filo. (*De Orat.*,

le prétend, le modèle que les écrivains de son siècle se sont plu à imiter et à reproduire, je ne vois pas trop comment on peut arguer du style de Thucydide, dans l'oraison funèbre qui nous occupe, pour la refuser à Périclès. Nous faisons d'ailleurs à l'historien une part assez large, puisque nous reconnaissons qu'il a pu retoucher l'œuvre du maître afin de l'enchâsser dans son récit.

Mais, dira-t-on, un critique qui fait autorité, Denys d'Halicarnasse, attribue à Thucydide cette harangue aussi bien que toutes les autres. Nous croyons pouvoir tenir compte de cette opinion, mais sans péril pour les idées précédemment émises : précisons pour cela le point de vue où le critique grec se place d'ordinaire.

Denys est un de ces rhéteurs qui ne se préoccupent que de la forme et qui ne jettent sur le fond qu'un coup d'œil fort superficiel. Que la pensée faiblisse et entraîne même des contradictions, il est fort disposé à ne pas s'en apercevoir, si son oreille délicate et son purisme dédaigneux sont agréablement caressés par l'harmonie des sons ou la distinction des termes. Il est facile de comprendre maintenant qu'il voie dans l'oraison funèbre de Périclès l'œuvre de Thucydide, car si Périclès a donné tout le fond, le style semble être celui de Thucydide, soit qu'il y ait mis véritablement le sien, soit qu'il ait religieusement conservé tout ce qu'il a pu de la forme périclćenne imitée de son temps, au dire de Cicéron.

Au surplus, ici encore, que cherchons-nous ? Le spéci-

liv. II, § 22.) Ces dernières paroles ne s'appliquent-elles pas parfaitement au style de l'oraison funèbre de Périclès, presque partout trop concise pour la tribune et qui eut été souvent inintelligible partout ailleurs qu'à Athènes ? (Cicéron. *Orat.*, § 9.)

men de l'Oraison funèbre au début de la guerre du Péloponèse ; aussi, que ce discours soit de Périclès ou de Thucydide, il nous donne également tout ce que nous pouvons lui demander : ce qu'était l'Oraison funèbre à cette époque ; et de plus, la tactique oratoire et politique de Périclès, ou, ce qui est la même chose, celle que lui reconnaissaient ses contemporains et ses rivaux. Étudions-le donc comme s'il nous venait directement de lui.

Périclès, auteur d'une guerre qui, débutant par des malheurs, ne réunissait le peuple que pour l'entretenir de pertes sans compensations glorieuses, devait craindre que cette lugubre cérémonie ne devînt l'écueil de sa popularité : les pleurs des familles, le silence de ces tombes pouvaient le perdre dans l'esprit public, bien plus sûrement que les traits mordants de la malignité et de l'envie ; elles pouvaient dégoûter les Athéniens de la guerre et leur faire abandonner sa politique ; il fallait donc, tout en se mettant à couvert, en sauvegardant sa propre influence, raffermir les courages et montrer, malgré les pertes passées et les calamités présentes, le succès certain dans l'avenir.

En présence de ces difficultés, Périclès dut vivement sentir la nécessité d'innover dont nous avons parlé au début de cette troisième période, et il suffit de lire attentivement le premier chapitre de son discours pour voir qu'il rompt avec ses devanciers et cherche des voies nouvelles.

Pourtant, est-ce à l'éloge d'Athènes tel que nous l'avons marqué plus haut, qu'il va demander la grandeur et le prestige dont il a besoin dans cette circonstance ? Bien que ce thème ait prévalu dans la suite, toute innovation n'arrive pas, dès son début, à une forme arrêtée : quelque chose, d'ailleurs, valait mieux pour Périclès que l'éloge des ancêtres et des mythes antiques, c'était l'éloge de son temps, de sa politique à lui, et de la démocratie athénienne telle qu'il l'avait faite ; il le comprit et s'y arrêta.

Il y avait une difficulté pourtant, celle de bien amener cette nouveauté. C'est à quoi lui servit le souvenir donné en passant aux ancêtres et aux pères de la génération présente ; l'éloge des ancêtres qui devait être si fécond en développements pompeux pour ceux qui l'ont suivi, ne fut, chez Périclès, qu'un moyen de transition dont il crut même devoir donner l'explication à la surprise de son auditoire. Le mouvement de la pensée, les expressions même, tout indique, en effet, qu'il s'écarte de la voie ordinaire :

.... « Puisque l'approbation de nos ayeux a » consacré cette coutume (celle de louer les morts), il » faut, nous conformant aussi à la loi, tenter de rencon- » trer le plus juste possible ce que veut, ce que pense » chacun de vous. — *Mais je commencerai par nos ancê-* » *tres : il est juste, il est convenable de leur payer ce tribut* » *en rappelant leur mémoire*, etc... » La particule δὲ (ἄρξομαι δὲ) et le reste de la phrase indiquent nettement une dérogation aux usages reçus.

Voici, du reste, d'autres détails plus concluants encore : « Nos ayeux sont dignes d'éloges, nos pères encore plus : » en effet, etc.... Mais c'est à nous-mêmes surtout et à » ceux d'entre nous qui sont encore dans la fleur de l'âge, » que cet empire doit, en grande partie, l'accroissement » de ses forces,... etc. Mais par quelle conduite nous » sommes parvenus à ce degré de puissance, par quelles » institutions politiques, etc... C'est ce que je vais mon- » trer avant de passer à l'éloge de nos guerriers, *persuadé* » *que, dans la circonstance présente, ces considérations ne* » *seront point déplacées*, et que, *pour les citoyens et les étran-*

» *gers présents à cette assemblée, il est utile de les entendre.* » L'innovation n'est-elle pas clairement annoncée dans cette dernière phrase [1] ?

Voilà l'orateur arrivé à son but, et il peut maintenant vanter la politique de son temps, c'est-à-dire la sienne propre ; mais afin de le faire avec tout le fruit possible, il cherche à passionner la foule qui l'écoute par un ingénieux parallèle entre Athènes et Lacédémone, parallèle qu'il n'a pas l'air de chercher, qu'il n'indique même pas, et dans lequel il exalte, comme moyen de succès, tout ce qu'il sait tenir aux traits saillants et aux préférences innées de sa nation.

Quelle est l'importance et quels sont les résultats de cette manœuvre oratoire ? Charmé de voir que la grandeur d'Athènes a pour fondement précisement tout ce qui la distingue de Lacédémone, flatté de trouver dans les goûts, les penchants de sa nature intime, une garantie de prospérités et de victoires, l'amour-propre athénien suit volontiers l'orateur à travers les douces images dont on caresse sa vanité, et rejette bien loin toute idée malveillante, toute préoccupation importune, pour le présent comme pour l'avenir.

[1] Elle ressort encore à la fin du parallèle dont nous allons parler, des termes et de l'intention de ce passage : « *Aussi me suis-* » *je étendu sur les éloges de notre République pour vous* » *apprendre que le combat n'est point d'une égale importance* » *entre nous et des hommes qui sont loin d'avoir les mêmes* » *avantages à défendre, et pour établir en même temps sur des* » *preuves incontestables l'éloge des guerriers dont j'ai à vous* » *entretenir.*

» *Mais cet éloge est déjà bien avancé :* les avantages, les hauts » faits dont je viens de célébrer la gloire, c'est aux vertus de ces » guerriers et de leurs pareils que notre patrie en doit l'ornement » et l'éclat. »

Il me paraît au moins inutile d'insister sur ce point que l'éloge de la politique athénienne et le parallèle avec Lacédémone étaient une nouveauté pour la tribune funèbre. En effet, ce moyen convient d'une manière si particulière aux circonstances tout à fait exceptionnelles du discours, et d'une manière si exclusive à Périclès lui-même, qu'il est permis d'assurer que rien de semblable ne s'était dit avant lui et ne devait, après lui, se reproduire ; seulement son exemple ne fut pas perdu, et ses successeurs en tirèrent l'éloge d'Athènes remontant aux époques les plus reculées, tel que nous l'avons marqué dans notre vue d'ensemble de la troisième période.

Malgré le plaisir que nous aurions à suivre l'orateur, en relevant un à un tous les points de comparaison, toutes les insinuations heureuses, toutes les allusions délicates qui fourmillent dans ce chef-d'œuvre, bornons-nous à dire que cet admirable parallèle nous montre Athènes si grande, si belle, si imposante, si généreuse, que tout, jusqu'à ses revers, semble tourner à sa gloire et lui garantir une renommée qu'Homère lui-même ne pourrait agrandir.

D'ailleurs, sous sa forme vive et brillante, il passe avec une éblouissante rapidité qui nous fait admirer encore Périclès et sa connaissance parfaite des hommes et des choses. Les besoins de son sujet voulaient sans doute qu'il ne fît que glisser sur ce terrain peu solide, et de plus, il savait qu'il parlait à un peuple assez pénétrant pour comprendre au premier mot, et trop impatient ou trop vaniteux pour permettre qu'on s'appesantît sur des détails, comme si l'on eût douté de sa vive intelligence ; mais il savait aussi que quand deux peuples rivaux sont descendus dans l'arène, il est impossible de parler de l'un sans faire songer immédiatement à l'autre, et ce fut ici le comble de l'art d'avoir su tirer parti de cette disposition commune à tous les esprits pour amener un contraste ingénieux entre les deux nations ennemies, et faire sortir, aux yeux des siens, la conviction d'une supériorité immense, du sein même d'une cérémonie qui n'attestait que des fautes et des revers.

Que du haut de ce monument élevé à la gloire de sa patrie et qui lui sert comme de piédestal à lui-même, il abaisse ensuite les yeux sur ces tombes, il n'a plus rien à craindre pour lui ni pour la continuation d'une guerre à laquelle sa popularité est attachée. La mort de ces guerriers n'est plus qu'un sacrifice volontaire qu'ils ont fait à la grande idole ; leur éloge est tout entier dans celui de la patrie qu'ils ont parée de leur gloire, et, à son tour, elle les récompense par l'oubli de leurs fautes individuelles et par une impérissable renommée.

Tel est le point de vue élevé que garde l'orateur, point de larmes données à leur mort [1] : la perte de quelques hommes s'efface devant l'illustration de la patrie. Ici se retrouve cette majesté calculée que nous avons indiquée précédemment ; partout le raisonnement domine sans partage dans l'appréciation du sacrifice que ces guerriers ont voulu faire de leur vie. Cet héroïsme officiel convenait aux vues politiques de Périclès, et, passant aux conseils que réclame la circonstance, il loue les morts dans le but d'engager les vivants à suivre la même voie, « quoique avec de meilleures espérances. » Du reste, à

[1] Denys d'Halicarnasse (*Rhétorique*, § X) dit : « Bien qu'il y » ait trois parties dans l'Oraison funèbre : l'éloge, la lamentation » et les consolations, Thucydide néglige la seconde. Elle ne convenait pas, en effet, aux conseils et aux exhortations qu'il avait » à donner, etc. S'il eût excité l'attendrissement au sujet des » morts, il eût refroidi les vivants, etc. »

défaut de sensibilité, il y a de la grandeur dans ces exhortations à continuer la guerre et il les fait accompagner en outre d'une sublime image d'immortalité dans la pensée toujours présente des générations à venir.

Les consolations données à la famille sont encore empreintes de la même dignité sévère. C'est ici surtout que l'orateur avait à craindre les manifestations du désespoir, c'est ici surtout qu'on le voit imposer à la douleur un silence et une immobilité de convention que le cœur peut subir, mais qu'il n'accepte pas.

« Quant aux parents ici présents, dit-il, j'ai pour eux » moins des larmes que des consolations, etc. »

Elles sont graves et en harmonie avec les grandes idées qui précèdent :

« C'est un bonheur d'obtenir du sort, comme nos en- » fants, une fin glorieuse ; comme vous, un deuil glorieux ; » d'avoir bien vécu, et d'être morts de même. »

Toutes visent à étouffer l'expression de la souffrance et à l'élever au-dessus de l'humanité jusqu'à une tristesse mâle et silencieuse ; toutes enfin donnent, comme compensation, l'idée de la gloire qui est la même pour les parents et pour les morts.

Ce caractère se retrouve dans les consolations offertes aux fils et aux frères : celles que l'orateur adresse aux femmes sont conformes à la nullité de leur rôle dans l'État ; il se borne à une recommandation assez sèche de ne pas attirer sur elles les regards du public. On serait tenté de croire qu'il veut se prémunir contre une intempestive explosion de désespoir.

Nous l'avons vu, comme l'éloge, les consolations ont été sévères, mesurées, contenues, et l'orateur termine par quelques mots de péroraison ferme et concise dans lesquels il annonce qu'il a rempli son devoir et que la patrie s'est acquittée du sien.

Tel est ce discours, le plus remarquable que l'antiquité nous ait légué sur cette matière. Il n'est pas seulement pour nous un monument précieux comme oraison funèbre, il suffirait encore à l'historien et au penseur qui voudraient se rendre compte des traits saillants du peuple athénien et de son caractère à cette époque. Ajoutons qu'il nous fait bien connaître ce qu'était l'éloquence de ce Périclès-Olympien, comme disaient les comiques. Simplicité, élévation, gravité majestueuse et imposante, air de sagesse antique, voilà un des côtés de sa physionomie ; puis, derrière ces flatteries délicates prodiguées à l'orgueil national, apparaît le secret de sa popularité et de sa puissance. Il connaissait le caractère de ses concitoyens et savait le manier à son gré.

Toutes les formes citées plus haut comme appartenant à l'Oraison funèbre ne se trouvent pas dans ce chef-d'œuvre. Les unes devaient être le fruit du temps, les autres le résultat de l'art un peu sophistique des premiers rhéteurs, et nous ne rencontrons ici que les procédés qui tiennent à l'éloquence d'action. Pas une idée, pas un mot qui n'aille au but, au fait, qui ne soit animé de la pensée intime de l'orateur. Sauf quelques mots qui rappellent les leçons de Gorgias, rien qui sente le sophiste parlant pour le vain plaisir des oreilles, et voulant amuser la foule sans se soucier du danger des menteuses illusions. C'est malheureusement ce qui devait résulter de l'Oraison funèbre, lorsqu'au lieu d'être, comme ici, une cause particulière plaidée avec éloquence, elle devait dégénérer en un pur et simple panégyrique.

III.

LYSIAS

ORAISON FUNÈBRE DES ATHÉNIENS MORTS DANS LA GUERRE DE CORINTHE

Pour n'avoir pas bien compris les exigences d'un genre qui souvent entraînait l'orateur dans un sens contraire à la pente naturelle de son génie, on en est venu à douter de l'authenticité de presque tous les éloges qui vont suivre. Nous ne reconnaissons pas, disent les critiques, le style de Lysias, le style de Démosthènes..... Je le crois bien, l'orateur, obligé de revêtir les couleurs de l'Oraison funèbre, a pris le ton du genre et, en grande partie, a perdu le sien.

Tel est Lysias dans son oraison funèbre ; aussi plusieurs modernes, Valckenaer, F.-A. Wolf et Scheibe la lui ont-ils contestée, sans songer que le célèbre Syracusain ne pouvait, dans un discours d'apparat, se ressembler à lui-même. En effet, il ne s'agit plus ici d'un plaidoyer écrit pour le barreau et que devait prononcer un accusé suppliant et timide, nous avons un panégyrique pompeux d'Athènes, destiné à enchanter la multitude par la splendeur de la mise en scène et par les charmes les plus exquis de la parole. S'il nous fallait une preuve encore à l'appui de ce que nous avons dit à ce sujet, nous n'en voudrions pas d'autre que le changement qu'a subi, en cette occasion, le style ordinairement si simple de Lysias. Nous allons lui voir une élocution riche et parée, visant à plaire, plaisant en effet et par des moyens qui rappellent la manière d'Isocrate [1]. Est-ce à dire qu'il faille incontinent retirer ce discours à Lysias pour en faire l'œuvre de quelque sophiste d'un mérite secondaire ? — Non, il sut tout simplement se façonner aux exigences de son sujet et au goût de ses auditeurs [2].

A la vérité, Aristote qui cite une phrase de cette oraison funèbre, n'en désigne pas l'auteur, mais l'Antiquité a mis en marge le nom de Lysias, négligé sans doute comme inutile, l'œuvre étant connue de tout le monde ; peut-être même, par cette omission, Aristote a-t-il voulu faire entendre que cet éloge est l'ἐπιτάφιος par excellence [3]. Il semble, en effet, l'avoir eu en grande estime, sans doute il le savait par cœur, car la citation est faite de mémoire, et ce qui le prouve, c'est que les mots ne sont pas dans l'ordre du texte original ; il s'y trouve même une addition (ἐν Σαλαμῖνι) qui, en la circonscrivant, restreint l'idée de l'orateur.

[1] Il ne serait pas impossible que le *Panégyrique* de ce dernier se fût çà et là inspiré de l'oraison funèbre de Lysias avec laquelle il a quelque ressemblance. Ajoutons qu'il est de beaucoup postérieur. L'éloge de Lysias appartient à la troisième année de la 96me Olympiade. le *Panégyrique* à la quatrième année de la 99me. Voyez Théon (Προγυμνάσματα), édit. Tubner, p. 63. εὕροις δ' ἂν καὶ παρὰ Ἰσοκράτει ἐν τῷ πανηγυρικῷ τὰ ἐν τῷ Λυσίου ἐπιταφίῳ καὶ τῷ Ὀλυμπικῷ.

[2] « Lysias sait varier son langage selon qu'il parle devant le » juge, devant le peuple assemblé pour délibérer ou dans une » panégyrie : sa manière de dire se modifie d'après les exigences » de s n sujet. » (Denys d'Halicarnasse. *Jugement sur Lysias.*)

[3] καὶ οἷον ἐν τῷ ἐπιταφίῳ. (*Rhét.*, III.10.7.)

D'ailleurs, si cette production eût été le mensonge effronté d'un sophiste, le philosophe ne l'eût pas citée. On pourrait croire tout au plus qu'il l'attribue à Isocrate dont il est question dans la phrase précédente ; mais Isocrate n'a pas écrit d'oraison funèbre : Denys d'Halicarnasse, en nommant les auteurs qui en ont laissé après eux, ne fait mention de lui qu'en citant parmi ces orateurs *son ami Naucratès* [1]. Il ne lui eût rien coûté de le comprendre parmi les autres, s'il y eût été autorisé. Or, s'il passe son nom sous silence, il nous apprend au contraire que Lysias avait composé plusieurs oraisons funèbres [2].

Vraisemblablement celle-ci fut une des dernières ; de là, cette richesse luxuriante par laquelle il voulut sans doute ajouter quelque nouvel éclat à celles qu'il avait déjà prononcées. Disons cependant que si le caractère ordinaire de son style se trouve çà et là momentanément altéré, il ne disparaît nullement du discours vu dans son ensemble. Nous reconnaissons, d'ailleurs, l'éminent orateur à l'art harmonieux qui a présidé à l'économie de son œuvre, à la juste proportion des parties, à la perfection des narrations qui tiennent une large place dans cette oraison funèbre et c'est plus qu'il ne faut pour faire accepter avec confiance une authenticité qui ne peut être sérieusement mise en doute.

Ceci posé, voyons de plus près ce que j'ose appeler un des chefs-d'œuvre de cet illustre maître.

Si l'on sent, en lisant le discours de Périclès, que l'oraison funèbre qu'il prononce est sa cause qu'il défend, et qu'un intérêt présent et tout personnel anime cet admirable discours, il n'en est pas de même de l'oraison funèbre

[1] Τέχνη. περὶ ἐπιταφίου.

[2] *Jugement sur Lysias*, § 17.

de Lysias ; on est frappé, dès les premières lignes, de la manière toute différente dont il envisage son sujet. Au ton de panégyriste qu'il prend sans effort et presque le sourire aux lèvres, en le voyant signaler avec intention le temps trop court qu'on lui a donné et se préoccuper du mérite de ceux qui ont déjà parlé à la même tribune, on le dirait moins convaincu de la gravité de la cérémonie que des périls de sa réputation d'orateur. C'est qu'en effet l'éloge, de son temps, n'est déjà plus qu'une occasion de plaire ingénieusement aux vivants sous prétexte de louer les morts. Entre Périclès qui indique la voie et Lysias qui la trouve toute tracée, trente-six ans se sont écoulés et l'on peut croire que, pendant ce temps, l'Oraison funèbre n'est pas restée stationnaire ; aussi, quand Lysias ne nous dirait pas, en propres termes, que d'autres ont traité avant lui la matière, on le verrait à son allure dégagée de toute préoccupation, allure que certes il ne prendrait pas, sans précaution oratoire, s'il entrait le premier dans un ordre d'idées aussi étranger à son sujet que celui par lequel il débute.

Nous avons indiqué comment, d'un rapide souvenir que Périclès donne en passant aux ancêtres, a dû sortir le panégyrique complet d'Athènes. Cette forme était arrêtée avant Lysias [1] et il la garda. L'éloge collectif de tous les morts

[1] Signalons entre autres détails à l'appui ce passage qui, terminant l'énumération des hauts faits les plus anciens, me semble avoir l'intention d'expliquer la reproduction toujours la même de ces antiques exploits dans chaque oraison funèbre : « Aussi, ne » faut-il point s'étonner que, malgré leur antiquité, ces exploits, » comme s'ils étaient récents, soient maintenant encore un objet » d'admiration pour tous les hommes. ὥστε οὐδὲν θαυμαστόν πάλαι » τῶν ἔργων γεγενημένων, ὥσπερ καινῶν ὄντων, ἔτι καὶ νῦν τὴν ἀρετὴν » αὐτων ὑπὸ πάντων ἀνθρώπων ζηλοῦσθαι. » — ζηλοῦσθαι pourrait

jusqu'aux temps les plus reculés n'existe pas non plus dans Périclès ; nous le trouvons ici encore comme une chose passée à l'état d'habitude. Il est fâcheux, sans doute, que nous n'ayons pas les oraisons funèbres qui servent de trait d'union [1] entre ces deux orateurs et dans lesquelles se sont successivement préparées et effectuées ces diverses modifications ; à défaut du vif intérêt qui en résulterait pour nous, nous avons du moins celui que donne la contemplation du fait accompli.

L'éloge funèbre chez Lysias n'est donc pas novateur : il n'offre qu'un composé de formes convenues, mais il nous les montre parvenues à leur point le plus précis de maturité et de perfection. On n'y trouve rien encore qui sente les procédés de la décadence, ces raffinements, cette recherche qui accusent la nécessité de rajeunir un sujet épuisé. Nous pouvons y voir le type de l'oraison funèbre de cette période, en ce sens que, traitée en dehors de toute préoccupation personnelle d'orateur politique et d'homme d'État, cette œuvre n'a admis que ce que réclamaient les besoins du genre et nous donne le fond à peu

même signifier ici être recherché avec empressement, c'est-à-dire être entendu avec plaisir, ce qui ne laisserait pas l'ombre même d'un doute.

[1] Tout nous prouve que, au point de vue de l'art et de leur valeur intrinsèque, la perte n'en est pas bien regrettable. Rappelons le jugement d'Aristide déjà cité page 53 ; disons aussi que l'Antiquité n'a guère nommé, comme auteurs d'oraisons funèbres, que Périclès, Lysias, Platon, Démosthènes, Hypéride et Naucratès. (Denys d'Halicarnasse, Τέχνη. περὶ ἐπιταφίου.) Voir encore Théon, (Προγυμνάσματα) éd. Tubner, p. 68 : ἔχομεν Πλάτωνος δὲ καὶ Θουκυδίδου καὶ Ὑπερίδου καὶ Λυσίου τοὺς ἐπιταφίους. Il semble que les autres n'ont eu aucun mérite littéraire et qu'elle a dédaigné de recueillir les noms obscurs des orateurs aussi bien que leurs œuvres sans portée.

près invariable sur lequel tous les autres éloges ont dû se reproduire. C'est donc pour nous une bonne fortune de posséder un discours dans de telles conditions et de le devoir, ce qui ne gâte rien, à un éminent orateur.

Quoique cet orateur soit Lysias, c'est-à-dire le plus pur modèle de l'atticisme, on sent dans ce discours quelque chose de l'exubérance élogieuse qui sera plus tard reprochée par Platon à l'Oraison funèbre : Il loue pour louer, surtout dans la première moitié de son discours, et sans une intention assez visiblement morale, politique ou administrative. Ceci soit dit pourtant avec admiration de son génie, nous ne déposons pas contre lui : l'orateur a beau faire, il subit toujours les défauts du genre qu'il traite, et les préférences de son auditoire sont, trop souvent pour lui, les plus impérieuses de toutes les lois.

Immédiatement après l'exorde, Lysias emprunte aux antiquités athéniennes un de ses mythes les plus populaires, la victoire remportée sur les Amazones. Ce sujet dont Phidias avait bordé le côté convexe du bouclier de Minerve [1] et que d'autres monuments de l'Acropole répétaient à l'envi, est le premier tableau de toute une galerie dont rien n'égale le fini et la délicatesse. Placés successivement dans des cadres de proportions harmonieuses, où les détails s'agencent avec tout l'art du peintre le plus habile, ils nous donnent une idée de cette série de chefs-d'œuvre dont la peinture antique avait orné les parois du marbre de Pœcile. Ils se font suite sans se fondre ensemble et sous leur diversité réelle sont tous reliés par la forte et puissante unité de la gloire nationale.

Vient ensuite l'intervention d'Athènes réclamant de Thèbes, au profit de Polynice et des Argiens vaincus, le

[1] Beulé. *Acropole*, t. I, pag. 187.

droit et les honneurs de la sépulture; et, à ce propos, Lysias caresse une des prétentions du peuple athénien, celle d'être un peuple plein d'humanité, de désintéressement, de noblesse de cœur et de piété [1].

Une autre prétention non moins populaire, c'est d'avoir, à toutes les époques, protégé le faible opprimé, et défendu les Grecs en butte aux vexations de la tyrannie, comme aux attaques des ennemis extérieurs. La page suivante nous montre la cité prenant en main les droits des Héraclides et les défendant contre Eurysthée, « quoique personnellement elle n'eût reçu aucun service du » père et qu'elle ignorât comment ses fils se conduiraient » un jour à son égard. » — Remarquons en passant cette allusion et ce reproche qui n'ont pas dû être perdus pour les auditeurs [2].

Cet épisode, sans faire autrement appel aux passions, est traité avec une grandeur calme et digne. Athènes y joue un rôle magnifique, elle continue celui d'Hercule, le dépasse même; mais cette dernière idée est sauvée avec un art infini qui en rend l'exagération presque inappréciable :

« Bienfaiteur du genre humain, se dévouant à une vie » pénible, jaloux de combats, avide de gloire, Hercule » sut punir une multitude de brigands sans pouvoir ja- » mais se venger d'Euristhée, ennemi cruel qui fut son » persécuteur. Grâce à cette ville, ses fils plus heureux

[1] Ici, comme un peu plus bas, nous trouvons des allusions politiques pleines d'intérêt pour les contemporains; voir à ce sujet le chap. XXXII du *Cours de Littérature dramatique* de M. Saint-Marc Girardin.

[2] Isocrate, dans son *Panégyrique d'Athènes*, développe longuement la même idée.

» virent dans le même jour leur propre délivrance et la » punition de leurs ennemis. »

L'ordre des temps amène les changements politiques qui se firent à Athènes : Lysias s'y arrête assez peu ; il dit à peine quelques mots de l'Autochthonie dont les Athéniens étaient si fiers, et les loue d'avoir les premiers établi la démocratie qu'il rapporte à leur amour inné pour la justice. C'est à cet amour ainsi qu'à leur noble origine qu'il attribue les sentiments distingués auxquels ils durent leurs sublimes triomphes pendant les guerres médiques.

Reconnaissons ce goût exquis qui est la qualité distinctive de Lysias : Bien qu'ami de Thrasybule [1] et partisan de la démocratie, il n'était ni démagogue ni sophiste, et les développements élogieux que d'autres n'eussent pas manqué de prodiguer à Athènes en cette circonstance, il se contente de les présenter avec une sobriété mesurée, une élégante précision.

Les guerres médiques sont traitées avec grandeur et éclat : Marathon, Artemisium [2], Salamine sont racontés

[1] Après la prise d'Athènes par Lysandre, il fut mis sur la liste des *suspects*, eut ses biens confisqués, perdit son frère condamné à boire la cigüe et s'enfuit à Mégare. Avec le peu qui lui restait, il put encore envoyer à Thrasybule des secours de guerre. Nommé plus tard citoyen par Thrasybule reconnaissant, il fut privé de ce titre pour défaut de forme et ne put se le faire restituer.

[2] Il est dit un mot des Thermopyles ; mais la célèbre résistance de Léonidas ne me semble guère figurer dans ce sujet tout athénien que pour en rehausser l'éclat par un peu d'ombre ; Lysias par un procédé oratoire fort connu entoure aussi volontiers le tableau du dévouement athénien de détails qui font ressortir l'égoïsme et la lâcheté des autres Grecs. Tels sont, au début des guerres médiques, les motifs qu'il suppose aux Perses pour attaquer, tout d'abord, Athènes ; tels sont encore ceux qu'il prête aux Péloponésiens pour fermer l'isthme par un mur, et le spectacle de l'avilis-

avec force, chaleur, et, tout en les colorant du prestige que ces victoires ont toujours exercé sur l'imagination des Grecs, Lysias sait néanmoins se défendre des étrangetés et des raffinements où les rhéteurs sont tombés dans la suite. La description de la bataille de Salamine est un morceau achevé, plein d'illusion pour le lecteur et d'une émotion bien sentie. Elle était une nouveauté et elle resta une exception dans l'oraison funèbre qui, généralement, comportait peu les développements de ce genre; Lysias et Bossuet ont prouvé que, chez les anciens comme chez les modernes, ils pouvaient n'être déplacés nulle part.

Une autre exception plus remarquable peut-être, c'est l'éloge de Thémistocle, le seul nom propre qui, avec ceux de Mironide et de Léosthènes, soit prononcé dans toutes les oraisons funèbres qui nous restent.

On ne peut nier qu'après cette grande lutte de l'Europe contre l'Asie, la transition à des exploits fort vulgaires ne soit périlleuse ; l'orateur sait donner de l'intérêt à la guerre entreprise avec Mégare et Corinthe en la montrant faite par des vieillards et des enfants. Rien de plus ingénieux que la manière dont il relève le mérite de ces étranges vainqueurs. Il faut convenir pourtant qu'il donne prise ici contre lui à ceux qui lui contestent la paternité de cette oraison funèbre.

« Les vieillards qui avaient passé l'âge du service, les » jeunes gens qui ne l'avaient pas encore atteint, voulurent » s'exposer seuls ; ceux-là avaient acquis la bravoure par

sement des Grecs qui s'étaient donnés aux Perses. Voir, au sujet de ces derniers, le mémoire de M. de Koutorga, *sur le parti persan et le procès de Thémistocle*, t. VI, 1re série, première partie des mémoires présentés à l'Académie des inscriptions et belles-lettres.

» expérience, ceux-ci l'avaient reçue de la nature ; les
» uns s'étaient distingués dans plus d'une occasion, les
» autres marchaient sur leurs traces ; les vieillards sa-
» vaient commander, les jeunes gens pouvaient obéir.
» Sous les ordres de Mironide, tous marchent à l'envi
» vers le territoire de Mégare, triomphent de toutes les
» troupes ennemies avec des soldats qui n'avaient plus
» de vigueur ou qui n'en avaient pas encore ; et, terras-
» sant chez eux ceux qui voulaient envahir leur patrie,
» ils érigent un trophée aussi honorable pour eux-mêmes
» que flétrissant pour les vaincus. Puis, après avoir prouvé
» par leur succès que, parmi eux, les uns ayant perdu,
» les autres n'ayant pas acquis leurs forces, tous, néan-
» moins, portaient également des âmes courageuses,
» couverts de gloire, ils reviennent tranquillement dans
» leur ville pour reprendre les exercices de leur éduca-
» tion ou pour s'occuper des affaires publiques. »

Ne se croirait-on pas devant une page traduite d'Ovide ou d'un rhéteur passionné pour les antithèses de Gorgias?

Quant à la guerre du Péloponèse, il en est à peine question : l'orateur fait allusion aux malheurs d'Athènes, à la perte de sa prépondérance que signalent la réapparition des Perses et la perte de la liberté, tandis que les soixante-dix ans du protectorat athénien avaient été marqués par la liberté, l'égalité chez les Grecs [1], et la terreur chez les Perses résignés à leur humiliation. Des malheurs de l'Attique lui semblent procéder ceux de toute la Grèce et rien n'égale le tact et la convenance déployés dans cette partie difficile de son sujet.

L'éloge de ceux qui, avec Thrasybule, ont rétabli la liberté, vient heureusement donner satisfaction à l'orgueil

[1] Voir la même idée dans le *Panégyrique* d'Isocrate, § 30.

national. La victoire qui a ramené la concorde et relevé les murailles, la clémence qui a pardonné à ceux dont on avait refusé de partager l'esclavage, reçoivent de justes louanges et permettent à l'orateur de venger Athènes de sa chute, en montrant avec quelle facilité elle aurait pu vaincre, si ses enfants n'avaient été désunis.

Ce passage, très-habilement touché, donne à Lysias l'occasion de parler des étrangers qui ont lutté pour la même cause et qui ont partagé la tombe des vainqueurs. Ni avant, ni après lui, nous ne trouvons rien de semblable ; n'en soyons pas étonnés : il était un de ces étrangers et il profite de ce moyen bien détourné et bien légitime de rappeler ses services qui ne furent que trop vite méconnus.

Mais nous voici arrivés à la guerre de Corinthe et à l'éloge des guerriers que doit célébrer cette oraison funèbre. Lysias prête à leur dévouement un caractère de magnanimité, digne de la haute idée qu'il veut donner d'Athènes :

« En mourant pour Corinthe alliée de Sparte, ils sont » morts pour la liberté de leurs ennemis, pour la liberté » des alliés de Lacédémone. »

Leur sacrifice s'élève aux proportions d'un malheur public pour les ennemis :

« Cet échec a appesanti de plus en plus les chaînes » du Péloponèse ; dans l'état où sont aujourd'hui ses » habitants, la vie est pour eux à charge, etc... »

L'appréciation de leur mort est généralement de ce ton grave que nous avons déjà précisé ; mais avant de passer aux consolations dues à la famille, Lysias donne une place, bien petite il est vrai, à cette partie omise par Périclès, les lamentations. C'est ici surtout qu'il diffère de son habile devancier. Il n'avait pas, comme lui, sa responsabilité engagée d'une manière dangereuse ; peut-être encore la douleur était-elle moins profonde dans l'assemblée, car la guerre et la peste ne se réunissaient pas, comme autrefois, pour rendre la consternation générale ; aussi ne craint-il pas de s'affliger avec les parents et donne-t-il au cœur bien plus que ne l'avait fait Périclès. Ses paroles sont empreintes d'une tendre sympathie et il ne recule pas devant la vue des douleurs et peut-être des misères qui vont être le partage de tant d'infortunés. Mais il se hâte bientôt de rentrer, lui aussi, dans la forme consacrée par l'étiquette : « Je ne pense pas qu'il faille » ici des pleurs, » dit-il, et le reste est bien du ton officiel de toutes les consolations. Le raisonnement se substitue aux épanchements du cœur, et ramène les consolations ordinaires tirées du bonheur des morts, de l'immortalité de leur mémoire, et de leur assimilation aux dieux dont ils partagent les honneurs.

Ainsi finit l'orateur, avec une dignité que les derniers mots teignent néanmoins d'une légère nuance de mélancolie. M. Villemain a formulé sur cette noble harangue un jugement qui résume en quelques lignes les impressions diverses qu'en laisse la lecture ; on nous saura gré de le reproduire :

« Ce discours [1], que le savant auteur de l'*Essai sur les* » *Eloges* n'a cité ni désigné nulle part, est un précieux » monument et de l'éloge funèbre chez les Grecs, du » génie de Lysias, et de cet atticisme si difficile à définir » et à imiter, qui était le bon goût de l'Antiquité. On ne » saurait imaginer une diction plus simple et plus pure, » une suite d'idées plus régulière et plus naturelle. Et si » le style faisait seul l'éloquence, ou plutôt si les grandes

[1] *Essai sur l'Oraison funèbre.*

» beautés du style pouvaient naître sans la vive émotion
» de l'âme, il faudrait nommer cet ouvrage de Lysias un
» chef-d'œuvre oratoire. Mais on y sent, avec le défaut
» de pathétique et d'enthousiasme, la langueur qui ré-
» sulte des formes convenues du panégyrique, etc. »

IV.

PLATON

Le Ménexène.

Bien que Lysias ait conservé toute sa dignité à l'Oraison funèbre, ce genre, nous l'avons dit, pouvait conduire à de grands abus ; il est à croire que tous ceux qui suivirent l'orateur sicilien n'usèrent pas, comme lui, d'une sage réserve, et nous n'en voulons pas d'autre preuve que la spirituelle critique par laquelle Platon commence son *Ménexène* :

« Socrate [1]. — En vérité, Ménexène, il est beau, sous » plus d'un rapport, de mourir dans la guerre, car, ne fût-» on qu'un pauvre citoyen, on obtient, avec une belle » mort, des obsèques pompeuses et magnifiques, et si l'on » est sans mérite, on est loué publiquement par des hom-» mes habiles qui n'improvisent pas votre éloge [2] mais

[1] Platon suppose cette oraison funèbre récitée par Socrate au jeune Ménexène d'après celle qu'Aspasie avait improvisée devant lui la veille.

[2] Ceci a l'air d'être en contradiction avec ce que nous avons avancé plus haut ; c'est tout simplement une raillerie de Socrate. Bien qu'on ne laissât que très-peu de temps aux orateurs pour

» prononcent un discours médité à loisir, et mettent tant » d'art dans leurs louanges qu'ils célèbrent les qualités que » l'on a et celles que l'on n'a pas, embellissent tout par le » charme de l'exposition, et enchantent nos âmes, prodi- » guant toutes sortes d'éloges à la République, à ceux qui » sont morts dans les combats, à tous nos ancêtres et à » nous-mêmes qui vivons encore. Aussi, Ménexène, leurs » panégyriques me remplissent d'un noble orgueil, et » toutes les fois que je les écoute, je suis charmé et m'es- » time plus grand, plus courageux et plus vertueux, et » comme souvent des étrangers m'accompagnent et écou- » tent avec moi, je deviens sur le champ plus respectable » à leurs yeux, car ils me semblent avoir mes sentiments » et pour moi-même et pour ma patrie qui, quoique » étrangère, leur paraît plus admirable qu'auparavant, » d'après l'opinion que leur donne l'orateur. Pour moi, » je demeure sous le charme pendant plus de trois jours ; » l'harmonie du discours et la voix de celui qui a parlé » remplissent tellement mes oreilles, que c'est à peine si, » au quatrième ou au cinquième jour, je me reconnais » moi-même et sais en quel lieu je suis : jusque là je » crois presque habiter les îles des bienheureux, tant nos » orateurs sont habiles ! [1] »

Il est impossible de signaler avec plus d'esprit et de gaîté l'abus que l'on faisait des formes ordinaires, et de les passer en revue avec une bonhomie plus piquante.

composer leur éloge, comme le fond en était toujours à peu près le même, ils avaient tout le temps de *préparer* leur improvisation.

Sunt quibus unum opus est intactæ Palladis urbem
Carmine perpetuo celebrare et
Undique decerptam fronti præponere olivam.

HORACE.

[1] § II.

Mais Platon n'aurait-il vu dans cet abus que des ridicules? D'où procèdent, à toutes les époques, les revers et les malheurs d'Athènes ? Des excès que peut se permettre une démocratie turbulente, présomptueuse, et ne reculant pour se satisfaire ni devant la licence, ni devant l'injustice. Qu'on exalte par d'imprudents éloges une semblable multitude, n'a-t-on pas à craindre de la voir se précipiter dans tous les désordres ?

C'est ce que faisaient les orateurs en toute occasion, mais plus particulièrement dans l'oraison funèbre, et c'est ici qu'il convient de chercher quel a pu être le but du *Ménexène*.

Certains critiques veulent que Platon n'ait songé qu'à donner le spécimen d'une oraison funèbre ordinaire, avec tous ses défauts [1].

Selon d'autres, le philosophe, dans une œuvre ironique d'un bout à l'autre, a voulu prouver à la vanité athénienne qu'elle ajoutait foi trop légèrement au dire de ses orateurs quand ils prétendaient improviser leurs discours, et qu'il y avait moyen de faire encore mieux qu'eux [2].

D'autres enfin supposent qu'après s'être moqué des orateurs et de leur auditoire, mais seulement dans son préambule, Platon a cherché à donner, à son tour, un modèle d'oraison funèbre [3].

Si l'on n'est pas d'accord sur l'intention réelle du *Ménexène*, on ne l'est pas non plus sur sa valeur littéraire : dans l'antiquité il a été l'objet de grandes admirations et

[1] Introduction d'une édition du *Ménexène* grec-allemand. Leipzig, chez Wilhelm Engelmann, 1847. Les citations qui suivent sont empruntées à cette publication.

[2] Koppen, Loers, F. Herman.

[3] Westerman, Stalbaum, M. Cousin et autres.

de critiques passionnées, et si généralement les anciens n'ont pas contesté son authenticité, il s'est trouvé chez les modernes quelques incrédules.

A mon avis, il y a quelque chose de fondé dans chacune de ces opinions, seulement elles ont le tort d'être exclusives et la vérité se trouverait peut-être dans un jugement qui les concilierait toutes.

D'une part, on ne peut douter que Platon ne veuille se moquer des Athéniens, des orateurs et de leurs improvisations sur un thème invariable ; or, si l'éloge funèbre de son temps lui a révélé des dangers et des ridicules, il a dû souhaiter qu'on y apportât un remède, et, dans ce cas, il est difficile de croire qu'il ait laissé à un autre le soin de le trouver. D'autre part, si quelques parties de cet ouvrage sont indignes de Platon, qui prouve qu'elles soient bien de Platon ?

Corriger l'oraison funèbre de son temps semble donc le but le plus probable du *Ménexène*. Quel serait alors le caractère de la réforme qu'a pu vouloir y introduire un sage ?

Ce qu'on peut reprocher surtout à ses devanciers, c'est d'avoir pris à leur guise, dans les faits mythologiques et réels, ceux qui pouvaient offrir le meilleur canevas à leurs adulations ; c'est encore d'avoir loué à l'excès les institutions bonnes ou mauvaises, les ancêtres, les morts et les vivants. Il est possible même que des démagogues sans pudeur aient fait appel aux passions populaires et se soient permis les aberrations les plus dangereuses..... Je ne crois pas être téméraire en avançant que Platon a dû vouloir prouver à ses contemporains que tant d'éléments hétérogènes ne sont pas absolument nécessaires à une oraison funèbre et qu'on peut d'ailleurs les intéresser encore avec leurs institutions sagement appréciées, avec leurs annales soumises à un choix discret et prudent, en les louant sans doute beaucoup encore (comment se faire écouter sans cela ?) mais en louant par les faits, et de manière à ce qu'une idée généreuse planât au-dessus de ceux qu'on présente sous un jour trop favorable. Un panégyrique mitigé, *historique*, si je puis m'exprimer ainsi, mettant en relief le plus vraisemblablement possible les idées d'égalité, de justice, de dévouement, de courage, de concorde, voilà l'idéal dont il aurait cherché la réalisation. Réussit-il dans sa tentative ? Son œuvre mérite-t-elle en effet d'être regardée comme un modèle ? C'est ce que nous examinerons tout à l'heure ; pour le moment, et dans l'intérêt d'une solution décisive, faisons de cette oraison funèbre un rapide mais exact inventaire.

La première partie du discours est heureuse : il y a de l'habileté dans la manière dont l'orateur pose son sujet, et rattache à l'idée des guerriers morts l'éloge des ancêtres et de leur ville natale :

« Ils sont devenus vertueux parce qu'ils étaient nés de » parents vertueux : nous vanterons donc d'abord leur » noble origine, et ensuite leur éducation ; enfin nous » montrerons comment ils se sont rendus dignes de ces » premiers avantages. »

Ici vient naturellement se placer l'éloge de leur autochthonie. Platon probablement croit pouvoir, sans danger moral, faire, comme tout le monde, un mérite au peuple d'être né du sol même qu'il habite, de vivre dans une contrée aimée des dieux, privilégiée et ornée de leurs dons ; aussi s'arrête-t-il un peu longuement peut-être à rajeunir, par d'ingénieux développements, ces formes déjà quelque peu usées sans doute : convenons-en pourtant, tout cela tient souvent plutôt du philosophe que de l'orateur.

« Élevés sous l'œil et la tutelle des dieux, enrichis par » leur munificence, les ancêtres ont fondé un état poli- » tique qui a contribué à rendre vertueux eux-mêmes et » ceux qui les ont suivis..... » Nous voici arrivés à l'éloge obligé des institutions démocratiques, tâche difficile pour un philosophe partisan de l'aristocratie, et qui, sur ce point, vise à réformer d'imprudentes adulations. Il s'en tire pourtant d'une manière habile qui est tout à la fois une critique délicate, un acte de conciliation et un conseil.

« Le gouvernement qui subsistait autrefois et subsiste » encore aujourd'hui, dit-il, est une *aristocratie*. C'est » cette forme sous laquelle nous vivons encore et avons » presque toujours vécu. Les uns l'appellent une démo- » cratie, les autres lui donnent un autre nom, comme il » leur plaît, mais c'est une *aristocratie* réelle fondée sur » le suffrage populaire [1]. »

C'est en effet ce que serait une démocratie qui ne porterait ses suffrages que sur la sagesse et le mérite. — Les développements du philosophe précisent nettement que telle est sa pensée, et font sentir à ses concitoyens ce que doit être leur gouvernement pour rester digne des principes sur lesquels il repose, le suffrage populaire et l'égalité de droits résultant d'une commune naissance. Tels sont du reste les principes politiques de Platon, partisan, on le sait, d'une aristocratie basée sur le génie et sur la vertu [2].

[1] Je me trompe peut-être, mais il me semble que telle phrase, celle-ci par exemple : « Nous sommes toujours gouvernés par des » rois, soit héréditaires, soit électifs » pourrait bien désigner indirectement l'omnipotence de la multitude qui, représentée par les hommes de son choix, substitue son despotisme à celui des souverains renversés au nom de la liberté.

[2] Platon du reste le dit en propres termes : « L'égalité de notre

Mais quittant ces questions qui souvent sentent l'école plutôt que la tribune, l'orateur aborde les faits glorieux pour la patrie, et caractérise fortement l'unité de son sujet en indiquant le beau rôle départi à Athènes : « Dé-
» fendre la liberté des Grecs contre les Grecs eux-mêmes,
» et celle de toute la Grèce contre les barbares. » Cadre admirable, si l'orateur n'était plus tard obligé d'en sortir ! N'importe, pour le moment, sa harangue y gagne un caractère imposant et grandiose. Il glisse ensuite, et c'est ici qu'il se montre novateur, il glisse, dis-je, vite et habilement sur les guerres d'Eumolpe, des Amazones, et sur tout ce qui touche à la période mythologique, gloires à ses yeux bien vaines, parce que leur caractère fabuleux leur ôte toute créance, et qu'elles ne constituent pas cette noblesse qui oblige ; puis il aborde la période des guerres médiques.

Le récit en est dramatique et animé, les diverses parties en sont bien reliées entre elles et se succèdent avec une progression d'intérêt et de gloire en relation parfaite avec les résultats obtenus. Pourquoi l'époque qui va suivre n'a-t-elle pas le même cachet de grandeur? Quelle cause funeste oblige tout à coup l'orateur à faiblir au milieu de sa course? C'est qu'entraîné par les besoins de son panégyrique *historique*, il va être contraint de chercher la gloire d'Athènes au sein de dissensions intestines. Comme la lutte s'est amoindrie ! Que l'importance des résultats s'est rapetissée ! Grecs contre Grecs, combattant pour des intérêts plus ou moins égoïstes, quelques beaux dehors qu'on y mette, ne peuvent plus nous passionner comme le grand conflit de l'Asie contre l'Europe, de la

» naissance nous force à ne reconnaître entre nous d'autre supé-
» riorité que celle de la vertu et de l'intelligence. »

barbarie contre la civilisation. D'ailleurs Athènes n'y joue pas toujours le beau rôle ; dans les motifs de ces guerres, comme dans les résultats qui en dérivent, il y a à récolter pour elle plus d'humiliation que de gloire ; aussi, l'orateur à qui s'imposent les faits, commence à se sentir mal à l'aise, car l'unité de son sujet lui échappe..... Il nous avait montré au début, et comme idée dominante de la politique de sa patrie « *Athènes défendant la liberté » des Grecs contre eux-mêmes et toute la Grèce contre les » barbares.* » Comment plier à cette règle généreuse tous les actes de la versatile et ambitieuse cité ? L'impuissance de l'écrivain se trahit à mesure qu'il avance : le ton baisse de plus en plus et cesse d'être oratoire. Nous trouvons fréquemment, dans l'exposition, des faits qui ne sont plus habilement fondus [1], quelque chose de trop nu et de trop historique, sans compter la monotonie d'une intention continuellement admiratrice que rendent plus fatigante tous ces efforts pour unir les uns aux autres des éléments qui refusent de s'harmoniser.

Bientôt — contradiction singulière — Platon, emporté par les événements qu'il raconte, sort résolument du cadre dans lequel il s'est à peu près maintenu jusqu'ici, et se met à louer Athènes quand elle renonce à sa noble mission et laisse les Grecs *s'imposer mutuellement l'esclavage ou le recevoir des barbares.*

D'autres contradictions ne se font pas attendre ; Athènes qui, « *par respect pour les trophées de Marathon et de Sala- » mine, ne veut pas secourir le grand roi,* » permet aux

[1] Voici les formules toujours les mêmes qui leur servent souvent de trait d'union à quelques lignes de distance : εἰρήνης δὲ γενομένης (fin du § XII). μετὰ δὲ τοῦτο, γενομένου πολέμου (§ XIII). μετὰ δὲ ταῦτα πολλοῦ πολέμου γενομένου (même §), etc.

exilés et aux volontaires « *de prendre du service auprès de » lui, et de l'aveu général, le sauve de sa ruine.* » Plus bas : « *Enfin nos vaillants soldats délivrèrent aussi le grand roi et » chassèrent de la mer les Lacédémoniens.* »

On me dira que les besoins de la politique expliquent certaines alliances, cela est vrai ; mais ne fût-ce qu'au point de vue oratoire, « les trophées de Marathon et de » Salamine doivent toujours être respectés, » et je ne comprends plus une gloire obligée de s'appuyer sur les vaincus de Marathon, sur les ennemis de la civilisation et de la liberté. Si l'auteur a des éloges pour toutes les variations de la politique de sa patrie, sachons lui gré de n'avoir vanté qu'à demi les conditions indignes du traité d'Antalcidas qui livra au fer des Perses toutes les populations grecques de l'Asie, et donna ainsi un éclatant démenti aux prétentions glorieuses des premiers temps de sa grandeur [1].

[1] N'est-ce pas en effet un éloge implicite que ces paroles : « Avec l'aide des Dieux, nous soutinmes cette guerre plus heu» reusement, car, lorsqu'elle fut terminée, nous conservâmes nos » vaisseaux, nos murs et nos colonies, tant les ennemis eux» mêmes virent avec plaisir cesser les hostilités. » Et que dire en les rapprochant de cette autre phrase écrite en propres termes à la fin de la page précédente : « Dès que le roi vit les Lacédémoniens » renoncer aux expéditions maritimes, il résolut de se retirer et » demanda les Grecs du continent pour prix de sa coopération avec » nous et avec les autres alliés. Il comptait bien que nous rejet» terions sa demande, mais il voulait un prétexte à sa défection..... » etc..... etc..... Seuls nous n'eûmes pas l'indignité (ἐτολμήσαμεν) » de consentir à cet abandon, etc..., tant le dévouement et l'a» mour de la liberté ont chez nous des racines indestructibles, » tant la haine des barbares est innée dans nos cœurs, etc... » Contradiction étrange et inexplicable ! Et c'est par le traité qui garantit au roi de Perse l'abandon de ces malheureuses populations grecques, que Platon aurait terminé et couronné son panégyrique d'Athènes !

On le voit, toute cette partie n'est pas un chef-d'œuvre, je ne veux pas dire pourtant que çà et là ne brillent pas par intervalle de vives clartés : tantôt l'orateur s'efforce de ramener la concorde parmi les Grecs, et l'humanité dans les rapports qui doivent exister entre des compatriotes ennemis ou des citoyens divisés ; tantôt, il fait l'éloge du pardon accordé aux vaincus de Sphactérie et ramène, dans les réflexions qui suivent, le sage conseil de Gorgias et d'Isocrate ; ici j'admire la fierté du mouvement par lequel il revendique pour sa patrie l'honneur d'être restée invincible, et de n'avoir succombé qu'à ses propres dissensions; plus loin enfin, j'aime à l'entendre parler des morts d'Eleusis qu'il veut réconcilier avec ceux du parti contraire par des prières et des sacrifices [1], sainte prédication de l'oubli des haines qui doivent s'éteindre dans le tombeau ; mais quelque respect que m'inspirent ces nobles pensées, je me demande, en présence des incohérences signalées plus haut, si c'est par une œuvre aussi défectueuse que Platon a voulu faire mieux, ou du moins aussi bien que ceux qu'il raille à si juste titre.

Au lieu d'un modèle, n'aurions-nous qu'un persiflage? Mais alors pourquoi çà et là tant de nobles sentiments? Pourquoi renoncer aux sujets mythologiques, dont l'abus prêtait le plus au ridicule?... D'ailleurs quel thème pour un pareil badinage que le dévouement et le sacrifice de ceux qui sont morts pour leur pays ! Et puis, à quoi nous entraîne une semblable hypothèse ! Cette œuvre, si

[1] Suivant la remarque de Gottleber il y avait à Athènes une loi qui imposait des sacrifices et des expiations à l'homme coupable d'un meurtre volontaire. Voilà sans doute la raison de ces prières et de ces sacrifices que demande Platon pour les malheureuses victimes des guerres civiles.

admirée qu'elle eut, au dire de Cicéron [1], l'honneur d'être prononcée publiquement chaque année le jour de la fête des morts [2], aurait été pour les Athéniens une double mystification, car elle les tourne en ridicule et sans s'en apercevoir, ils ont eu la naïveté de la prendre au sérieux et d'en vouloir immortaliser le souvenir !

Verrons-nous au contraire dans ces idées généreuses mêlées à tant de défaillances une intention morale et patriotique qu'ont trahie des efforts impuissants? Mais ici se présente encore la même objection quoiqu'elle ait un peu perdu de sa force. Platon a beau nous dire par la bouche de Socrate qu'on est *toujours en état de se faire un nom parmi les Athéniens*. Il n'eut point eu le succès que constate Cicéron avec des défauts trop saillants pour qu'on les regarde comme des inadvertances. L'orateur romain, dont personne, que je sache, n'a contesté la compétence, nous jette des deux côtés dans un embarras extrême et rien ne peut nous en faire sortir, excepté lui peut-être, car en y regardant bien il nous met sur la voie d'une explication plausible.

Ne peut-on admettre qu'à l'époque où fut prononcé annuellement cet éloge funèbre, une main de sophiste l'ait retouché, remanié, et surtout augmenté, afin d'en faire une revue à peu près complète de l'histoire d'Athènes pendant sa période de vie active?

Sur quoi porte en effet notre critique? Sur la seconde moitié de la partie historique : c'est elle qui détruit l'unité

[1] Cicéron. *Orat*. 44.

[2] Chaque année avait lieu une fête en l'honneur des guerriers morts dans les combats, avec des jeux et des sacrifices qui rendaient le souvenir de leurs exploits toujours présent à la mémoire du peuple. Le passage de Cicéron prouve qu'on y ajoutait aussi une oraison funèbre. (Voir le § XXII du *Ménexène*.)

du discours, le rapport des parties et qui, en exposant l'auteur aux coups de sa propre censure, lui fait manquer son but si visible dans le préambule. Supprimons toute cette partie, tenons-nous en aux guerres médiques, et pour le reste à quelques considérations jetées à grands traits, comme dans l'oraison funèbre de Lysias, n'avons-nous pas une œuvre qui échappe aux reproches que nous avons formulés ?

Et qu'on ne dise pas qu'une oraison funèbre dans ces conditions n'eût été bonne qu'au début de la guerre du Péloponèse, sans parler de celle de Lysias, un rhéteur du IVe siècle, Himérius, qui certes n'est point un homme de génie, nous en a laissé une que nous examinerons en son lieu ; elle me paraît, quant au plan, s'être inspirée de celle de Platon, mais loin de s'élancer à travers toute l'histoire d'Athènes, elle s'en tient justement aux proportions que j'indique.

Il est d'ailleurs un anachronisme assez étrange et qui ne s'explique que si l'on admet notre hypothèse.

On a pu remarquer qu'une partie des faits importants que Platon met dans la bouche de Socrate est postérieure à sa mort. Cette irrégularité qui a trop peu effarouché la critique habituée à voir Socrate substitué dans Platon à Platon lui-même, me semble avoir plus d'importance qu'on ne lui en a accordé jusqu'ici.

Que Platon prête à son maître ses propres opinions, comme s'il les avait reçues de lui, il n'y a là rien qui blesse la vraisemblance ; mais qu'il lui prête le récit de faits qu'a précédés sa mort, et cela lorsqu'il s'adresse à des contemporains, lorsque surtout cette mort a eu tant de retentissement, et que l'époque en est trop bien connue de ces Athéniens qui en sont tous complices et repentants peut-être, voilà une illusion à laquelle se fût refusée l'imagination la plus complaisante, et que nul écrivain ne pouvait avoir la prétention de faire accepter.

Ce n'est pas tout : dans le préambule, Socrate dit au jeune Ménexène qu'Aspasie lui a, la veille, récité l'oraison funèbre de Périclès. On sait que cette femme, célèbre à plus d'un titre, finit par se marier et vraisemblablement elle disparut alors de la scène politique, car on ne sait ni où, ni quand elle mourut ; pourtant, s'il faut adopter comme authentique la rédaction actuelle du *Ménexène*, elle aurait été, même après le traité d'Antalcidas, encore entourée de sa cour élégante comme aux plus beaux jours de sa jeunesse. N'est-ce pas une nouvelle preuve de remaniements et surtout d'additions postérieures, ou bien faut-il admettre que pouvant faire autrement, Platon a foulé aux pieds toutes les vraisemblances en mettant à côté de Socrate mort une femme, ou morte elle-même, ou depuis longtemps oubliée ?

Enfin, un critique dont le jugement est d'un grand poids en fait de style, Denys d'Halicarnasse, attaque la première partie du *Ménexène*, la seule que nous ayons vue jusqu'ici, avec une verve dont il reconnaît lui-même toute la violence, mais que néanmoins il se montre impuissant à comprimer : « Quoique je rougisse, dit-il, et que je re- » doute presque de le dire, je parlerai cependant, puisque » partout s'étalent grossièrement l'impéritie et l'igno- » rance[1]. »

J'avoue que je comprends très-bien ce qu'éprouve le critique.

Il reconnaît « que Platon est le meilleur modèle de » l'harmonie qui convient à la prose[2] » que de plus « per- » sonne ne possède comme lui l'art d'employer heureu-

[1] *De admir. vi dicendi in Demosthene*, § 32. — [2] Ibid.

» sement les figures [1]. » Il constate que le « *Ménexène* » était regardé comme l'un des chefs-d'œuvre du philo- » sophe [2]. » Or, que trouve-t-il en ouvrant cet ouvrage si vanté ? Ici, « des ornements qui annoncent peu de goût » et même une sorte de faiblesse [3] » là, « des figures » employées mal à propos [4] » ou bien « une recherche » d'éléments particuliers aux poètes pour lesquels Platon » affectait un souverain mépris et qu'il a bannis de sa » république [5] ; » puis, des passages, ou ampoulés, ou qui cessent d'être oratoires. Enfin, reproche plus significatif encore : « Platon, dit-il, abandonne les expressions » nobles et les figures majestueuses pour des figures de » déclamateur et dignes de Gorgias, telles que les anti- » thèses, les périodes symétriques ou qui ont les mem- » bres égaux et d'autres futilités dont il se sert pour orner » son style [6]. »

Voilà ce qui exaspère Denys et le fatigue fort vite de l'examen détaillé auquel il se livre ; aussi, et je le regrette, avant d'être arrivé à l'endroit selon moi le plus défectueux, il perd patience et y renonce... « Qu'est-il be- » soin, s'écrie-t-il, de nouvelles citations ? En parcourant » *tout le discours*, on trouvera *à chaque ligne* plusieurs » expressions incorrectes ou triviales, beaucoup d'autres » puériles et froides, sans vigueur et sans nerf, dépour- » vues de douceur et de grâce et quelques-unes d'une » pompe à peine soutenable dans le dithyrambe [7]. »

Comment expliquer cette étrange anomalie ? Comme nous le faisons sans doute ; sinon, de deux choses l'une : ou Platon est inférieur à lui-même justement dans un des

[1] Ibid. § 32. — [2] κράτιστον τῶν πολιτικῶν λόγων, § 28. — [3] Ibid. § 26. — [4] Ibid. § 25. — [5] Ibid. — [6] Ibid. § 24. — [7] Ibid. § 36.

plus renommés de ses ouvrages, ou bien Denys a perdu le sens.

Notons bien que les chapitres consacrés par lui au *Ménexène* semblent le produit d'une étude consciencieuse et réfléchie. Ajoutons qu'il attaque moins la pensée que la forme dont elle est revêtue [1] et qu'il ne s'est occupé nullement des incohérences que nous avons relevées.

Or, lorsqu'il s'emporte ainsi contre toute la première partie du discours, il n'a, au contraire, que des éloges et des admirations pour la seconde (la prosopopée dont nous parlerons tout à l'heure) ; nulle expression ne l'offusque, nulle syllabe ne blesse son goût difficile et il la transcrit tout entière avec une complaisance passionnée..... J'en tire un nouvel argument en faveur de mon hypothèse : cette approbation donnée sans réserve à la fin du discours disculpe le célèbre critique du soupçon d'un mépris systématique pour le *Ménexène*, et j'en conclus qu'il eût, comme les contemporains de Platon, goûté l'œuvre tout entière si une perturbation quelconque ne s'était, peu à peu, introduite dans la rédaction primitive.

Du reste, s'il y a matière à discussion pour quelques parties de cette oraison funèbre, il n'y a pas une seule divergence d'opinion pour l'admirable prosopopée qui la termine. L'Antiquité l'a citée, traduite et louée sans réserve ; hâtons-nous de lui offrir le juste tribut de nos applaudissements.

Remarquons toutefois l'ingénieux moyen oratoire qui met dans la bouche des morts les exhortations que réclamait l'usage ; présentées ainsi, elles ont une bien autre autorité que si elles émanaient de l'orateur. Les consolations aux parents y gagnent un caractère de tendresse, et,

[1] § 28.

pour arrêter les larmes, une puissance bien supérieure à tous les raisonnements banals et froids d'un organe officiel. Cette voix qui sort pour ainsi dire de la tombe attendrit, console, et, quand elle conseille, est religieusement obéie. Mais ce que nous devons admirer surtout, c'est l'élévation morale de ces belles paroles, c'est cette gravité austère et douce que nous aimons à prêter à ceux qui ne sont plus. Voilà bien le langage calme, désintéressé, généreux qu'ont dû apprendre à l'école de Socrate ceux qui sont morts, comme lui, pour accomplir un devoir. Les vues philosophiques y dominent, mais un caractère essentiellement pratique les accompagne et rend plus précieux encore ces conseils donnés de si haut. A dire vrai, ce ne sont pas tout à fait des guerriers qui parlent. Est-ce un mal ? Non vraiment ; l'approche de la mort, la mort elle-même ne les a-t-elle pas dégagés de ce qu'ils avaient de terrestre, et si la voix de ceux qui ne sont plus pouvait arriver à notre oreille, ne serait-elle pas plutôt un écho du ciel qu'un écho de la terre ?

C'est ici, constatons-le, que se montre, pour la première fois, dans l'Oraison funèbre, la pensée d'une autre vie : nous avons déjà parlé de la répugnance que les orateurs paraissent avoir eue à aborder ces idées d'outre-tombe ; Platon lui-même ne le fait qu'avec une discrétion extrême [1]. En effet, ce que nous avons appelé une prosopopée n'en est en réalité pas une ; c'est tout simplement la reproduction des paroles que les guerriers sont censés avoir dites en marchant au combat. Sans doute, d'un bout à l'autre, le ton, la manière dont se présente la pensée impliquent qu'ils ne sont plus [2] et que l'on n'entend

[1] ἄλλ' εἴ τις ἐστί τοῖς τετελευτηκόσιν αἴσθησις τῶν ζώντων, etc.

[2] Voici quelques passages à l'appui de cette assertion : « Si vous

parler que leurs ombres, mais alors pourquoi tant de précautions pour faire bien comprendre que néanmoins on ne le dit pas et qu'on se garde bien de le dire ? Aux raisons alléguées antérieurement, faut-il ajouter que, superstitieux comme ils l'étaient, non-seulement les anciens ne voulaient pas que les noms des dieux du ciel fussent prononcés dans ces fêtes funèbres [1] mais qu'ils attachaient encore quelque présage sinistre à des paroles sortant pour ainsi dire de la bouche des morts ?

Quel qu'ait été le véritable motif de Platon, cette allocution est du moins une innovation heureuse ; c'est en outre un premier effort pour laisser là les morts de toutes les époques et concentrer exclusivement les regards sur ceux qui sont l'objet principal de la cérémonie ; quoique les anciens morts soient encore loués en maint endroit du *Ménexène*, il est inutile de faire remarquer que la prosopopée ne s'applique véritablement qu'à ceux qu'on suppose avoir été tués dans la dernière campagne. Ceux-là seulement laissaient, en effet, dans la foule des parents ayant besoin de consolations.

» suivez ces conseils, vous serez nos amis et accueillis comme » tels par nous quand viendra votre heure fatale..... » « Si les » morts conservent encore quelque souvenir des vivants, nous » éprouverons un grand plaisir... etc. » « Je vais vous dire ce » que j'ai entendu de leur propre bouche, ce qu'ils se feraient un » plaisir de vous dire eux-mêmes, s'ils en avaient le pouvoir ; » j'en juge du moins par les discours qu'ils tenaient alors, figu- » rez-vous donc que vous les entendez par ma voix. » — N'y a-t-il pas, dans tout ceci, moins une croyance vacillante qu'une sorte d'hésitation à dire une chose qu'on n'est pas sûr de voir bien accueillie ? La précision mise à certains détails, des répétitions d'idées plus accentuées qu'il n'était besoin, n'indiquent-elles pas une intention ?

[1] *Ménexène*, § VII. — Démosthènes. *Or. fun.*, § XXX.

En résumé, un collaborateur anonyme nous semble avoir altéré l'œuvre de Platon, et le *Ménexène*, dans son état actuel, ne nous présente que d'une manière incomplète l'amélioration que voulait réaliser le philosophe.

Sans doute on eût pu, avec toute la série des faits mentionnés plus haut, arriver au même but, et faire encore une œuvre éminemment morale et utile, mais il eût fallu concevoir le sujet d'une manière fort différente et même toucher à cette sublime prosopopée si admirée des anciens.

Il eût fallu, par exemple, que l'orateur dît sa pensée hautement sur tous les faits, fît la part du bien, du mal, exaltât les gloires réelles de sa patrie, puis, pour tout ce qui était revers, vices, fautes ou malheurs, recourût à la prosopopée, en la modifiant toutefois. Ainsi, il eût été beau et d'un grand effet peut-être, d'entendre ces morts glorieux, forts de l'autorité que permettent le dévouement et le sacrifice, donner avec douceur, mais avec fermeté, de salutaires conseils, non à la patrie, idole à laquelle il faut laisser tout son prestige, mais à ses enfants tous frères, amis, concitoyens des morts.

Ce cadre eût prêté à l'éloquence, au moins autant que les formes arrêtées du panégyrique ; et, si elle avait dû être prononcée, une pareille oraison funèbre eût été sans doute chose originale, hardie, périlleuse même : mais nous n'avons pas à refaire une œuvre que Platon avait vraisemblablement mieux conçue que personne et qui, parmi ses idées politiques, occupait une place distinguée. Telle est en effet l'importance que l'Antiquité lui assigne [1], telle est aussi la valeur que lui reconnaissait Platon,

[1] Voir la note 2 de la page 96.

« car, » fait-il-dire par Socrate au jeune Ménexène en terminant le dialogue et en lui recommandant la discrétion, « ne me trahis pas, si tu veux que je te rapporte » encore quelques beaux discours qu'Aspasie a composés » sur la politique. »

V.

DÉMOSTHÈNES

ÉLOGE DES GUERRIERS MORTS A CHÉRONÉE

Cette manière si sage d'envisager l'éloge, pouvait être bien accueillie des politiques sensés, des orateurs sérieux, mais avait-elle chance de rencontrer la même faveur auprès des sophistes? Non, ceux-ci ne devaient point faire bon marché, comme Platon, de toutes les formes qu'avait introduites le désir de plaire; si donc nous rencontrons une oraison funèbre continuant la réforme du philosophe et même allant plus loin que lui, si nous la voyons écourter le plus possible tout ce qui est étranger au sujet réel pour s'occuper presque exclusivement des morts dont on déplore la perte, nous pouvons être bien certains qu'une pareille œuvre n'est point sortie de la plume d'un déclamateur amoureux de belles phrases et qu'il faut y voir l'empreinte d'un orateur sage, éclairé, d'un bon esprit de l'école de Platon.

Ces réflexions m'ont paru nécessaires, parce que l'oraison funèbre qui nous arrive sous le nom de Démosthènes a été l'objet d'attaques nombreuses [1] visant toutes à la faire passer pour l'œuvre d'un rhéteur.

[1] Denys d'Halicarnasse, Libanius et Photius. Parmi les moder-

Comme l'on a prétendu n'y pas retrouver le caractère de l'éloquence de Démosthènes, nous allons indiquer tout d'abord quelques-uns des traits saillants de cette éloquence ainsi que les qualités qui manquent au grand orateur.

.... « Ce qui domine dans Démosthènes, c'est la » logique sévère, une dialectique vigoureuse, serrée, » etc...... *ne cherchez pas en lui la souplesse élégante, la* » *grâce flexible et molle*, l'insinuation craintive, la ruse » qui s'enveloppe et fuit pour revenir. Il va droit au » but..., pas une phrase oiseuse dans le discours, pas » un mot oiseux dans la phrase, etc... [1] »

.... « Quoi qu'en disent les rhéteurs, *il a trop né-* » *gligé de sacrifier aux grâces, même à ces grâces un peu* » *mâles et sévères dont Périclès fut entre tous l'heureux* » *favori* [2]. »

Avec ces caractères que nous aurions pu rendre plus complets si nous ne craignions le luxe des citations, on peut affirmer *a priori* que, sauf quand il s'agira de louer les morts qui sont spécialement l'objet de son discours, l'oraison funèbre, telle que Lysias nous en donne le modèle, ne peut aller ni au talent ni au génie de Démosthènes [3].

nes : Th. Auger, Heyne, H. Wolf, Taylor, Walckenaer, Reiske, F.-Aug. Wolf, Bekker, Schœffer, Weber et surtout Ant. Westerman qui les cite et les résume tous.

[1] *Chefs-d'œuvre de Démosth. et d'Eschine*, traduction de M. Stiévenart ; édit. Charpentier. Préface.

[2] Alexis Pierron. *Hist. de la Litt. grecque*, p. 366.

[3] « Il semble que l'éloquence mâle et vigoureuse de Démos- » thènes, si bien assortie aux luttes violentes de la tribune et du » barreau, n'avait pas dû se plier heureusement aux formes du » panégyrique. Démosthènes, on le sait, en dépit des parallèles, » ne ressemble pas à notre Bossuet, etc........ Démosthènes a

Un rhéteur, un artiste en syllabes sonores vous racontera avec une verbeuse complaisance l'Autochthonie du peuple athénien, les guerres d'Eumolpie et des Amazones; il se gardera bien de rien passer de tout ce qui touche aux guerres médiques ; ses pareils en ont fait un genre à part τὰ Μηδικά [1], l'éternel aliment de leur abondance stérile : et cent autres avant lui eussent-ils répété ces exploits [2], il trouvera de nouvelles combinaisons de mots, de nouveaux tours de force oratoires, pour vaincre la satiété, heureux encore si après s'être donné si longuement carrière, il vous fait grâce des guerres postérieures et s'arrête en si beau chemin.

» besoin, avant tout, d'avoir quelque chose à réfuter, quelqu'un à » combattre ou à convaincre. Son génie, plus sérieux, ne s'anime » que par le raisonnement et la passion ; ce n'est donc pas chez » lui qu'on pouvait attendre des modèles du genre d'éloquence » que Bossuet a porté dans l'oraison funèbre et qu'il doit tout » ensemble à son culte et à son génie. » (Villemain. *Essai sur l'Or. funèbre.*)

[1] Philostrate : « *θαυμασιώτερος δὲ περὶ τὰς Μηδικὰς ἐν αἷς οἱ » Δαρεῖοι τ' εἰσὶ καὶ οἱ Ξέρξαι.* » (*Vit. Soph.*, I.21. *De Scopeliano.*) Le sophiste Diophante, dans l'oraison funèbre qu'il prononça sur la tombe de Proærésius, rhéteur qui s'était aussi fait un nom dans le genre médique, avait produit quelque effet par cette emphatique exclamation : « *Ὦ Μαραθὼν καὶ Σαλαμὶν νῦν σεσίγησθε ! οἵαν » σάλπιγγα τῶν ὑμετέρων τροπαίων ἀπολωλέκατε !* » (Eunape. *Vie du sophiste Diophante*, édit. Didot, p. 494.)

[2] Lucien, dans l'opuscule satirique intitulé *le Maître de Rhétorique*, n'oublie pas cet éternel lieu commun parmi les conseils ironiques par lesquels il prétend former un orateur accompli : « Si vous parlez d'un rapt, d'un adultère commis à Athènes, » citez les coutumes de l'Inde et d'Ecbatane, mais *il faut avant » tout du Marathon et du Cynégire* sans lesquels rien ne saurait » aller. Traversez à la voile le mont Athos, passez à pied l'Hellespont, etc., etc. » Plutarque porte à trois cents le nombre des auteurs qui ont décrit la bataille de Marathon.

Mais Démosthènes obtiendra-t-il de son génie impétueux qu'il repasse servilement par toutes les sinuosités de cette ornière banale ? Quand son cœur est plein de larmes pour ces morts de Chéronée dont il a partagé la défaite, vous voulez qu'il s'arrête complaisamment à cadencer des périodes, d'abord sur de vieux contes auxquels il ne croit pas, puis sur Marathon et Salamine, passé resplendissant, mais qui ne fait que rendre plus insupportable le présent avec toutes ses misères ? Non ! non ! il n'en fera rien, et s'il doit absolument subir la règle commune, il la subira, mais à demi, mais d'un air contraint, sera guindé, gauche peut-être, cherchera des appuis, empruntera en frémissant ces doctes niaiseries, ces vieilleries glorieuses qu'il n'aura pas la force de rajeunir par une imitation déguisée, en supprimera le plus possible, jusqu'au moment où, impatienté de pareilles exigences, rougissant de ces emprunts faits à la médiocrité, humilié d'être coudoyé par toute l'engeance des sophistes, il secouera les lisières que le génie ne se laisse pas facilement imposer, franchira d'un bond les limites convenues, et se retrouvera tout à coup ce que nécessairement il devait être, un novateur.

Tel est Démosthènes dans l'oraison funèbre des guerriers morts à Chéronée. On expliquera facilement qu'un pareil discours forme un tout très-inégal. N'osant rompre avec le passé sans vouloir néanmoins s'y astreindre, pressé d'entrer dans une voie nouvelle que conçoit son génie et que repousse la coutume, l'orateur ne pouvait produire au milieu de ces tiraillements qu'une composition hybride, dans laquelle rien, sauf la seconde moitié, ne devait répondre à la hauteur ordinaire de son talent.

C'est ce que n'ont pas compris les nombreux détracteurs de cette oraison funèbre ; car tout paraît faux à qui s'est placé à un faux point de vue.

« Il copie ses devanciers », disent-ils [1]. — Eh ! que vouliez-vous donc qu'il fît ? Quand tout a été dit sur un sujet jusqu'à l'ennui, jusqu'à la fatigue, le seul parti qu'on ait à prendre, si l'on est obligé d'y revenir encore, c'est de recueillir ce que l'on trouve de moins usé, de moins banal et de l'utiliser, en passant à autre chose aussi vite que possible.

Après lui avoir fait un crime de répéter ses devanciers, on lui reproche d'avoir omis ce qu'ils ne manquaient jamais de dire [2]... J'en conviens, il a passé sous silence, ou peu s'en faut, les guerres médiques si éloquemment commentées par Platon, la guerre du Péloponèse et toutes celles qui suivent..... Où est le mal, je vous prie ?

Je trouve dans la suppression de tout cela une preuve de plus à faire valoir en faveur de Démosthènes.

Mais voici qui est plus sérieux : « Le style de cette ha-» rangue n'est pas celui de Démosthènes [3]. » Je m'incline ici et ne me sens pas en mesure de traiter cette question supérieure ; pourtant je hasarderai une simple observation : c'est qu'il est bien difficile de soutenir, avec chance de ne pas se tromper, qu'un mot, un tour, une image, une métaphore sont ou ne sont pas possibles chez tel auteur, comme si l'on avait le secret de son génie et qu'il nous eût légué la clef de tous les trésors qu'il n'a pas employés. Nous sommes loin d'avoir tout Démosthènes, et tout Démosthènes ne donnerait pas tout l'atticisme, toute la langue grecque, ni tout le bon goût, ni toute l'élégance qui sont le cachet de la perfection. Derrière ce qu'a dit Démosthènes, que de choses il eût pu dire encore ! Que de choses ont été dites qu'il n'eût pas désavouées !

[1] Ant. Westerman. *De Epit. Demosth.*, p. 56. — [2] Ibid. p. 58, 61, etc. — [3] Ibid., p. 69.

D'ailleurs l'Oraison funèbre était un genre à demi poétique : Démosthènes n'y est pas sur son terrain. Je vois du reste avec plaisir que même ceux qui mettent en avant cette objection n'osent pas trop insister sur ce point délicat[1] ; c'est qu'en effet, pour avancer d'une manière formelle et avec force un pareil argument, il faut que le fond comme la forme, accusent une dissonance choquante avec la personne de l'écrivain, son but, la nature de son talent, les circonstances et bien d'autres points encore. Or, je ne trouve ici, dans la conduite de cette oraison funèbre, dans la marche de l'orateur, rien qui n'aille parfaitement au personnage, au rôle et au génie de Démosthènes, et loin d'accorder la plus petite créance aux prétentions indiquées, *incredulus odi*.

Nous avons à donner à notre tour des motifs à l'appui de notre opinion ; les voici :

1° Ce discours n'étant ni l'œuvre simulée d'un sophiste — car il n'en a pas les défauts — ni une déclamation d'école — car, indépendamment de ces défauts, il aurait encore l'exagération de ceux du maître, si familière à l'élève, — il faut bien, puisqu'il n'est pas un mensonge littéraire, qu'il soit l'œuvre de Démosthènes. En effet, il ne peut s'appliquer qu'aux morts de Chéronée et nous savons, par son propre témoignage, que Démosthènes fut chargé de leur éloge ;

2° Si l'on n'y reconnaît point au même degré que dans ses autres productions les qualités éminentes de l'orateur athénien, on ne peut dire cependant que cette œuvre soit tout à fait indigne de lui[2]. Admettons qu'il n'ait point ici la perfection que nous lui trouvons d'ordinaire, il suffit

[1] Ant. Westerman. *De Epit. Demosth.*, p. 51.
[2] C'est l'opinion de M. Villemain. *Essai sur l'Oraison funèbre.*

que nous puissions nous expliquer cette infériorité relative : Démosthènes n'eût-il pas senti la gêne des formes obligatoires de l'oraison funèbre, il est fort douteux encore que la nature toute particulière de son génie lui eût permis de créer une œuvre oratoire à la hauteur de son rôle politique. L'Antiquité tout entière proclame que, dans le genre démonstratif, il réussit aussi peu qu'il excella au contraire à la tribune politique et dans les débats judiciaires, nous n'avons donc pas le droit de nous étonner bien fort ; surtout quand son discours, loin d'être une œuvre sans valeur, annonce, au contraire, un progrès véritable dans la voie marquée par Platon ;

3o Si les écrivains de son temps ou de l'époque qui l'a immédiatement suivi avaient placé son oraison funèbre à côté de ses plus beaux ouvrages, nous pourrions, en présence du discours actuel, hésiter encore... mais nul n'en a dit un seul mot, ni en bien, ni en mal ; nul n'en cite une seule phrase qui permette d'en soutenir ou d'en nier l'authenticité [1]. Que faut-il en conclure ? Une chose bien simple, c'est que cette oraison funèbre ne fut pas mise par les contemporains au nombre des productions les plus remarquables du grand orateur, et je ne vois pas

[1] Il existe pourtant une citation empruntée à ce discours ; elle se trouve dans le traité d'Alexandre : Περὶ σχημάτων. C'est une phrase donnée comme modèle de l'Ἀντεισαγωγή, la voici : *οἰκτρὸν πατρὶ καὶ μητρὶ παίδων στερηθῆναι, καὶ ἐρήμοις εἶναι τῶν ἀναγκαιοτάτων γηροτρόφων· σεμνὸν δὲ αὐτοῖς τιμὴν καὶ μνήμην τέκνων καταλειπομένην ἐφορᾶν.* Du reste, il n'y a pas identité parfaite : la seconde partie de la phrase est plus longue dans l'orateur : Alexandre s'est contenté d'en donner en quelques mots la substance, soit qu'il l'ait tronquée en la citant de mémoire (ce qu'il fait encore à la page suivante pour un passage du *Pro Coronâ*), soit qu'il ait cru suffisant de donner d'une manière un peu différente, mais plus brève, l'exemple que réclame sa définition.

pourquoi nous exigerions qu'elle eût été un chef-d'œuvre perdu aujourd'hui, plutôt que de reconnaître, dans celle qui nous arrive signée de son nom, le discours qui traversa les premiers temps de son apparition sans panégyriste, il est vrai, mais aussi sans détracteurs autres que ceux qui proclamèrent l'infériorité de Démosthènes dans le genre démonstratif ;

4o Enfin, je ne crois pas que, de Démosthènes à Denys d'Halicarnasse, un discours du célèbre Athénien ait pu facilement disparaître. De pareilles pertes et de frauduleuses substitutions s'expliquent lorsque, à une époque de bouleversement social ayant succédé une civilisation riche et luxuriante, il se produit, après plusieurs siècles de barbarie, une sorte de résurrection littéraire comme celle de la Renaissance. On conçoit que bien des chefs-d'œuvre disparaissent dans un pareil naufrage, on conçoit aussi qu'une production pâle et sans force que le hasard a jetée dans les œuvres d'un grand maître, y prenne une place illégitime au lieu de l'ouvrage authentique qui ne se retrouve plus ; mais en pleine et vigoureuse antiquité, quand l'art oratoire n'a cessé d'être en extrême faveur, et que les modèles ont été l'objet constant d'une activité studieuse, comment de pareilles erreurs ou de pareils subterfuges auraient-ils été possibles [1] ? D'ailleurs, l'éloge des vaincus de Chéronée, fruit d'un esprit vigoureux, comme le dit M. Villemain, ne peut appartenir à des temps de décadence. Il faut donc en faire remonter la

[1] Cette raison ne peut être retournée contre l'hypothèse que nous avons émise au sujet d'un remaniement probable du *Ménexène*. Le *Ménexène* retouché était toujours le *Ménexène* de Platon ; d'ailleurs la date et la trace des additions ont pu se perdre, ainsi que l'édition primitive qu'on aura peut-être un peu négligée pour le *Ménexène* plus complet de la cérémonie.

date à une époque fort voisine de Démosthènes ; or, à une semblable époque, la substitution n'eût pu se glisser inaperçue. L'œuvre arriva à Denys portant le nom de Démosthènes, donc elle est de lui.

Au surplus, sur quoi se fonderait-on pour en faire spécialement une déclamation de sophiste ? Là où nous trouvons Démosthènes inférieur à lui-même, un sophiste eût brillé ; là où Démosthènes reprend sa hauteur première, un sophiste eût faibli. Nous reconnaissons en outre le maître à l'allure rapide de son discours, à sa sobriété dans l'éloge, et au caractère d'utilité pratique qui le distingue ; nous n'en ferons pas pourtant une œuvre capitale ni un pendant à ses harangues les plus célèbres, mais une composition estimable encore, et par l'intention qui lui sert de règle, et par les résultats qu'elle a obtenus.

Nous allons du reste, par une courte revue, en faire ressortir d'une manière plus saillante le caractère novateur.

L'exorde, comme celui du discours de Périclès, roule sur la difficulté de louer des guerriers aussi illustres ; le ton en est de même grave et digne, pourtant il s'en distingue en ce que, prenant l'idée contraire [1], il fait un

[1] Ant. Westerman, p. 53, passe en revue les exordes des différentes oraisons funèbres et les trouve composés avec plus d'art et de soin. Cela peut être vrai pour le discours de Périclès, mais Lysias en a quelques lignes à peine et Platon n'en a pas du tout. L'exorde du discours de Démosthènes, que je trouve d'une belle et noble simplicité et beaucoup plus convenable que celui de Lysias, lui semble vulgaire et commun ; il lui préfère cette phrase quelque peu sophistique et maniérée de Lysias : « ὅμως δὲ ὁ μὲν » λόγος μοι περὶ τούτων, ὁ δὲ ἀγὼν οὐ πρὸς τὰ τούτων ἔργα, ἀλλὰ » πρὸς τοὺς πρότερον ἐπ' αὐτοῖς εἰρηκότας. » On le voit par ce début, Westerman ne sera ni indulgent ni impartial dans ses autres critiques. Nous nous garderons de les relever toutes, il en est d'ailleurs qui méritent peu l'honneur d'une réfutation. Voir *De Epit. Dem.*, p. 59. 64, 63, 65, 68.

mérite à la république de la loi « qui confie à un orateur » l'éloge des morts et fait ainsi vivre au delà du trépas la » gloire qu'ils se sont acquise. » C'est un retour à la forme familière aux prédécesseurs de Périclès ainsi qu'il résulte de son propre témoignage [1] ; nous insistons sur ce rapprochement qui est le point de départ d'autres ressemblances que Démosthènes aura encore avec eux.

Et sans aller plus loin, remarquons la modification profonde apportée par l'orateur dans la manière de poser son sujet. Lysias, après son exorde, aborde franchement le panégyrique d'Athènes, sans explications comme sans détours. Platon, préoccupé de sa réforme, perdant moins de vue le but de la cérémonie, amène l'éloge de la patrie comme une dépendance de l'éloge des guerriers ; seulement, ses longs développements font perdre de vue ces derniers, et là comme ailleurs, le panégyrique d'Athènes accapare et garde la première place.

Tel n'est pas le procédé de Démosthènes : comme Platon, il fait dépendre l'éloge des gloires nationales de celui des guerriers, mais pour lui cette subordination n'est pas un artifice de langage, bon uniquement à amener sans disparate la substitution de l'éloge d'Athènes à l'objet réel du discours : le panégyrique d'Athènes n'est véritablement chez Démosthènes qu'un épisode et voici comment l'annonce nettement l'orateur : « Si je ne voyais dans ces guer- » riers d'autre mérite que celui de la valeur, je me borne- » rais à cet éloge, mais puisqu'ils reçurent en partage une » naissance distinguée, une sage éducation et une vie » toute d'honneur [2], je rougirais de négliger un seul de » leurs titres à nos légitimes hommages. »

[1] Eloge funèbre de Périclès, § I.

[2] Démosthènes, dans la suite de son discours, passe sous silence

C'est donc seulement pour rehausser le mérite des derniers morts par le tableau de leur noble naissance et le récit des hauts faits de leurs ancêtres que l'orateur va s'occuper encore des gloires antérieures.

Nous avons parlé des exigences de ce genre, de la gêne qu'a dû en éprouver Démosthènes condamné à des répétitions banales, nous avons dit ce à quoi on devait s'attendre en pareille circonstance, tout cela se réalise ici : n'osant négliger complètement les fables si chères à son auditoire, il les aborde puisqu'il le faut, mais dans les conditions que nous avons précisées. Ainsi il imite, abrége ceux qui l'ont précédé, comme s'il n'eût mis qu'avec répugnance quelque chose de lui dans cette partie dédaignée de son sujet [1]. Il emprunte à Platon les preuves de l'Autochthonie tirées de la première apparition de la nourriture de l'homme en Attique ; comme Platon, pour relier entre eux les éléments que donne le passé, il indique une règle de conduite qui lui semble avoir été celle des ancêtres :

« Les pères, dit-il, les ancêtres les plus éloignés de la
» génération présente ne commirent jamais une seule
» agression contre le Grec ou le barbare, et, sans comp-
» ter toutes leurs autres vertus, ils eurent en partage une
» grande équité [2]. »

ces deux articles de sa division *éducation* et *vie toute d'honneur*, et s'en excuse dans le passage que nous allons citer (note 1). Westerman lui en fait un grave reproche ; certes un sophiste se fût bien gardé d'aller aussi vite, et nous pourrions répondre par cette réflexion à la plupart des attaques du critique allemand.

[1] « Quant à leur bravoure et à leurs autres vertus, j'hésite à
» tout dire dans la crainte de passer les bornes de ce discours,
» mais pour des faits dont le souvenir a le plus d'utilité et la con-
» naissance le plus de charmes, faits glorieux et sans longueur
» fatigante, tâchons de les présenter dans un court tableau. »

[2] Cette manière de donner de l'unité à son œuvre en faisant

Comme Platon, sans doute, il aurait eu grand peine à réunir toute l'histoire d'Athènes sous le point de vue où il se place, mais il se garde bien d'entrer dans le détail des faits et de raconter aux Athéniens leurs annales. Les mythes des temps héroïques, les Amazones, les bandes d'Eumolpe, les violences d'Eurysthée sont une fatigue dont il s'affranchit au plus vite. Ainsi que l'avait fait Platon, il donne pour motif que les poètes, dans tous les genres, en ont fait le sujet de leurs vers.

Les guerres médiques elles-mêmes ne trouvent pas grâce devant cet esprit vigoureux qui ne connaît pas les ambages des rhéteurs. Il se permet à peine un rapprochement emprunté à Isocrate [1] entre la longueur du siége de Troie et la promptitude de la défaite des Perses. De la guerre du Péloponèse et de toutes celles qui la suivirent, pas un mot ailleurs que dans cette courte phrase où trois lignes lui suffisent :

« Pour réprimer au sein même de la Grèce des ambi-
» tions rivales, ils bravèrent tous les périls suscités par
» le sort, se rangeant toujours du côté du bon droit jus-
» qu'à l'époque où le temps nous a fait naître. »

Une marche aussi rapide est contraire aux usages reçus, Démosthènes le sait bien et a prévu la surprise de ses auditeurs, mais il est pressé d'arriver aux morts de Chéro-

dériver d'une grande idée morale toutes les autres qualités et les actions qu'on célèbre, quoique se trouvant déjà dans Platon, n'a pas été comprise parmi les caractères généraux de l'oraison funèbre, parce qu'elle me semble tenir ici à l'homme plutôt qu'aux habitudes constitutives du genre. Des contradictions chez Platon, je ne sais quelle indécision chez Démosthènes indiquent que ce procédé ne fait que de naître, car il ne relie pas énergiquement toutes les parties de l'œuvre comme nous le voyons dans certains panégyriques de nos grands orateurs chrétiens.

[1] *Panégyrique*, § 23, et *Lettre à Philippe*, édit. Didot, 67,21.

née ; pour lui, c'est là seulement que se trouve le sujet, le reste est un bagage inutile dont il a hâte de se débarrasser.

« Quand je serais, dit-il, de tous les orateurs le plus » dépourvu d'invention, la vertu de nos ancêtres offre » une foule de grands traits qui viennent d'eux-mêmes » se placer dans le récit. Mais après *avoir donné un souvenir* à l'illustre origine et aux grandes actions de nos » pères, je me proposais d'arriver par le *rapprochement le* » *plus rapide* [1] aux exploits de nos guerriers *afin de con-* » *fondre dans une même gloire* des hommes en qui s'était » transmis le même sang, persuadé qu'il serait bien doux » pour les premiers, que dis-je, pour tous également » d'établir entre eux une communauté de vertus et par » leur naissance et par nos éloges. »

On le voit, Démosthènes n'a voulu donner qu'un *souvenir* aux ancêtres : ce qui est le fond ordinaire, la partie principale des oraisons funèbres de cette période, vient d'être réduit à l'état de simple préambule à l'éloge des morts de la dernière bataille ; si l'orateur s'occupe encore des morts d'autrefois en les identifiant « *par le rapprochement* » *le plus rapide* » avec ceux dont il est spécialement chargé de célébrer la gloire, il est visible qu'il fait une concession à une habitude qui a pris force de loi, mais à laquelle il renonce, car ce qu'il veut aborder avant tout, c'est

[1] Ineptum istum transitum declamator noster facile evitasset, si quæ reliquarum hujus modi orationum ratio est, res Græcorum ad id usque bellum enarrasset in quo ceciderunt, de quibus jam laus rite est habenda (p. 62.) — C'est précisément ce qu'il eût fait s'il eût été un déclamateur, mais quand il s'agit d'un homme d'action comme l'auteur de cette guerre entreprise pour l'indépendance de la Grèce, n'eût-il pas été indigne de lui de venir, à la suite d'un cruel désastre, raconter complaisamment d'antiques histoires et brûler, à cette occasion, un encens tant de fois profané ?

l'éloge exclusif des victimes de Chéronée. Voilà l'Oraison funèbre ramenée à ce qu'elle était probablement pendant la seconde période.

Ici commence véritablement le sujet, et comme si l'orateur n'avait rien fait encore, il sollicite la bienveillance de l'auditoire. Quand je dis l'auditoire, je me trompe : il ne s'adresse réellement qu'à ceux qui, « sans appartenir aux » familles, suivent néanmoins le cortége. » Aurait-il besoin de réclamer cette bienveillance si rien n'était changé dans son oraison funèbre ; si son discours, au lieu d'intéresser une partie seulement de l'assemblée, s'adressait également à tous par l'exaltation de la gloire commune, ainsi que cela se faisait autrefois ? Non sans doute, et cette précaution de l'orateur est une preuve irréfutable d'innovation.

Il débute dans l'éloge des guerriers par le tableau de leurs vertus privées. Si l'éloge des morts, substitué à celui d'Athènes, était redevenu chose nouvelle, les louanges données à leurs qualités domestiques ne l'étaient pas ; rappelons-nous la critique de Platon au § II du *Ménexène*. Bien que Périclès et Lysias n'aient point fait usage de ces louanges, nous sommes autorisé à les regarder comme une des formes les plus ordinaires : elles ne sont pas exemptes ici de l'exagération que leur reproche le personnage de Socrate.

Admirons pourtant comme l'orateur sait tirer d'une faute de convention et d'habitude un parti tout à son propre usage :

« Prudence et courage » telles sont les deux qualités de leur âge mûr qu'il se plaît à relever en eux... « Ils les » possédaient au degré le plus éminent ; avant tous, ils » virent l'orage qui grossissait, etc. »

Le voilà, comme Périclès, glorifiant sa politique en

célébrant les morts : ces deux qualités furent précisément les deux vertus de Démosthènes [1] : bien que ces guerriers n'aient fait que marcher à sa suite dans la direction où il les entraînait, il y a de l'art à leur en rapporter l'initiative, à leur en faire un mérite personnel, et à les montrer grands de sa propre grandeur. C'est désarmer l'envie, c'est raffermir sa politique, c'est enfin louer dignement et dans les limites permises les glorieux vaincus de Chéronée.

Le passage où il nous montre les Athéniens et les autres Hellènes en face du fléau commun, avec leurs dispositions respectives et leurs rôles si différents, est écrit avec sobriété et vigueur; mais où se retrouve surtout Démosthènes, c'est dans cet admirable morceau qui vient immédiatement après et dans lequel il revendique également la victoire pour ceux qui, des deux côtés, vainqueurs comme vaincus, sont tombés sur le champ de bataille :

« Il faut, quand le combat s'engage, que les uns soient » vaincus, les autres vainqueurs. Mais je n'hésite pas à » dire que, des deux côtés, ceux qui meurent au champ » de bataille ne sont pas compris dans la défaite et ont » tous également la victoire [2] ; pour ceux qui survivent, » l'honneur du combat se décide comme le veulent les » dieux, mais ce qu'il importait de faire pour l'obtenir,

[1] L'orateur, en faisant en quelque sorte ces guerriers à son image, ne signe-t-il pas ici l'œuvre qu'on lui dispute ?

[2] Ce même argument qui se trouve en germe dans le *Panégyrique* d'Isocrate (§ XXVI), se montre encore dans le fameux discours que Lycurgue prononça contre Léocrate. Lycurgue soutint son accusation quelques années après la bataille de Chéronée. Il pouvait, à cette distance, reprendre et développer avec succès une idée que l'oraison funèbre de Démosthènes avait rendue populaire.

» tout homme mort à son rang l'a fait : mortel, il a subi
» son sort, il a souffert les rigueurs de la fortune, mais
» son âme n'a pas connu la défaite, et si l'ennemi a fait
» la faute de ne pas envahir notre territoire, on le doit à
» la vertu de ces guerriers : après les avoir éprouvés
» corps à corps dans la mêlée, il ne voulut point entre-
» prendre une lutte nouvelle contre les concitoyens de
» ces mêmes hommes, sentant bien qu'il allait trouver
» des courages semblables et qu'il n'était pas sûr de ren-
» contrer la même fortune ! Les conditions de la paix
» conclue alors ne sont pas la plus faible preuve de cette
» vérité. Non, l'on ne saurait dire que le monarque s'y
» soit décidé par un motif plus réel, plus glorieux pour
» nous : frappé d'admiration pour la vertu de ces illus-
» tres morts, il a mieux aimé devenir l'ami de leurs
» compatriotes que de risquer de nouveau sa fortune
» entière. Demandez à ceux-là mêmes qui ont combattu
» nos guerriers s'ils croient devoir le succès à leur pro-
» pre valeur ou à un étrange, à un terrible coup du sort
» et à l'audace d'un capitaine expérimenté [1], aucun d'eux
» aura-t-il la hardiesse de s'attribuer l'honneur de cette
» journée ? D'ailleurs dans un événement dont le résultat
» a été réglé au gré de la fortune, cette universelle sou-
» veraine, force est d'absoudre du reproche de lâcheté
» leurs adversaires qui n'étaient que des hommes, etc... »

Nous ne quitterons pas ce beau passage sans louer, comme ils méritent de l'être, la fermeté, l'élan de la pensée et du style ainsi que cette mâle précision qui sont dignes de Démosthènes. Quoiqu'en dise Westerman, ce n'est pas ici le langage d'un vil flatteur de Philippe. Tout

[1] Westerman voit dans cette phrase une basse adulation, une flagornerie à l'adresse de Philippe ! Qui ne sent l'intention et la

ce morceau, au contraire, écrit sous l'inspiration d'un noble et patriotique orgueil, venge dignement ces morts illustres du soupçon d'avoir été vaincus et leur change Chéronée en une de ces défaites qui sont, comme dit Montaigne, « à l'envi d'une victoire. » Ces héros sont, pour l'orateur, les derniers des Grecs : « Leur valeur était » l'âme de la Grèce ; avec eux s'est éteint l'honneur de » la commune patrie, » et rien n'égale la poésie et l'effet saisissant de l'image par laquelle Démosthènes agrandit et termine l'expression de ses regrets :

« Ajoutons, dût notre langage paraître exagéré [1], que, » comme le soleil ne pourrait retirer aux hommes sa » lumière sans répandre sur le reste de leurs jours la » douleur et la tristesse, ainsi, depuis que ces derniers ne » sont plus, de honteuses ténèbres enveloppent l'antique » gloire des Hellènes. »

Voilà certes un éloge éloquent, bien senti et écrit véritablement pour ceux qu'on veut honorer d'un témoignage

portée de ce détail ? Le général athénien, indigne de la haute mission qui lui avait été confiée, avait été mis à mort : en éveillant fortement l'idée de la supériorité du général ennemi, comme le fait Démosthènes, nous ne voyons plus que les deux généraux dans la lutte, et l'honneur militaire du peuple athénien se trouve à l'abri de toute atteinte ; c'est leur général qui a perdu la bataille, c'est le général ennemi qui l'a gagnée. Athènes n'a point été vaincue. Du reste Lucien, dans son éloge de Démosthènes, met dans la bouche de Philippe lui-même l'énumération des causes de la défaite de Chéronée ; elle s'accorde avec le passage incriminé d'une manière presque identique : « Si, contre tout espoir, *l'incapacité* » *des généraux*, l'indiscipline des soldats *et une faveur inouïe* » *de la fortune* qui nous a servis en mainte circonstance, ne nous » avaient livré la victoire dans cette journée, Démosthènes nous » exposait à perdre l'empire et la vie. »

[1] Nous retrouverons dans l'oraison funèbre d'Hypéride une comparaison puisée à la même source ; celle-ci peut avoir inspiré Hypéride.

public de respect et d'admiration. C'est le premier chez lequel nous trouvions réellement de l'à-propos et de l'émotion. Qu'il est supérieur à cette dignité raisonneuse et froide que nous avons rencontrée trop souvent jusqu'ici ! Pourquoi faut-il que l'orateur se croie obligé de rentrer dans le cercle où se sont emprisonnés ses devanciers et dont nous étions sortis un instant pour respirer un air plus vif et plus pur ! Mais ainsi le voulait la tribune funèbre, il fallait faire l'éloge de la démocratie et, nous l'avons vu, Démosthènes n'ose point rompre entièrement avec les traditions officielles ; il oppose donc à l'oligarchie la supériorité des institutions populaires et leur rapporte pour une très-forte part la bravoure des guerriers... Ce n'était pas nouveau non plus, mais ce qui s'éloigne des routes battues, c'est l'influence qu'il suppose qu'ont eue sur la vertu de ces guerriers les grands et nobles exemples des auteurs de leurs tribus.

Peut-être néanmoins pourrait-on dire que ce passage tend à s'éloigner de cette éloquence d'action que nous avons généralement trouvée dans ce discours ; peut-être y verra-t-on à un léger degré cet esprit ingénieux et érudit qui n'est pas fâché de faire parade de ce qu'il peut et de ce qu'il sait ; je l'accorde, quoique cependant rien n'en fasse ici regretter la présence, et que le goût puisse en maintenir l'emploi comme convenable et salutaire. En effet, chacune des parties de cette énumération allait successivement remuer au fond du cœur une portion de l'assemblée ; l'Athénien, on le sait du reste, était fier de tout ce qui touchait à ses ancêtres, et n'en dût-il avoir que le reflet, il se parait de toutes leurs gloires, surtout de celles dont il voyait le principe jeter de l'éclat quand tout était encore plongé dans les ténèbres des premiers âges. Mais citons le passage :

« Voilà les motifs généraux qui ont porté nos conci-
» toyens à désirer un noble trépas... Mais dans chaque
» tribu des causes particulières ont donné à leurs âmes
» cette forte trempe ; je vais les exposer :

» Tous les Érechthéides savaient que cet Érechthée
» dont ils tirent leur nom avait, pour sauver le pays,
» abandonné les Hyacinthides, ses filles, à une mort cer-
» taine. Lors donc qu'un fils des Dieux avait tant sacrifié
» à la délivrance de sa patrie, ils auraient rougi de paraî-
» tre mettre à plus haut prix un corps mortel, qu'une
» impérissable renommée. N'ignorant pas que Thésée,
» fils d'Égée, avait le premier établi dans Athènes l'égalité
» civique, les Égéides se seraient fait un crime de trahir
» les principes de ce grand homme, et ils ont mieux aimé
» mourir que de leur survivre, à la face de la Grèce, par
» un lâche attachement à la terre. La tradition avait appris
» aux Pandionides quelle vengeance Procnée et Philo-
» mèle tirèrent des outrages de Térée : unis par le sang
» à ces filles de Pandion, la mort leur eût semblé un
» devoir s'ils n'avaient déployé le même courroux contre
» les oppresseurs de la Grèce, etc... »

Nous ne pousserons pas plus loin cette citation ; on voit le parti qu'en tire Démosthènes et çà et là il y a encore de ces traits énergiques dignes du grand orateur.

Nous allons revoir plusieurs des autres formes consacrées par l'usage, mais celles-ci du moins sont vraiment du domaine de l'Oraison funèbre. Démosthènes nous montre aussi les morts heureux au jugement des sages et par la gloire qui est leur partage, et par les honneurs que l'État va répandre sur leurs enfants, sur leurs parents et sur leur tombe. Leur affranchissement des misères de la vie est encore à ses yeux un autre élément de bonheur. — Rien de nouveau en tout cela ; c'est le fond assez banal de toutes les consolations que nous avons vues, mais l'idée des récompenses d'une autre vie que Platon a présentée avec tant de discrétion et de timidité se montre ici plus ouvertement, grâce au progrès des idées morales et religieuses.

« On pourrait affirmer, dit-il, que dans les îles fortu-
» nées, ils sont assis près des immortels maîtres de ce
» séjour au même rang que les hommes vertueux des
» anciens âges : sans doute aucun témoin de ces honneurs
» n'est venu nous les révéler ; mais nous pressentons
» par analogie que ceux qui, aux yeux des vivants, furent
» dignes de terrestres hommages, rencontrent par delà
» le tombeau une gloire semblable. »

Ne dirait-on pas cependant qu'à mesure qu'il développe sa pensée, elle devient quelque peu indécise et vacillante ? Pourquoi, au début, les proclame-t-il heureux « au juge-
» ment des sages » plutôt qu'heureux absolument?...

L'orateur termine par les consolations adressées aux familles. Le ton en est encore mâle et ferme, mais d'un stoïcisme tempéré par une émotion vraie, quoique contenue ; ce n'est point ici cette pression exercée par Périclès sur la douleur de son auditoire : non, Démosthènes se sent absous par son patriotisme comme par le choix de ses concitoyens : fort de sa conscience, il a déjà ce noble orgueil du cœur qui, plus tard, lui inspirera cet admirable mouvement de son *Discours pour la Couronne* :

« Non, Athéniens, vous n'avez point failli ! »

Nous trouvons même ici, avec moins d'élan et de véhémence, l'idée mère du sublime passage que nous venons de citer ; seulement au lieu d'avoir l'impétuosité de la passion, elle a la majesté mélancolique que réclamait la circonstance : « Dans ce partage, ce qui est affligeant
» vient de la fortune sous qui tout mortel doit plier; mais

» ce qui est honorable et beau vient du choix des hommes » qui ont voulu noblement mourir [1] ! »

Les exhortations aux vivants font défaut, n'en soyons pas surpris : Athènes vaincue et épuisée courbait la tête ; la paix venait d'être conclue, l'orateur n'avait point lieu de compter sur un glorieux réveil ; il savait ce qu'il lui en avait coûté pour tirer les Athéniens de leur léthargie ; sa dernière espérance était morte avec les guerriers dont « la » chute, dit-il plus haut, avait plongé dans de honteuses » ténèbres l'antique gloire des Hellènes. » Qu'avait-il donc à dire et à faire encore?... Rien. Dans l'état de prostration où la défaite et l'avilissement des âmes avaient plongé la république, c'eût été folie de songer à un prochain avenir. Il ne restait au patriotisme terrassé, que le dédain du présent, le silence et une douloureuse résignation.

Résumons nos impressions sur cette œuvre digne d'attention à plus d'un titre :

Le grand orateur a profité de l'exemple de Platon sans tomber toutefois dans les défauts actuels du *Ménexène* et

[1] « Si condamnant Ctésiphon, vous condamnez mon ministère, » on pensera que vous avez failli ; vous n'aurez plus subi la loi » du sort. » — Ailleurs : « Le devoir de braves citoyens, ils l'a- » vaient tous rempli, mais le sort de chacun fut réglé par le ciel.— » L'événement est ce que veut la fortune — l'issue du combat dé- » pendait de Dieu, non de moi. — Athènes ne devait point choisir » autrement, pour peu qu'elle songeât à sa gloire... Le succès lui » a manqué, sort commun lorsque le ciel l'ordonne, etc... » (*Pro Coronâ, passim*). Nous avons déjà vu tout à l'heure (p. 116) : « L'honneur du combat se décide comme le veulent les Dieux ; » mais ce qu'il importait de faire pour l'obtenir, tout homme mort » à son rang l'a fait, etc... » Cette idée est reproduite mainte fois dans le *Pro Coronâ* sous formes différentes ; j'ai pris à peu près au hasard sans rencontrer peut-être celles qui offrent la similitude la plus parfaite.

il a presque entièrement dégagé l'Oraison funèbre des formes qui n'étaient qu'un prétexte à de vaines adulations. Nous n'avons plus ici cette allure complaisante et molle de rhéteur uniquement occupé à encenser la multitude ; de plus — et ce trait va bien à son austère physionomie comme aux temps malheureux où il parlait — il a fait justice de ce faux étalage de puissance destiné jadis à enivrer un peuple, de son temps dégénéré, et à produire quelque impression sur les autres nations de la Grèce, si lâches et si inintelligentes à ses yeux [1]. Marathon, Salamine, tout ce passé si glorieux dont on avait tant abusé, il y renonce ; en présence de la décrépitude présente, ces grands souvenirs pouvaient-ils être autre chose qu'une amère raillerie du sort? L'éloge d'Athènes n'est pas supprimé encore, mais amoindri, revenu à l'état d'épisode, et ne se présente plus qu'avec l'excuse d'ajouter à la gloire des morts en vantant leur noble naissance ainsi que l'illustration de leurs aïeux. Ce qui occupe la première place dans ce discours, c'est l'éloge des guerriers sacrifié jusqu'ici et qui n'est plus confondu avec celui des morts de toutes les époques que l'orateur a résolûment abandonné.

Démosthènes, avec cette éloquence d'action qui va au

[1] Quelques traces de ces sentiments se retrouvent dans le *Discours pour la Couronne.* (§ 7, édit. Landois.)

« Qui donc conspira avec lui (Philippe) pour vous faire tomber, » ou peu s'en fallut, dans des piéges où vous donniez volontaire- » ment ? C'est, dirai-je, la lâcheté ou l'imprudence des autres » Grecs ? Dirai-je l'une et l'autre à la fois ? Dans le temps que » vous entreteniez une guerre longue et sans relâche, et cela » pour les intérêts communs — on le vit bien ensuite — ils ne vou- » lurent vous aider ni d'hommes ni d'argent, ni vous secourir en » rien. »

Voir encore dans le même discours le § 14 tout entier.

but, au fait, a donc su se créer, sur le fond banal d'autrefois, un plan irrégulier sans doute [1], mais original et neuf dans lequel il a plié à l'unité de son sujet tout ce qu'il ne pouvait rejeter sans trop de hardiesse. Une préoccupation constante l'anime — elle est cause, il est vrai, de certains écarts qui ont offensé la critique — c'est la pensée de ces braves citoyens morts pour une cause qui était la sienne et celle de tout ce qui avait encore une étincelle de patriotisme. S'il tâtonne, hésite, emprunte, tant qu'il se sent obligé de subir le reste d'entraves que lui imposait la coutume, on le voit respirer plus à l'aise quand il se sent sur son terrain, marcher d'un pas plus ferme, plus sûr et redevenir lui-même, en retrouvant quelques-uns des éclairs de son génie [2], dans l'éloge de ces morts glorieux qui, champions de sa politique sur le champ de bataille, ont emporté dans la tombe ses dernières espérances comme ses dernières illusions.

[1] Il est des choses, tel est le plan de ce discours, qu'un sophiste qui simule n'eut jamais faites. Le sien, œuvre de calcul et d'art, n'eût pas formé un ensemble hybride comme celui de cette oraison funèbre, il n'eût pas présenté les irrégularités dont nous avons été témoin et qui déposent des tiraillements qu'a subis l'orateur. Un sophiste eût fait mieux ou du moins il eût voulu faire mieux et eût été moins vrai.

[2] Peut-être les admirateurs de Démosthènes auraient-ils voulu plus d'énergie entraînante qu'il n'en déploie ici ; mais qu'ils fassent la part des circonstances, ils verront que le lendemain du jour où Philippe épargna Athènes, il eût été impolitique et imprudent d'éveiller chez lui le regret de la clémence, en soufflant dans une ardeur posthume le feu de la guerre au fond des cœurs.

VI

HYPÉRIDE

ÉLOGE DE LÉOSTHÈNES ET DES GUERRIERS MORTS PENDANT LA GUERRE LAMIAQUE

Pour compléter la série des oraisons funèbres ayant le caractère d'une manifestation nationale, il nous reste à nous occuper de celle d'Hypéride. Longtemps nous n'en avons possédé qu'un fragment assez court conservé par Stobée et contenant les consolations adressées aux familles; il n'ajoutait ni n'ôtait rien aux données précédemment acquises, et, quelque beauté intrinsèque qu'il puisse avoir, ne nous disait pas ce qu'avait pu être l'œuvre dans son ensemble; nous le regrettions amèrement, car, ainsi que nous l'avons vu, Démosthènes ne nous donne pas le dernier mot de ce travail de transformation que subissait l'Oraison funèbre et, sans nul doute, il devait se trouver dans Hypéride. En effet, de ces formes consacrées par l'usage et le besoin de plaire, les unes avaient fait leur temps, les autres n'étaient plus possibles. D'ailleurs, les faits, les événements amenant, à coups précipités, une situation de plus en plus émouvante et du reste décisive, avaient dû, pour l'orateur comme pour son auditoire, faire naître le besoin de concentrer exclusivement leurs regards sur l'époque présente, absorber toutes leurs pensées et obliger l'orateur à être de son temps en s'isolant des antiques souvenirs.

L'œuvre retrouvée [1] a réalisé ces prévisions par une réforme si radicale qu'elle nous dispense d'un commentaire qui la rende sensible ; elle a même dépassé notre attente, car en dépit des susceptibilités d'une démocratie jalouse et contrairement à la règle invariable qui voulait que le panégyrique fût collectif et s'interdît tout nom propre, le nom du général athénien Léosthènes s'y trouve en première ligne, et l'éloge des autres guerriers, repoussé au second plan, ne semble figurer dans le discours que pour rehausser toute la gloire du sien.

Nous nous bornerons donc à une simple traduction de cette oraison funèbre et nous reprendrons celle que nous avons déjà publiée [2], en la modifiant toutefois pour la mettre en harmonie avec la seconde édition de M. Babington.

L'intérêt qui s'attache à toute découverte récente et précieuse autorise peut-être ici quelques explications que nous empruntons à notre premier travail :

« Cette magnifique harangue que nous ne connaissions que par les éloges qu'elle reçut de l'Antiquité et par le fragment de Stobée, fut retrouvée à Thèbes en Egypte par M. Stobart et achetée pour le Musée britannique ; M. Churchil Babington, du collége St-John à Cambridge, la publia, dans les premiers mois de 1858, et cette édi-

[1] Qu'il nous soit permis d'offrir ici à M. Egger l'hommage de notre bien vive reconnaissance. C'est de sa haute bienveillance que nous tenons le discours d'Hypéride.

[2] *Revue agricole, industrielle et littéraire*, journal de la Société impériale d'agriculture, sciences et arts de l'arrondissement de Valenciennes. (Mois de juin 1858.)

tion fait le plus grand honneur à son érudition et à sa patiente sagacité. Le manuscrit, en effet, écrit sur papyrus et déchiré en plusieurs morceaux, était dans l'état le plus fâcheux : des lettres, des mots, des côtés de colonne tout entiers avaient disparu ; de plus, les fragments détachés, assemblés pêle-mêle, avaient substitué à la belle ordonnance de l'œuvre primitive la confusion la plus inintelligible ; enfin, le copiste qui sans doute était un Egyptien peu versé dans la langue grecque, avait, en passant ou estropiant des mots, introduit mainte construction vicieuse et maint terme barbare. Ces difficultés ont été vaincues, ces désordres réparés par M. Babington avec talent, avec bonheur. Quelques taches pourtant ont subsisté encore : ai-je réussi à les faire disparaître ? Je l'ignore, je l'ai du moins consciencieusement essayé.

» Il restait aussi à combler trois lacunes qui interrompaient le sens de la manière la plus regrettable : peut-être aurais-je bien fait d'imiter la sage réserve de l'éditeur anglais, cependant, puisque j'ai pu sortir de ce travail, je l'offre au lecteur. Mais je déclare tout d'abord que je n'ai nullement la prétention d'avoir retrouvé littéralement ce qu'a dit Hypéride : je souffrais de voir les outrages que le temps a faits à cette belle harangue, et puisque l'art moderne déguise avec succès les mutilations des marbres de Phidias, en s'inspirant, pour refaire les parties perdues, soit du mouvement des muscles, soit des proportions harmonieuses de l'ensemble, j'ai cru que ce procédé de restauration, fût-il appliqué à l'œuvre d'Hypéride par une main malhabile, vaudrait toujours mieux que des plaies béantes qui attristent le regard et refroidissent l'intérêt.

» Ce n'est donc qu'à ce titre que je sollicite pour mes

essais l'honneur de figurer à la place restée vide [1]. Au surplus, tout en reconnaissant l'incertitude d'un pareil travail, je l'ai abordé comme une chose sérieuse et possible ; j'ai étudié attentivement les mots et les fragments de mots encore visibles et n'ai rien négligé de ce qui pouvait faire retrouver le sillon de la pensée, sinon la pensée tout entière.

» Il est pourtant une dernière lacune que nul labeur ne pourrait combler, c'est celle qui résulte de la perte des deux dernières colonnes du papyrus. Néanmoins, cette perte se trouve immédiatement réduite de moitié, quand on songe que le morceau conservé par Stobée forme la péroraison et occupait vraisemblablement la seconde des deux colonnes. Il ne nous manque donc, selon toute apparence, que les conseils politiques que l'orateur devait adresser aux vivants et auxquels conduisait sans doute le beau mouvement oratoire, si brusquement interrompu dans l'état actuel.

» Mais il est temps de nous effacer pour faire place à cet admirable morceau d'éloquence que la mystérieuse Égypte vient de nous rendre, après l'avoir gardé près de deux mille ans comme un trésor qu'on n'abandonne qu'à regret. Notre traduction est bien faible sans doute, nous la présentons néanmoins avec une sorte de confiance, car l'œuvre d'Hypéride, comme toutes les œuvres de génie, suffit par elle-même à l'attention qu'elle captive et peut braver impunément l'impéritie du traducteur. »

[1] M. Babington, dans sa seconde édition, n'ayant pas jugé à propos de combler encore ces lacunes, je conserve, faute de mieux, mes restaurations provisoires que du reste le temps, la réflexion et d'obligeants conseils m'ont permis d'améliorer.

TRADUCTION DU DISCOURS [1]

« Athéniens, les paroles qui, devant ce tombeau, vont faire l'éloge du général Léosthènes et des autres Athéniens morts avec lui pendant la guerre, auront, pour attester que ces guerriers furent des braves [tous ceux qui ont vu (A), sur le champ de bataille, leurs exploits supérieurs à ce que les mortels ont encore entendu. En effet, que l'on considère les faits en eux-mêmes ou l'utilité qui en résulte, on reconnaîtra que jamais notre ville n'a enfanté d'aussi dignes citoyens, et cependant elle est célèbre par ses guerriers qui ont toujours su mourir pour elle, tout en se montrant encore les chaleureux défenseurs de la liberté des autres Grecs]. (B) . . . .

. . . .

. . . . » Ce que je redoute surtout, c'est que ma parole ne semble bien au-dessous de leurs actions ; néanmoins, je compte que vous qui m'écoutez vous suppléerez ce que j'aurai pu omettre. Ce discours, en effet, ne sera point prononcé au milieu de gens réunis par le hasard, mais devant les témoins mêmes des hauts faits accomplis loin de ces lieux.

» Il convient que nous adressions des éloges à notre

[1] Le texte grec des passages mis entre crochets manque dans le manuscrit ou s'y trouve altéré de manière à rendre un remaniement nécessaire. La lettre capitale qui les suit, renvoie aux restitutions que nous avons essayées et réunies dans l'appendice à la fin du volume. Nous y avons reporté également les notes qui n'ont d'autre objet que la solution de difficultés grammaticales ou qui n'intéressent que la traduction proprement dite.

ville pour avoir choisi le parti de la guerre, puisque cette détermination est digne de son passé, ou plutôt, plus auguste et plus honorable encore. Les morts aussi ont droit à nos louanges : ils se sont montrés braves dans la lutte, ils n'ont point déshonoré les vertus de leurs ancêtres. Le général Léosthènes enfin les mérite à ce double titre : dans l'assemblée, c'est lui qui fit décréter la guerre ; sur le champ de bataille, il était à la tête des citoyens.

» Quant à notre cité, parcourir successivement toutes les annales de la Grèce (c) pour énumérer ses exploits, est chose à laquelle le temps présent ne pourrait suffire : la circonstance ne se prête pas à de longs discours [1] et il ne serait pas non plus facile à un seul homme de décrire et de rappeler des exploits si grands et si nombreux. Cependant je ne craindrai pas de parler sommairement de sa gloire : de même que le soleil parcourt toute la terre, variant les [climats et donnant à tous les mortels, selon qu'ils le méritent, aux bons le bien et le mal aux impies, de même qu'il se montre toujours bienveillant pour la Grèce et exact à lui amener les temps les plus favorables, ceux qui renferment en eux tous les avantages] (D) et qui prodiguent à l'homme ce qui peut être utile à sa vie, de même notre ville, jusqu'à ce jour, n'a jamais cessé de punir les méchants, d'honorer les bons, de faire régner l'égalité parmi les hommes, d'accorder à tous les récompenses dont ils sont dignes, enfin de fournir aux Grecs les subsides que réclament leurs besoins de chaque jour.

[1] Qui pourrait s'en douter, après avoir vu dans les discours qui précèdent la complaisante énumération de tant d'admirables hors-d'œuvre ?

» [Bornons-nous à ce court éloge pour les bienfaits qu'Athènes a répandus sur la Grèce,] (E) et parlons de Léosthènes et de ceux qui sont morts avec lui [1].

» Mais par où commencerai-je leur éloge ou que rappellerai-je d'abord? Dirai-je successivement la naissance de chacun d'eux? Ce serait être, j'imagine, d'une naïveté excessive. Lorsqu'un orateur doit louer des hommes qui, partis d'endroits différents, se sont réunis et habitent la même ville où ils ont apporté chacun leur nationalité distincte, il est nécessaire qu'il vante l'extraction de chacun d'eux; mais quand ce sont des Athéniens qu'il célèbre, des hommes qui, Autochthones, doivent à leur commune origine une noblesse qu'on ne peut surpasser, il me semble inutile de parler d'une manière spéciale de chaque naissance.

» Signalerai-je leur éducation? Dirai-je qu'enfants ils furent nourris dans la vertu la plus pure et apprirent tout ce que le jeune âge a l'habitude d'apprendre (F)? Mais tout le monde, je pense, sait que chez nous le but de l'éducation est de faire de l'enfant un homme de cœur: or, quand des hommes se sont montrés à la guerre d'une vertu supérieure, n'ont-ils pas donné la preuve que, dans leur enfance, ils ont reçu une bonne éducation? Le plus simple est donc, selon moi, de raconter la vertu guerrière de ces héros ainsi que les bienfaits nombreux dont ils ont été les auteurs pour leur patrie et pour les autres Grecs [2].

» Commençons donc notre éloge par celui du général [3],

[1] Remarquons encore avec quelle rapidité Hypéride passe sur cette partie si longuement développée chez ses devanciers.

[2] Même observation pour tout ce qui touche aux institutions, à l'Autochthonie, etc.

[3] Voici assurément l'innovation la plus hardie que l'on doive à

et c'est justice : Léosthènes voyant toute la Grèce avilie, tremblante, et perdue par des traîtres qu'avaient achetés Philippe et Alexandre pour ruiner leurs patries ; voyant, dis-je, notre cité manquer d'un homme de tête, et la Grèce, d'une ville qui pût prendre en main la direction générale des affaires, s'offrit à sa patrie pour être cet homme et montra aux Grecs dans Athènes celle qui devait les conduire à la liberté. Il rassembla des troupes mercenaires, se mit à la tête d'un corps de citoyens, et, rencontrant ceux qui les premiers avaient pris les armes contre la liberté de la Grèce, les Béotiens, les Macédoniens, les Eubéens et leurs alliés, il les combattit et les terrassa dans les plaines de la Béotie. De là, il marcha sur les Thermopyles, et, s'emparant des défilés par lesquels autrefois les barbares s'étaient avancés contre les Grecs, il empêcha Antipater de les franchir pour attaquer la Grèce, le surprit lui-même dans ces mêmes lieux, le défit dans une bataille, et, après l'avoir enfermé dans Lamia, fit le siége de cette place. Des Thessaliens, des Étoliens, des Phocidiens et d'autres peuples se trouvaient en ces lieux, il s'en fit des auxiliaires : et ceux que Philippe et Alexandre avaient été si fiers de traîner à leur suite, Léosthènes les vit d'eux-mêmes se ranger sous ses ordres. Il eut donc le bonheur de réussir dans tout ce qu'il entreprit, mais il n'était pas en son pouvoir de triompher de la Parque...... Et ce n'est pas seulement pour ce qu'il fit alors en personne que nous lui devons une grande reconnaissance, nous la lui devons encore pour le combat qui a été livré après sa mort et pour tout ce qui est arrivé d'heureux pendant le cours de cette cam-

Hypéride. Que nous sommes loin de Lysias, de Platon et même de Démosthènes !

pagne ; car c'est sur les fondements jetés par Léosthènes que les hommes aujourd'hui à sa place élèvent l'édifice de l'avenir.

» Et qu'on ne croie pas qu'en louant ainsi Léosthènes, je méconnaisse les services des autres citoyens. L'éloge de Léosthènes, quand il s'applique aux victoires remportées, est aussi leur éloge [1] : la sagesse dans les conseils dépend du général, mais la victoire conquise dans la lutte, voilà la part de ceux qui ont voulu en personne affronter le péril. Aussi, quand je célèbre notre victoire, je loue non-seulement l'excellence du commandement dans Léosthènes, mais encore la bravoure des autres citoyens. Eh ! pourrait-on, sans injustice, passer sous silence ceux d'entre eux qui, succombant dans cette guerre, ont donné leur vie pour la liberté de la Grèce et ont pensé qu'ils ne pouvaient prouver d'une manière plus visible leur volonté de briser ses fers qu'en combattant et en mourant pour elle ? Ce qui dut surtout les porter à lutter avec ardeur pour leur patrie, ce fut d'avoir à livrer en Béotie leur première bataille : ils voyaient les restes de Thèbes tristement effacée du nombre des cités ; ils avaient devant les yeux la citadelle aux mains d'une garnison macédonienne, les habitants réduits en esclavage et de nouveaux maîtres se partageant le sol. Aussi l'indignité d'un pareil spectacle, en frappant leurs regards, bannit toute crainte et les précipita tête baissée au devant du péril.

[1] Précaution oratoire bien légitime : Périclès, substituant le panégyrique d'Athènes à celui des guerriers, déclare que leur éloge est compris dans celui de leur noble patrie ; Hypéride, substituant l'éloge du général à celui de la cité, dit à peu près la même chose : c'est que chez l'un comme chez l'autre il y a dérogation aux usages reçus.

» Mais la bataille engagée près des Thermopyles et de Lamia ne fut pas moins glorieuse pour eux que celle qu'ils livrèrent en Béotie, non-seulement parce qu'ils triomphèrent d'Antipater et de ses alliés, mais encore parce qu'ils combattirent dans ce lieu célèbre. En effet la Grèce, qui s'assemble deux fois par an aux Thermopyles (H), y contemplera encore leurs brillantes actions, car en se réunissant en ce lieu, elle se souviendra de leur valeur. Jamais en effet on ne vit, dans le passé, combattre pour une cause plus belle, contre des adversaires plus puissants, avec de plus faibles ressources, mais ils jugèrent que le courage fait la force, et que la bravoure, bien plus que le nombre des soldats, multiplie les combattants. Aussi, la liberté commune, voilà le bien qu'ils voulurent conquérir pour tous, et la gloire de leurs exploits, la couronne immortelle dont ils ceignirent le front de leur patrie.

» Il est juste de calculer ce qui serait probablement arrivé [1] si ces guerriers n'avaient combattu avec autant de valeur (I) : n'eût-on pas vu la terre tout entière devenir la propriété d'un maître, et des lois, expression de son caprice, s'imposer despotiquement à toute la Grèce ? Pour le dire en un mot, l'insolence macédonienne n'eût-elle pas, au lieu de la justice, régné parmi nous ? Eh ! qui donc eût vu la fin des interminables outrages auxquels auraient été en butte nos femmes, nos vierges, nos enfants (J) ? Cela est évident d'après ce dont nous sommes

[1] Ceci est encore une innovation ou, plutôt, un retour à l'une des formes de notre seconde période, témoin ce passage où Périclès s'excuse de ne point aborder cet ordre d'idées, sans doute développé habituellement avant lui : « Exposer tous les avantages » de la résistance aux ennemis, ce serait s'étendre sur ce que » vous savez aussi bien que moi. » Chap. III.

forcés d'être encore les témoins aujourd'hui : ce sont des sacrifices que nous voyons institués pour de simples mortels ; des statues, des autels, des temples, mesquins pour les Dieux, magnifiques pour les hommes ; ce sont enfin leurs valets qu'on nous oblige à honorer comme des héros. Or, là où l'audace des Macédoniens a supprimé même le culte des Dieux, que doit-on penser des égards conservés encore pour les hommes ? Ne sont-ils pas complétement foulés aux pieds ? Aussi, plus nous y supposons intolérables les traitements auxquels nous devions nous attendre, plus nous devons juger dignes d'éloges ces morts généreux. En effet, nulle expédition ne prouva d'une manière plus brillante la valeur de ceux qui en firent partie : il fallait chaque jour combattre en bataille rangée, il fallait, dans une seule campagne, remporter plus de victoires que les armées d'autrefois n'avaient essuyé de désastres ; ajoutez à cela des hivers excessifs et une privation si prolongée, si absolue, des choses les plus nécessaires aux besoins de chaque jour, que l'énergie avec laquelle elle fut supportée ne pourrait se décrire. Or, celui qui avait su inspirer à ses concitoyens une constance aussi intrépide, Léosthènes, et ceux qui avaient prêté leur concours dévoué à un pareil chef, ne les considérerons-nous pas comme plus heureux d'avoir pu prouver une semblable vertu, que malheureux d'avoir perdu la vie, puisque, au prix d'un corps périssable, ils ont acquis une immortelle renommée et que, par leur valeur individuelle, ils ont affermi la liberté commune de tous les Grecs ? La valeur ! sans compter l'indépendance, elle donne encore le bonheur suprême (K) ! Ce n'est pas en effet d'un despote menaçant, mais de la voix des lois, que doit dépendre le bonheur des hommes ; libres, nous ne devons pas avoir à pâlir devant une accusation, mais devant des preuves de culpabilité, et ce n'est pas aux flatteurs des rois, aux calomniateurs des citoyens, qu'il appartient d'être les arbitres de la sûreté publique, elle doit être le fruit de l'obéissance aux lois.

» Pour tous ces motifs, endurant fatigues sur fatigues, affranchissant par des dangers de chaque jour leurs concitoyens et les Grecs de toute crainte ultérieure, ces guerriers ont perdu la vie pour que tous les autres pussent vivre heureux. Par eux, leurs pères sont honorés ; leurs mères, l'objet des regards de la foule ; [leurs sœurs ont trouvé, sous la protection des lois, des unions honorables, et leurs enfants auront, comme titre à la bienveillance du peuple, la vertu de ces braves qui n'ont point succombé, — car on ne peut les dire morts ceux qui, dans un noble but, ont fait le sacrifice de leur existence ; ils auront, au contraire, la condition de ceux qui jouissent d'une vie bienheureuse dans un autre séjour] (L). — Et certes, s'il est un lieu de récompense (M), la mort les a conduits à la possession de biens précieux : comment, en effet, peut-on, sans injustice, ne pas les croire heureux, comment les supposer privés de sentiment, comment ne pas penser qu'une vie nouvelle, plus belle que leur vie passée, a entièrement recommencé pour eux ? Car jadis, à l'époque de leur enfance, ils n'avaient qu'une intelligence bornée : ils sont maintenant des hommes parfaits ; il leur fallut alors un temps bien long et des dangers sans nombre pour prouver leur vertu : cette vertu est maintenant le point de départ (N) d'une nouvelle carrière dans laquelle ils entrent déjà célèbres et renommés pour leur valeur. Et certes, en quel lieu (O) ne parlerons-nous pas de leur courage ? En quel temps ne les verrons-nous pas l'objet de l'émulation et des louanges les plus honorables ? Les oublierions-nous dans la prospérité publique ?

Mais le bien qui a été leur ouvrage, à qui, si ce n'est à eux, vaudra-t-il et la gloire et le souvenir ? Serait-ce dans la prospérité privée ? Mais sous l'égide de leur courage, nous en jouirons avec plus de stabilité. Et quel est celui d'entre les citoyens de tout âge qui ne les proclamera pas heureux ? Les vieillards d'abord : [leur vie passée n'a pas toujours été bien paisible et ils voient avec admiration que ces braves ont conquis pour tous une sécurité désormais inaltérable. Leurs compagnons d'âge ensuite : ce trépas glorieux n'a-t-il pas donné à leur patrie la prospérité et la gloire ? Mais ceux-là surtout jalousent leur bonheur, qui, composant la génération nouvelle, et débutant dans la carrière, se voient, pour toute leur vie et non pour un reste de jours, condamnés au repos de l'impuissance. Vainement ils auront à cœur d'imiter de pareils exemples : la vertu de ces guerriers, vertu qui efface toutes les gloires du passé, brillera toujours d'un éclat supérieur. Seulement je crains que de vains discoureurs ne méconnaissent les exploits des plus braves des Grecs, en y mêlant le récit de ces expéditions dirigées autrefois contre les antiques Phrygiens ; je crains que, cherchant l'éloge de ces guerriers ailleurs que dans leurs propres exploits, ils n'y ajoutent, en poètes qui chantent sur la lyre, les événements heureux accomplis autrefois par tous les Grecs réunis] (P). Nous avons de plus grandes choses à dire de Léosthènes et de ceux qui sont morts dans cette guerre ! Si c'est le plaisir qu'on y trouve qui fait entendre volontiers ces antiques exploits, quels récits peuvent être plus agréables aux Grecs que l'éloge de ceux qui ont sauvé la liberté de l'oppression macédonienne ; si c'est l'utilité qui en résulte, quel discours pourrait être plus profitable à l'âme de ceux qui doivent l'entendre, que l'éloge de la bravoure et le panégyrique des hommes de cœur ?

» Une renommée méritée, et parmi nous, et dans les siècles futurs, voilà donc nécessairement, d'après les considérations qui précèdent, quelle sera la récompense de ces illustres morts ; et il n'est pas non plus hors de propos de nous représenter quels grands hommes vont faire accueil à leur général dans les Enfers.

» Ne vous semble-t-il pas voir, tendant la main à Léosthènes et l'admirant pour ses hauts faits, ces héros réputés Demi-Dieux qui combattirent devant Troie ? Ses exploits, tout en étant de la même famille, sont supérieurs aux leurs dans cette proportion que c'est avec toutes les forces de la Grèce qu'ils s'emparèrent d'une seule ville, tandis que lui, avec celles de sa seule patrie, terrassa la puissance qui tenait l'Europe et l'Asie enchaînées sous ses lois. Les premiers n'eurent à punir que l'injure faite à une seule femme : ce sont toutes les femmes de la Grèce, sur lesquelles allaient fondre mille outrages, que protégèrent Léosthènes et les guerriers qui reposent avec lui dans ce tombeau ; sans doute ils ne sont pas les aînés dans la carrière (Q), mais ils ont fait des actions dignes de ceux qui les ont précédés.

» [Je vois aussi] (R) les Miltiade, les Thémistocle et tous ceux qui, ayant conquis la liberté de la Grèce, ont donné à leur patrie la gloire en gardant la célébrité pour eux-mêmes ; Léosthènes les domine tous par sa supériorité de courage et de conseil. En effet, l'armée des Barbares avait fondu sur la Grèce quand ils l'arrêtèrent : Léosthènes empêcha nos ennemis d'arriver jusqu'à nous ; les premiers voyaient l'ennemi combattre au sein de nos foyers : c'est sur leur propre sol que le second triompha de ses adversaires. Je crois même que ceux dont l'affection réciproque se montra pour le peuple si féconde en résultats durables (S), je crois, dis-je, qu'Harmodius et

Aristogiton [1] ne voient pas dans ces grands hommes des frères plus dévoués, soit à eux, soit à vous (T), que Léosthènes et ses compagnons d'armes, et que, dans les Enfers, ils ne jugeront pas Miltiade et Thémistocle plus dignes que ces braves d'une touchante intimité.

» Et ce sera justice : les actions dont nous venons d'être les témoins ne sont pas au-dessous des leurs ; et, s'il faut dire la vérité, elles sont au contraire bien plus grandes : ceux-là, en effet, détruisirent les tyrans de la cité ; ceux-ci, les tyrans de toute la Grèce [2]. — O belle et admirable audace ! Glorieuse et sublime résolution ! Qu'elle est supérieure à tout cette vertu, cette valeur dont ils se faisaient dans le péril un bouclier (U) pour marcher à la conquête de la liberté de tous les Grecs !... »

. . . . *Ici s'arrête le manuscrit. Voici le fragment conservé par Stobée et traduit par M. Villemain. Il forme la péroraison du discours*. . . . . . .

. . . . . . « Il est difficile de consoler ceux qui sont frappés de telles afflictions. La douleur ne s'apaise ni par la raison, ni par la loi. Le naturel de chacun, et son degré d'attachement pour celui qui n'est plus, voilà les bornes de la tristesse. Toutefois il faut prendre courage, modérer son deuil autant qu'on le peut, et penser non-seulement

[1] Ces noms chers à la démocratie athénienne ne figurent dans aucune autre oraison funèbre et sont ici parfaitement à leur place : c'est qu'en effet Athènes combattait, dans la guerre du Péloponèse, pour s'assurer la prépondérance, elle lutte ici pour échapper à un maître.

[2] Autre nouveauté. Nous n'avons vu jusqu'ici que des oraisons

à la mort de ceux que l'on a perdus, mais à la vertu dont ils nous ont transmis l'exemple ; leur sort est moins digne de regrets que leurs actions ne sont dignes de louanges. S'ils n'ont pas joui d'une vieillesse toujours soumise à la mort, ils ont acquis une gloire sans mélange et un inaltérable bonheur. Parmi ces guerriers, les uns sont morts sans postérité : leur gloire répandue dans la Grèce sera pour eux comme une immortelle famille ; les autres ont laissé des enfants : la bienveillance de la patrie servira de tutrice et de gardienne à ces orphelins. Du reste, si la mort est un néant comme celui qui a précédé la naissance, ils sont tous désormais affranchis des maladies, de la douleur et des autres misères qui assiégent la vie humaine ; si, au contraire, et comme nous le croyons, après la mort le sentiment subsiste, ainsi que la justice divine, sans doute ceux qui ont travaillé pour la gloire des Dieux obtiendront de la divinité le plus heureux partage (v). »

Telle est cette œuvre célèbre, tout à la fois originale et hardie ; complétant la réforme inaugurée par Platon, elle devait être pour l'Oraison funèbre le point de départ d'une ère nouvelle et féconde : elle fut, au contraire, comme nous le verrons, la limite extrême que les changements politiques qui survinrent ne lui permirent pas de dépasser.

Si nous jetons un dernier coup d'œil sur les monuments

funèbres *athéniennes* dans le sens le plus étroit du mot : sous l'influence du péril commun, l'orateur juge les choses de plus haut ; derrière Athènes il voit la Grèce tout entière et il ne craint pas qu'on l'accuse de mettre la liberté de tous au-dessus de celle de sa seule patrie.

de notre troisième période, nous verrons que, à l'exception du discours d'Hypéride qui ne ressemble à aucun autre, tous les éloges que nous avons analysés ont été prononcés à l'occasion de défaites [1] ; dus à des circonstances tout à fait identiques, il nous est permis de les classer d'après leurs similitudes et leurs dissemblances.

Nous les rangerons en deux catégories : la première comprendra les discours dont l'éloquence est une éloquence d'action, et le langage, l'expression animée d'un véritable orateur ; l'autre nous offrira des œuvres auxquelles manque ce double caractère. Lysias et Platon, en effet, malgré les mérites qui les distinguent, tiennent davantage, si je puis le dire sans irrévérence, du sophiste et du rhéteur : leur discours n'a pas ce cachet original qui porte en soi, non pas seulement une signature, mais encore un

[1] Le *Ménexène* lui-même ne doit pas être excepté : Platon, nous le donnant comme l'imitation du discours de Périclès, nous autorise à le ranger dans la même catégorie ; d'ailleurs il fut composé dans des temps désastreux pour Athènes, et il ne s'y trouve pas un mot qui fasse penser au moindre succès contemporain. Quant à l'éloge funèbre de Naucratès, nous ne savons rien des circonstances au milieu desquelles il a pu se produire et le temps ne nous en a pas conservé un seul mot. Il en est de même de ceux d'Archinus et de Dion, si toutefois ils ont existé. En effet, Denys d'Halicarnasse qui les cite (*Jud. de Thucyd.*, § 23.) semble avoir mal compris la phrase du *Ménexène* sur laquelle il s'appuie, comme le fait très-judicieusement remarquer Westerman (p. 34). D'autre part, Photius (*Cod.*, 260.) fait mention de l'oraison funèbre d'Archinus et confirme ainsi le témoignage de Denys d'Halicarnasse, en supposant néanmoins qu'il ne parle pas d'après lui. Si Archinus a réellement prononcé une oraison funèbre — et Westerman en doute — elle a dû être composée à peu près à la même époque que celle de Lysias ; car nous savons que ces deux orateurs furent contemporains : ce fut même Archinus qui fit perdre à Lysias le titre de citoyen que lui avait conféré la reconnaissance de Thrasybule. (*Orat. attici.*, t. II, p. 249, édit. Didot.)

rôle, une date. Supprimez un ou deux passages, souvent d'une importance très-secondaire, ils pourront s'appliquer à telle campagne qu'il vous plaira de choisir. On voit trop que le premier songe à plaire, le second à instruire, et l'on s'aperçoit à la mollesse de leur allure qu'ils n'ont point eu pour animer leur parole un intérêt immense, poignant, particulier, personnel.

En lisant les deux autres orateurs au contraire, vous sentez Périclès lutter pour le maintien de sa politique, Démosthènes s'identifier avec ces nobles guerriers, héroïques représentants de la sienne, et c'est ce qui donne à leurs œuvres une physionomie que les autres ne peuvent avoir eue.

Les éloges de Lysias et de Platon découlent paisiblement d'une imagination brillante, aimable ou moralisatrice ; les autres, nés de la crainte de revirements populaires, ou à la suite de terribles commotions politiques, sont sortis de cœurs émus et passionnés et ont gardé l'empreinte de leurs frémissements divers.

SUPPLÉMENT A LA TROISIÈME PÉRIODE

IMITATIONS DES RHÉTEURS

HIMÉRIUS

Ici devrait se terminer la partie de notre travail qui comprend l'étude de l'Oraison funèbre politique à Athènes, car, lorsque cette illustre mère de l'éloquence fut tombée sous le joug des successeurs d'Alexandre et plus tard sous celui de Rome, quand elle eut perdu sa liberté et n'eut plus à honorer le trépas d'aucun de ses fils morts pour assurer son indépendance, l'Oraison funèbre, telle que nous venons de la voir, devait naturellement disparaître ; mais il resta à Athènes esclave l'amour des chefs-d'œuvre, le culte du passé et l'orgueil des souvenirs : c'est avec eux qu'elle se consola de sa liberté perdue. Quand d'autres villes asservies établissaient, à l'imitation de leur dominatrice, des combats de gladiateurs, la noble cité ne renversa point l'autel élevé à la Miséricorde ; elle eut horreur du sang, garda ses solennités poétiques et littéraires et parmi les institutions patriotiques qu'on peut lui faire honneur d'avoir conservées se trouve la fête de ces guerriers morts aux plus beaux temps de sa splendeur.

Athènes vint donc chaque année, selon l'usage antique, déposer pieusement son offrande sur la tombe de ces braves à qui elle devait un passé si glorieux. Il est probable qu'elle accepta de sophistes en renom l'éloge funèbre que réclamait la circonstance jusqu'au moment où, fatiguée de leurs déclamations inertes et sans vie, elle ordonna qu'on lirait le *Ménexène* comme pour ranimer une froide cérémonie par l'éloquence toujours vivante d'un grand orateur.

A quelle époque s'opéra ce changement? On l'ignore. Cicéron parle de la lecture du *Ménexène* comme d'un fait qui existait encore de son temps [1], ce qui donne à son témoignage une autorité irrécusable. Il est à présumer qu'on supprima le préambule et qu'on ajouta quelques mots d'exorde ; sans doute aussi, nous l'avons dit précédemment, pour donner à cette oraison funèbre un caractère plus universel et en faire l'expression de l'histoire à peu près complète d'Athènes, on y fit quelques additions, flatteuses pour le peuple, fâcheuses pour l'œuvre primitive et qui en altérèrent les harmonieuses proportions.

C'est aussi probablement à cette époque qu'il faut rapporter une modification assez peu importante, mais qu'on ne peut cependant passer sous silence.

Dans l'antiquité, l'État choisissait lui-même celui qui devait prononcer l'oraison funèbre ; c'était naturellement

[1] ... Nec solum in his sermonibus qui Dialogi dicuntur, uti de industriâ id faciendum fuit (vocum concursio), sed in populari oratione quâ *mos est* Athenis laudari in concione eos qui sint in præliis interfecti ; quæ sic probata est ut eam quotannis, *ut scis*, illo die recitari *necesse sit*. (*Orat.*, § 44.)

l'orateur le plus distingué ou le plus populaire ; il est possible pourtant qu'en certains cas ou à défaut de personnage qui convînt, on se soit adressé au représentant de la famille du mort le plus brave, dût-il se faire composer un discours. Polémon le sophiste a mis en tête de deux déclamations assez ineptes une épigraphe qui autorise cette conjecture : « Une loi athénienne accordant au » père du guerrier mort le plus glorieusement le droit » de prononcer l'oraison funèbre, les pères de Callimaque » et de Cynégire se disputent cet honneur [1]. » On a contesté, il est vrai, l'existence de cette loi, les sophistes se créant assez facilement de cette manière des thèmes artificiels de déclamations ; peut-être encore est-il possible que, au lieu d'une *loi* il y ait eu une *coutume*, le mot νόμος se prêtant aux deux significations. Du reste, le père, ou, à défaut du père, le plus proche parent, jouait un rôle dans les funérailles : c'est au nom d'une paternité patriotique que le festin funèbre des morts de Chéronée se fit chez Démosthènes et ce fut lui encore qui prononça leur éloge : il doit y avoir une relation à saisir entre ces deux faits qui ne peuvent être indépendants.

Quels qu'aient été à ce sujet les usages, il paraît que plus tard le Polémarque fut exclusivement chargé de cet honneur ; ce fut sans doute quand la cérémonie perdit l'attrait d'un événement présent et sérieux et que le rôle de l'orateur se borna à une simple lecture du *Ménexène*.

Un sophiste en effet pouvait bien, dans les premiers temps, accepter semblable tâche avec la perspective d'ajouter quelque peu à l'œuvre de Platon, mais, la chose

[1] Νόμου ὄντος Ἀθήνησι, τὸν πατέρα τοῦ ἄριστα ἀποθανόντος ἐν πολέμῳ λέγειν τὸν ἐπιτάφιον, Καλλιμάχου καὶ Κυναιγείρου πατέρες δικάζονται.

faite, l'orgueil de ses pareils n'eût pu se résigner à répéter purement et simplement l'œuvre d'un autre ; on s'adressa donc au Polémarque à qui, dans l'antiquité, revenait le soin des funérailles. Ce personnage, par la dignité attachée à son grade, sinon à l'importance de ses fonctions actives, pouvait encore ajouter non du prestige, mais de l'éclat à la cérémonie. De là le nom de Πολεμαρχικός λόγος donné aussi à l'oraison funèbre et que nous retrouverons tout à l'heure.

Seulement, tout passe, et un tel expédient ne pouvait, à perpétuité, faire les frais de cette fête patriotique. D'ailleurs à l'époque des guerres civiles qui agitèrent le monde romain, quand les peuples soulevés combattirent selon l'énergique expression de Corneille « pour le choix des » tyrans, » Athènes descendit aussi dans l'arène ; et, bien que le sang de ses enfants n'ait point coulé pour une cause nationale, c'en fut assez probablement pour légitimer quelques essais de résurrection tentés au profit de l'Oraison funèbre. Cette éloquence avait été trop vivace en effet pour disparaître sans essayer quelques efforts afin de ressaisir l'existence : il est donc à croire qu'on en revint à demander chaque année, pour les cérémonies, soit réelles, soit fictives, une oraison funèbre quelconque à ce peuple de sophistes qui pullulait à Athènes. Ils reprirent naturellement les formes d'autrefois, surtout leur thème favori des sujets médiques, et cet usage dura des siècles encore, car dans les dernières années qui ont précédé l'ère chrétienne, Denys d'Halicarnasse en donnait déjà soigneusement les règles [1] et un rhéteur de la fin du

[1] Il est vrai qu'elles pouvaient guider les jeunes rhéteurs dans les exercices de déclamation qu'ils faisaient sur ce sujet, et différents passages prouvent que tel a été un des motifs de Denys en

IIIe siècle, Ménandre [1], en parlait encore comme d'un genre en vigueur.

Nous devons à Himérius, sophiste du IVe siècle et professeur d'éloquence à Athènes, une harangue de cette espèce qui vaut la peine d'être lue, ne fût-ce que pour faire mesurer la distance énorme qui sépare une œuvre de sophiste d'une production de véritable orateur.

Elle occupe la seconde place dans le recueil de ses déclamations [2] où elle figure sous le nom de πολεμαρχικός λόγος substitué à celui de ἐπιτάφιος qui, néanmoins, n'est pas tombé pour cela en désuétude ; il est même probable que les deux termes s'employèrent concurremment ; car si nous trouvons ici le premier, Ménandre, à peu près à la même époque, se servait encore du second. Pourtant, il ne serait pas impossible que dans la pratique, on eût affecté

exposant ces règles. Il résulte en outre de quelques autres détails que ces déclamations sortirent souvent du cycle athénien et, selon le centre où se trouvait le rhéteur, célébrèrent ou l'Ionie ou la Thrace, Byzance ou Égine, le sang Dorien ou la souche autochthone ou même enfin des éléments étrangers. Du reste, ces exercices fort aimés de l'école, n'attendirent pas pour se produire la chute officielle de l'Oraison funèbre ; le pastiche de Gorgias en est une preuve et nous voyons dans la vie anonyme d'Isocrate qu'il composa une oraison funèbre en l'honneur des guerriers morts à Thyrium. Les circonstances tout à fait exceptionnelles de cette lutte (Hérodote, I. 82.) présentaient un thème intéressant à développer, et comme Isocrate usa probablement des procédés de l'oraison funèbre athénienne, nul doute que l'illustration d'Argos n'ait trouvé en lui un digne interprète ; aussi la perte de cette œuvre est-elle des plus regrettables.

[1] Nous avons relégué dans l'appendice le chapitre de Denys d'Halicarnasse dont nous venons de parler. On y trouvera aussi ceux de Ménandre et de Théon qui ont trait à cette étude. Indépendamment de leur valeur intrinsèque ils sollicitent l'intérêt à un autre titre : ils sont traduits pour la première fois.

[2] Edit. Didot, p. 44.

plus particulièrement le mot ἐπιτάφιος à l'oraison funèbre individuelle dont nous allons parler tout à l'heure, et qu'on eût réservé celui de πολεμαρχικός pour l'éloge collectif et exclusivement guerrier.

Quoiqu'il en soit, l'exorde du discours d'Himérius est une dissertation verbeuse sur l'opportunité et les avantages de l'Oraison funèbre : nous devons bien nous attendre à ne voir sacrifiée aucune des formes qui pesaient si fort à Démosthènes ; ainsi l'éloge des Athéniens de tous les siècles se trouve réintégré à la suite de l'exorde, l'Autochthonie reçoit à son tour de nouveaux hommages et devient l'occasion de comparaisons fastidieuses entre Athènes et les autres peuples ; puis vient la découverte des choses les plus nécessaires à la vie et l'énumération de ce qu'Athènes a inventé depuis l'usage des maisons jusqu'à celui des chevaux.

Dans une revue aussi complète, il n'oublie pas un point qu'avait touché Platon, l'amour que les Dieux ont porté à l'Attique et qui devient ici l'occasion de mythes obscurs comme les aimait l'école d'Alexandrie ; viennent, après les guerres des temps héroïques, les luttes contre les Amazones et les Thraces auxquelles l'orateur, fort empressé à combler les lacunes du génie, ajoute quelques autres faits peu connus, croyant ainsi, par l'érudition, pouvoir se passer d'éloquence.

Enfin il arrive aux guerres médiques ! Elles sont développées avec une prolixité de sophiste heureux de se trouver sur son terrain.

L'envie de paraître neuf dans ces sujets usés, jointe à son peu de goût, lui inspire des rapprochements forcés, subtils, des pensées péniblement et ridiculement ingénieuses :

« Ce ne furent pas seulement les vivants qui combat-

» tirent, mais encore ceux à qui le combat avait coûté la
» vie, au point qu'Athènes avait sur les bras une double
» guerre, l'une contre les Perses, l'autre contre les lois
» de la nature, et cela pour la gloire que donne la bra-
» voure ! L'un (Callimaque), recevant l'effort de toute
» l'Asie qui se précipitait sur lui, combattit tant qu'il
» vécut : mort, il ne tomba point [1] mais continua à tenir
» ferme après le trépas, semblant poursuivre encore les
» Perses, ne fût-ce que par son attitude. L'autre (Cyné-
» gire), soldat de la flotte, osa saisir une galère... comme
» si sa main était plus forte que toute une trirème. Les
» barbares craignent que leur vaisseau ne devienne la
» proie d'une seule main athénienne, c'est pourquoi ils
» la coupent d'un coup de hache. Cynégire tombe sur
» le rivage privé d'un membre, mais par sa main il tient
» encore la galère ! »

Quelque chose pourtant rompt de temps en temps la monotonie de cette narration ampoulée, ce sont des apostrophes aux morts, apostrophes fort déclamatoires, j'en conviens, mais conformes en principe aux usages de l'éloquence. Nous n'en avons pas trouvé dans les œuvres des grands maîtres, et nous l'avons attribué à cet esprit superstitieux des anciens, à cette crainte continuelle d'entendre quelque parole de mauvais augure d'où nous est venue cette formule des sacrifices : εὐφημεῖτε. Le sophiste n'a pas semblable préoccupation : le progrès des idées, l'influence du christianisme, en rendant plus populaire encore la croyance à une vie future, le mettent aussi à ce

[1] Callimaque, percé de traits, ne put tomber à terre, tant les dards enfoncés dans le sol autour de lui et même à travers son cadavre étaient nombreux. — Voir dans Polémon son oraison funèbre qui n'appartient pas à notre sujet.

sujet plus à son aise ; seulement que de boursouflure et d'emphase !

Après un mouvement qui, bon en soi, se termine par cette phrase ronflante : « La terre de Marathon possède » vos cadavres ; les Dieux vos compagnons d'armes, vos » âmes dans le ciel ; la terre et la mer, votre gloire ! » l'orateur poursuit avec une nouvelle ardeur son récit des invasions médiques.

Parle-t-il de celle de Xerxès ? « Sur son passage, rien » ne restait en repos, ni ville, ni nation, ni plaine, ni » mont, ni fleuves, ni golfes, ni terre, ni mer. — Les villes » étaient renversées ; les nations entraînées en servitude ; » la plaine disparaissait sous la multitude armée ; la mon- » tagne (le texte manque et c'est dommage ! Que pouvait- » il faire de la montagne ?) les fleuves ne pouvaient suffire » à sa soif ; les golfes au départ de ses vaisseaux, la terre » et la mer changeaient tour à tour leurs conditions natu- » relles : la terre devenait mer et les vaisseaux phéniciens » franchissaient les isthmes. On voyait des prodiges qui » dépassaient toute attente : la cavalerie mède courait » sur l'Hellespont et la flotte naviguait à travers le mont » Athos. L'audace de Xerxès s'étendait au ciel même : » s'élevant graduellement de prodiges en prodiges, de la » mer à la terre, de la terre à l'air, elle alla de l'air au » soleil, il osa, par ses flèches, en obscurcir la lu- » mière, etc..., etc... »

Voilà certes de jolies choses que n'eût pas trouvées Platon, aussi n'irons-nous pas plus loin. Rappelons donc ce que nous avons déjà dit en parlant du *Ménexène*, et cela sans en faire un crime à Himérius, que son oraison funèbre ne va guère au delà des invasions médiques ; à peine nomme-t-il les expéditions contre Thèbes et Corinthe et il termine par une dernière apostrophe à la gloire de ceux qu'il a si étrangement célébrés.

Westerman fait de cette déclamation un exercice de rhéteur ; je crois plutôt qu'elle fut véritablement prononcée comme la plupart des discours d'Himérius. Les derniers mots de l'orateur semblent ne laisser à ce sujet aucun doute :

« Il ne nous reste plus qu'à saluer ce monument d'une » acclamation de bon augure ; puis, la cérémonie terminée, à nous éloigner de ces lieux. »

Il est à remarquer en outre que le discours ne contient ni conseils aux vivants, ni consolations à la famille, toutes sources de développements qu'un rhéteur se fût bien gardé de négliger, s'il n'avait voulu que rivaliser avec les beaux génies de la Grèce, mais qu'il devait nécessairement bannir de son discours pour le prononcer devant ses contemporains [1].

En présence de parcilles productions, nous ne regrettons pas que l'Oraison funèbre politique ne nous fournisse plus rien à étudier : nous ne pouvions nous dispenser de jeter un coup d'œil sur cette sorte de vie factice par laquelle elle semble se survivre à elle-même, mais ainsi que nous l'avons dit, elle était bien véritablement morte avec Hypéride et les derniers champions de l'indépendance et de la liberté.

---

[1] C'est le conseil que donne Ménandre pour les éloges politiques. Voir à l'appendice son chapitre sur l'Oraison funèbre.

QUATRIÈME PÉRIODE

RETOUR A L'ORAISON FUNÈBRE PERSONNELLE ET PRIVÉE

I.

En même temps qu'Athènes déchue de son importance politique se résignait à n'être plus qu'une cité littéraire, alors que dans le calme de la conquête et au sein de l'abâtardissement du goût, tout ce qu'elle avait de sève intellectuelle se portait vers l'art corrompu des rhéteurs, ce besoin d'éloquence qui, chez les Grecs, se mêlait à toutes les choses publiques et privées, put aborder impunément un genre autrefois interdit, l'éloge funèbre des simples citoyens. La liberté en mourant avait éteint toutes les défiances démocratiques et l'on vit succéder à l'éloge collectif de nombreux éloges individuels.

A vrai dire, ce n'était peut-être pas chose bien nouvelle ailleurs qu'à Athènes : ces petits peuples de la Grèce avec leurs nuances de constitutions politiques si différentes, depuis la démocratie la plus effrénée, jusqu'à l'aristocratie la plus absolue, n'avaient pas tous, à l'endroit des citoyens marquants, cette jalousie inquiète qui fit établir l'ostracisme à Athènes ; et il est assez vraisemblable que l'antique coutume de louer les morts ne se perdit jamais chez eux ; seulement comme les lettres n'étaient pas peut-être l'objet de leurs plus constantes préoccupations, les éloges funèbres devaient y avoir conservé toute leur simplicité primitive. On s'expliquera donc facilement que nous n'en possédions aucun ; pour mériter d'être lus et de survivre aux besoins du moment, il aurait fallu qu'ils eussent passé par la bouche d'un de ces Athéniens élégants et polis, habiles dans l'art de la parole et désireux des hommages de la postérité.

La douleur d'une épouse qui fut en même temps une reine, aurait pu nous fournir ce curieux modèle, si le temps n'avait pris plaisir à effacer tous les monuments qui devaient raconter ses regrets aux siècles futurs. La veuve de Mausole, Artémise, reine de Carie, proposa, dit Aulu-Gelle cité par Westerman [1], un prix considérable pour la meilleure oraison funèbre composée en l'honneur de son époux. Théodecte, Théopompe, Naucratès et même Isocrate, dit-on, entrèrent en lice ; Théopompe l'emporta sur ses rivaux sans que nous puissions juger du fond, de la forme, ni du mérite relatif de leurs éloges, puisque le même naufrage a englouti l'œuvre du vainqueur comme celles des vaincus.

Sans doute ces productions perdues ne furent pas inutiles aux rhéteurs qui s'essayèrent les premiers dans la nouvelle carrière ; peut-être aussi usèrent-ils de l'*Evagoras* d'Isocrate ; de là la nécessité pour nous d'en dire ici quelques mots.

---

[1] *Nuits att.*, X. 18.

II.

ISOCRATE

ÉLOGE D'ÉVAGORAS

Gardons-nous de croire qu'Isocrate ait voulu faire une oraison funèbre. Il n'y a pas songé un seul instant : ainsi, il ne dit pas un mot de la mort de son héros, ni rien absolument qui rappelle les lamentations, les consolations dues à la famille, et c'est à peine s'il donne quelques conseils au fils du défunt, Nicoclès ; mais les besoins de son sujet, surtout pour tout ce qui est *éloge*, le conduisirent dans une direction que devait suivre l'Oraison funèbre. Il eût pu même se faire que les vicissitudes d'une existence aussi pleine de péripéties que celle d'Évagoras lui eussent inspiré, presque à son insu, quelques-uns de ces contrastes et de ces mouvements oratoires qui, plus tard, devaient être chez Bossuet le sublime du genre ; mais il eût fallu pour cela que l'orateur, ému et passionné, oubliât un peu, dans l'intérêt de son sujet, le soin de sa propre personne, et, malgré tout notre respect pour le grand nom d'Isocrate, il n'est, après tout, qu'un rhéteur.

En effet, à l'absence complète de pathétique et d'émotion, on sent bien que si l'orateur a composé l'éloge d'Évagoras, il n'y a pas été poussé par le besoin impérieux de payer au mort le sincère tribut d'une vraie douleur, et il est certain que s'il se trouve dans ses paroles l'expression bien sentie d'une admiration réelle, on y voit plus encore le désir de faire parade de son harmonieux talent de beau parleur.

Est-ce à dire qu'il n'ait considéré son sujet que comme un canevas propre à se produire avec tous ses avantages? Non, sans doute ; mais, trop préoccupé de lui-même, il a renoncé volontairement au côté tragique de la vie qu'il raconte, aux mouvements pathétiques qui en devaient être la suite et qui ne lui eussent pas permis de se mettre suffisamment en scène. Par là, son discours qui eût gagné à être traité dans un esprit différent, n'est qu'un panégyrique d'Evagoras dans lequel Isocrate n'a pas oublié le sien.

Que dire en effet en voyant l'habile rhéteur discourir sur les avantages de la poésie, sur l'infériorité de la prose, et grossir à dessein les difficultés comme pour se faire mieux goûter quand il les aura vaincues ? Qui peut aussi s'empêcher de sourire en le voyant, dans son style d'une élégance et d'une délicatesse infinies, déployer tous les secrets de cet art ingénieux qui fait songer à l'écrivain plus encore qu'au personnage qu'il vante, et accapare au profit des grâces merveilleuses de son langage les applaudissements qu'il sollicite pour les merveilleuses aventures de son héros [1] ?

[1] On sent encore le rhéteur et l'orgueil des hautes prérogatives attachées à l'éloquence dans l'autorité qu'il s'arroge sans façon en s'adressant à son royal auditeur. Je ne suis point maître des comparaisons que me suggère l'*Evagoras*, mais je songe, en le lisant, à notre école philosophique du XVIIIe siècle : Isocrate ne fait pas seulement du roi de Salamine un prince philosophe, assurant le bonheur de ses sujets après avoir commencé par s'instruire afin

Ces réserves faites, l'*Éloge d'Évagoras*, qui n'en est pas moins une production empreinte à un haut degré de cette beauté particulière aux chefs-d'œuvre antiques, a dû être utile à ceux qui les premiers abordèrent l'oraison funèbre individuelle : ainsi la noblesse des ancêtres se rattachant à une souche glorieuse, devint une des formes que préconisèrent les rhéteurs ; la naissance d'Évagoras, les qualités de sa jeunesse, celles de son âge mûr, les comparaisons par lesquelles l'orateur ajoute à la gloire de son héros, donnèrent l'idée d'autant de lieux communs que nous retrouverons plus tard ; ajoutons que le sujet admirablement conduit a pu servir de modèle à ceux qui devaient mettre en relief avec ses mérites divers, au milieu de grands événements, une noble et imposante figure ; ainsi une heureuse variété fait succéder au tableau de la conquête celui de l'administration si sage d'Évagoras ; puis, à celui de la prospérité de Salamine, la lutte qui relève Athènes et abaisse Lacédémone. Ces deux implacables rivales, la Perse qui descend aussi dans l'arène, l'image de Conon qui nous apparaît à côté d'Évagoras, élargissent le cadre, agrandissent le conflit, ajoutent au prix de la victoire et à l'importance du roi de Salamine, qui devient le centre de toutes ces secousses tumultueuses. Enfin, après la lutte suprême qu'Évagoras soutient contre Artaxerxès, avec une énergie peu commune,

de se perfectionner soi-même ; du haut de sa chaire de rhéteur, il semble encore traiter d'égal à égal avec le monarque successeur de celui qu'il célèbre ; il y a même dans ses exhortations cette dignité bienveillante que prend parfois la puissance quand elle s'adresse à un inférieur. Peut-être ce rapprochement est-il téméraire, mais il me semble reconnaître çà et là, avec moins de flexibilité et de souplesse, le talent que posséda si bien Voltaire de se mettre à son aise avec les grands.

l'orateur amené, pour couronner cette série de grandes actions, à nous parler du bonheur dont son héros a joui de son vivant — bonheur dont la continuation est probable encore après sa mort — ainsi que de l'immortalité qui doit être son partage, revient à la pente d'idées familières à l'oraison funèbre, et ici encore ses successeurs ont pu trouver des inspirations.

Qu'Isocrate n'ait pas été plus loin pour le motif que nous avons indiqué, ou si l'on aime mieux, parce que son âge, dont il nous parle, lui ôtait la vigueur et l'élan nécessaires pour y réussir, ou bien encore parce que le pathétique allait peu à son talent refroidi par la vieillesse, ou bien enfin parce qu'il ne songea nullement à s'exercer dans un genre qui n'existait pas de son temps à Athènes, c'est chose regrettable sans doute ; néanmoins son œuvre, telle qu'elle est, a jeté quelques clartés devant ceux qui sont entrés dans la nouvelle carrière, et elle fut pour l'oraison funèbre personnelle un objet de fréquentes imitations et un modèle.

III.

Pourtant ce ne serait pas remonter à la cause première que de s'arrêter à l'influence qu'a pu exercer l'*Évagoras* : en réalité, que présente l'éloge du roi de Salamine, sinon l'emploi de quelques procédés communs au panégyrique et à l'oraison funèbre collective? Isocrate fut ici particulièrement utile en montrant le parti qu'on pourrait tirer de ces belles harangues politiques que nous venons d'étudier, car elles furent pour l'époque suivante la source féconde où alla puiser l'oraison funèbre personnelle et elles la marquèrent d'un cachet particulier, d'une empreinte profonde qui ne se perdit pas.

En effet, pour ces rhéteurs si complaisamment prodigues d'harmonieuses paroles, il devait être pénible de renoncer à ces brillants lieux communs : l'antiquité de la patrie, la naissance distinguée de ses premiers habitants, les exploits des ancêtres, l'éloge de la démocratie si chère au peuple et mainte autre forme que nous avons vue successivement passer devant nos yeux. Ils imaginèrent — et rien ne fut plus heureusement trouvé pour leur art ingénieux — de transporter à l'éloge d'un seul ce qui se disait autrefois de l'éloge de tous ; à peine eurent-ils besoin de quelques modifications légères : ainsi on loua l'individu de la noblesse de sa race, de ses ancêtres, de son éducation, de ses vertus publiques et privées, comme jadis on louait le peuple de son autochthonie, de ses institutions, de Marathon, de Salamine, etc.... On côtoyait de cette façon l'oraison funèbre collective, lorsqu'on ne rentrait pas nettement dans son cadre ; c'était une manière de la continuer en la rajeunissant et de lui donner, à défaut d'un intérêt aussi général, une action plus précise et mieux sentie sur cette portion de l'auditoire qui touchait plus particulièrement au mort.

Les rhéteurs confondirent si bien, dans leur pensée, ces deux genres en apparence fort distincts, qu'en signalant dans leurs traités les sources de développements où pourraient puiser leurs élèves, et en donnant les préceptes relatifs à ces deux oraisons funèbres, ils ne marquent pas deux méthodes différentes : préceptes, conseils, règles, tout est présenté comme commun, comme s'appliquant également à l'une et à l'autre ; seulement, quand une forme appartient plus particulièrement à l'un des deux genres, le rhéteur l'indique aussi bien que les proportions relatives qu'il convient de lui donner. Ainsi fait Denys d'Halicarnasse, et, pour un lecteur qui ne se serait pas mis au point de vue que nous venons de signaler, le chapitre où il traite de l'éloge funèbre paraîtrait peut-être manquer de méthode et de cet ordre père de la clarté, *lucidus ordo*, qui doit se trouver au plus haut point dans tout ouvrage didactique. En le lisant sans être prévenu, on s'étonne de le voir parler de l'éloge individuel, quand on le croit occupé de l'éloge collectif, puis de l'éloge collectif quand on le pense arrêté encore à l'éloge individuel. Il n'en est rien : l'auteur fait marcher de front ces deux méthodes ; les préceptes qu'il donne s'appliquent à toutes deux en même temps, parce que, dans sa pensée, l'une a donné naissance à l'autre et qu'elles peuvent marcher en se donnant la main.

En rapprochant de ce morceau le chapitre de Ménandre dont nous avons déjà parlé, et un autre de Théon sur l'éloge, nous avons, dans toute sa généralité, ce que put être chez les Grecs l'Oraison funèbre personnelle.

Huit parties la composent :

1o *L'éloge* proprement dit, comprenant tout ce que peuvent fournir à l'auteur la naissance, l'éducation, les mœurs, les avantages physiques, moraux et extérieurs ; 2o *les lamentations* ; 3o *les comparaisons* ; 4o *le bonheur* du personnage, pendant sa vie, après sa mort ; 5o *l'immortalité de l'âme* ; 6o et 7o *les consolations* et *les exhortations* à la famille ; 8o *une prière aux Dieux.*

Nous ne garantissons pas toutefois que tous les éloges indistinctement aient été en harmonie avec ces préceptes, et que tous aient présenté invariablement les mêmes caractères : des circonstances exceptionnelles, une heureuse inspiration ont pu produire autre chose ; d'ailleurs, le génie est essentiellement créateur, c'est loin des routes tracées qu'il aime à chercher sa voie et qu'il la trouve ; or nous n'avons ici que des procédés de rhéteur. Aussi, bien que les productions que nous allons examiner autorisent l'énumération des caractères qui précèdent, il est présumable que des éloges funèbres perdus pour nous ont pu être conçus d'une manière différente et s'éloigner de la méthode aussi bien que des formes que nous venons d'indiquer.

De ces lieux communs, les uns, comme la naissance, l'éducation, le bonheur des morts, les consolations et les exhortations aux parents du défunt, nous viennent en ligne directe de l'éloge funèbre collectif ; d'autres en procèdent avec quelques modifications, ce sont les mœurs, la comparaison, les avantages moraux, le bonheur durant la vie ; les avantages physiques et extérieurs, voilà tout au plus ce que l'on peut trouver de nouveau dans l'espèce d'éloges que nous allons étudier. Du reste, les intérêts matériels, les avantages purement humains sont restés ceux auxquels on accorde la préférence, nous le verrons mieux encore en parcourant les monuments élevés sur cette base, les vues terrestres domineront presque exclusivement, même quand il s'agira de la vertu.

Reconnaissons pourtant que les idées religieuses, la croyance à une vie future y ont suivi une progression ascendante assez marquée : chancelantes et indécises encore dans Isocrate, elles ont leur place réservée et préconisée parmi les préceptes de Ménandre. De plus, nous rencontrerons çà et là l'élévation de l'âme vers la divinité dont on ne craint plus de prononcer les noms, la parole et même la prière adressée aux morts, une sorte de désir de voir au delà du trépas pour y saisir une certitude de consécration au profit des vertus qu'on raconte ; sans doute ce dernier trait surtout n'était pas chose nouvelle après Socrate, mais au milieu du matérialisme, devenu depuis général, on peut y voir une infiltration du christianisme.

Voilà ce que fut l'Oraison funèbre pendant la quatrième période, et elle se fit entendre non-seulement sur la tombe de ceux qui avaient joui d'une certaine renommée, mais même sur celle de tout citoyen qui, obscur et sans mérite — le cas avait été prévu par Théon — avait quelqu'un de ses amis ou de ses parents assez éloquent pour prononcer un éloge, ou assez riche pour le demander à un rhéteur. Chacun put donc prononcer l'oraison funèbre de son père, de son maître, de son bienfaiteur, de son ami ; les femmes mêmes jouirent à leur tour de cet honneur, car Diogène Laërce [1] nous rapporte que Xénocrate composa l'éloge d'une certaine Arsinoé. En cela l'Oraison funèbre chez les Grecs se rapprocha de celle qui était en usage chez les Romains ; mais entre autres différences elle n'eut jamais de caractère officiel. Ainsi, tandis qu'à Rome, au rapport de Quintilien [2], un sénatus-consulte confiait souvent à un magistrat le soin de louer un mort illustre, à Athènes et dans la Grèce proprement dite l'Oraison funèbre resta toujours chose privée et toute de famille ; on ne saurait trouver un seul exemple d'éloge prononcé au nom d'une ville quelconque sur la tombe d'un grand citoyen [3].

Avant d'aborder les monuments de cette période, on nous permettra quelques réflexions sans lesquelles, jugés à un point de vue qui n'est pas le leur, ils pourraient, après les œuvres remarquables dont nous nous sommes occupé, n'être plus lus sans surprise, ni même, il faut l'avouer, sans une certaine défaveur.

Pour l'orateur plus encore que pour le poète, les goûts du public sont des lois, et comme le succès appartient à qui les flatte, il faut tenir compte de cette nécessité en étudiant les orateurs d'une époque de décadence.

Or, représentons-nous sous l'immobilité politique de la domination romaine, un peuple littérateur, passionné pour l'éloquence, quoiqu'elle soit désormais sans objet, et fier de ses antiques chefs-d'œuvre. Il apprécie à sa juste

[1] Liv. IV, § 2, p. 96, édit. Didot. — [2] Liv. III, § 7.

[3] Nous ne comprenons pas dans ce jugement les villes qui, comme Gaza, par exemple, placées en dehors du monde grec, pouvaient avoir emprunté aux civilisations étrangères bien des habitudes, bien des usages. Ainsi nous verrons dans Choricius que l'éloge funèbre y était, de par la loi, la récompense de ceux qui avaient honorablement vécu.

valeur l'excellence de sa langue, la plus belle que les hommes aient parlée et qui reste encore pour son oreille la plus suave de toutes les harmonies. Privé de son indépendance, ce peuple ne retrouve sa nationalité que dans son admirable idiome et dans les productions immortelles des plus beaux temps de sa liberté : peut-on s'étonner que, pour se consoler de ce qu'il a perdu autant que pour protester contre cette conquête qui lui a ravi toute existence active, il s'emprisonne pour ainsi dire dans une vie exclusivement littéraire et au milieu des hauts faits de ses aïeux? Non sans doute : l'étude des monuments de son glorieux passé deviendra l'objet unique de son admiration ; et l'on comprend le seul rôle que, devant un pareil peuple, puisse jouer l'orateur : s'il est soucieux de plaire, évidemment, avant de paraître original, il cherchera à paraître érudit, sera savant, *antiquaire* même dans le sens littéraire du mot, et ne manquera aucune occasion de rattacher au sujet qu'il traite des éléments empruntés au passé. Sa marche en pourra perdre de sa rapidité et de sa prestesse ; qu'importe ? Même aux plus beaux temps de sa gloire, l'imagination grecque, cette aimable enchanteresse, se pressait peu d'arriver à son but, tant que sur son chemin elle rencontrait des fleurs.

Mais ce n'est pas tout, s'il faut au génie oratoire le mouvement, la lutte, la vie, que faire quand le despotisme *a pacifié l'éloquence*, si ce n'est chercher par un art ingénieux à donner de l'attrait aux sujets sans actualité, sans intérêt, sans grandeur ? D'autre part, quand les habitudes deviennent plus délicates, les manières plus recherchées, la vie plus molle et plus élégante, on demande à la parole des plaisirs plus raffinés. D'ailleurs on se fatigue de tout, même de la perfection, même des choses qu'on aime le plus : le besoin de nouveauté est un des plus impérieux que connaisse un public léger, impatient, spirituel et désœuvré; il ne veut pas qu'on rompe sans doute avec ses chefs-d'œuvre, il veut même que des allusions délicates lui en rappellent toujours le parfum, mais il veut aussi qu'on tâche de faire un peu différemment, puisqu'il est impossible de faire mieux.

Aussi, après la nécessité de paraître érudit, venait le besoin de paraître ingénieux, spirituel, neuf, et quand ces qualités rares et qui ne peuvent se passer d'une certaine sobriété, sont réclamées par le public, la recherche et l'affectation sont bientôt les défauts de l'écrivain qui s'efforce de le satisfaire, tant il est difficile de se bien tenir sur ce terrain dangereux !

Si du moins l'insuccès punissait quelquefois l'orateur de ses témérités de langage ! Mais non, il a voulu être agréable, on lui sait gré de ses efforts, et l'indulgence lui est acquise : s'il offense notre goût, nous n'avouons qu'à demi de légitimes répugnances et il nous plaît par cela seul que nous avons remarqué en lui au plus haut point le désir de nous plaire.

L'éloquence funèbre dans les conditions où nous venons de la montrer, fut chère à tous les rhéteurs, parce qu'elle convient à la médiocrité ; on s'expliquera donc qu'ils l'aient adoptée sans partage, et l'aient fait prévaloir si longtemps malgré tous ses défauts. Quelle n'était pas en effet la popularité et l'influence des rhéteurs ! On se ferait difficilement une idée de l'ascendant dont ils jouissaient dans cette vie oisive du peuple le plus intelligent de la terre ; leur tribune était pour eux quelque chose comme un trépied du haut duquel ils laissaient tomber leur parole plus vénérée que celle d'un oracle [1] ; nous allons

[1] ἀλλ' εἶναι διηνεκῆ τὸν θρόνον αὐτοῦ ὡς ἀρίστου κήρυκος τῶν Ἑλλήνων καὶ προηγητοῦ. (Æl. Aristide, édit. Jebb, t. I, p. 88.)

les trouver peut-être d'une arrogance et d'un orgueil extrêmes, mais songeons qu'ils avaient bien le droit de se faire illusion, eux dont la présence et la parole étaient sollicitées comme un bienfait, et qui, chaque jour, tenaient une population tout entière, attentive et ravie, suspendue à leurs lèvres et s'enivrant de la douce mélodie de leur voix [1].

Pénétrons-nous donc bien de cette action réciproque de l'auditoire sur l'orateur, de l'orateur sur l'auditoire, avant d'aborder les oraisons funèbres qui vont suivre : elles gagneront à être envisagées ainsi ; du reste elles sont loin de manquer d'intérêt, car, après les ouvrages marqués du sceau de la perfection, rien n'appelle l'attention comme ceux où l'on trouve le caractère original d'une époque, ses qualités et ses défauts, se montrant franchement, avec une foi robuste en soi et un naïf orgueil.

---

[1] Il est d'ailleurs une chose, perdue pour nous sans doute, mais dont on ne tient pas assez compte à ces rhéteurs, c'est l'accentuation savante du langage. cette musique de la parole qu'ils ont possédée au plus haut point.

IV.

ARISTIDE [1]

ÉLOGE DU JEUNE ÉTÉONÉE

Nous ne dirons que quelques mots de cette oraison funèbre. Elle fut composée à l'occasion de la mort du jeune Étéonée qui appartenait à une puissante famille de Cysique, et avait été l'élève d'Aristide.

On eût pu augurer de cette dernière circonstance une inspiration vraie et bien sentie, quelque chose de ce sentiment paternel qui naît dans l'âme du maître pour l'élève dont il a perfectionné la jeune intelligence ; il n'en est rien, l'œuvre d'Aristide n'est qu'une déclamation prétentieuse et ampoulée dont on peut juger par cet exorde :

« Quoique le thème que je vais développer (ἐπίδειξις) ne » soit ni heureux, ni conforme aux espérances conçues, » je dois néanmoins m'en charger, et à cause de la ville, » et à cause de la famille d'Étéonée, et enfin pour la » satisfaction de ma propre douleur. Si les lamentations » n'étaient point encore en usage parmi les hommes, » il serait juste qu'elles prissent naissance dans cette

[1] IIe siècle après J.-C. — Edit. Sam. Jebb.

» occasion : que ne peut-on pleurer en lui ? Sa jeunesse » que la mort vient de frapper dans sa fleur ? Son cou- » rage enseveli avec lui dans la tombe ? Sa tempérance » dont on trouverait difficilement ailleurs le modèle ? Les » espérances dont il est frustré le premier et dont sont » frustrés en même temps, ses proches, ses amis, les » villes et l'Asie tout entière ? Quel est le Simonide ou » le Pindare qui pourrait produire un chant ou un dis- » cours à la hauteur de cette perte ? Quel chœur pourrait » exprimer dignement un pareil malheur ? Quelle est la » Dysêris de Thessalie qui déploya jamais, au sujet de » la mort d'Antiochus, un deuil comparable à celui qui » est le partage de la mère de cet enfant ? Mais il ne faut » pas s'en tenir à une tristesse silencieuse, ni se borner » à prononcer son nom à haute voix : donnons quelques » ornements à notre douleur. »

Horace avait dit déjà :

..... « Si vis me flere, dolendum est
Primum ipsi tibi. » (*Art poétique.*)

Il est vrai que ce n'est pas à son école que les sophistes de cette époque allaient prendre le plus volontiers leurs leçons.

Nous ne nous arrêterons donc pas à cette œuvre froide et prétentieuse ; d'ailleurs elle n'est pas une oraison funèbre proprement dite et sans doute ne fut prononcée qu'au théâtre, sinon dans l'école même du rhéteur ; elle porte le titre de ἐπικήδειος et non plus celui de ἐπιτάφιος comme le voulait l'usage. Chercherons-nous quelle différence existe entre ces deux dénominations ? Servius nous la donne [1]. On appelle ἐπικήδειος, dit-il, le discours prononcé avant

[1] Virgile. *Ecl.*, V.13.

que le mort ne soit mis au tombeau, et ἐπιτάφιος celui qui se prononce après l'entier accomplissement des funérailles. Par là, l'ἐπικήδειος en général ressemblerait beaucoup à ces lamentations appelées Monodies, que nous étudierons en leur lieu ; et nous aurions fait figurer l'éloge d'Étéonée parmi ces dernières avec lesquelles il a de nombreux points de contact, si contrairement à ce que veut la Monodie, il ne renfermait des consolations.

ÉLOGE D'ALEXANDRE LE GRAMMAIRIEN

L'éloge d'Alexandre n'est pas non plus une oraison funèbre composée dans les conditions ordinaires, c'est une lettre qu'Aristide, ami et disciple d'Alexandre, envoya au sénat et au peuple de Cotyæe, et dont le but principal semble avoir été de recommander aux concitoyens du mort un jeune enfant qu'il laissait sans appui. Elle contient bien les louanges du défunt, mais les autres parties qui lui appartiennent véritablement en propre y occupent peu de place ; ainsi les lamentations y figurent à peine et les consolations à la famille y manquent complétement. On en comprend la raison : nous n'avons ici qu'une lettre et ce n'est point à la famille qu'elle est adressée ; passons donc rapidement sur cette production qui n'a pas eu pour but d'ajouter à l'éclat d'une cérémonie réelle, et bornons-nous à quelques remarques et à quelques citations.

Nous venons de parler de l'importance que s'arrogeaient les rhéteurs, et nous en avions déjà dit quelque chose à propos de l'éloge d'Évagoras. Il est curieux de mesurer les progrès qu'a su faire depuis Isocrate cette complaisante estime de soi.

Voici une partie de l'exorde :

« Le lien le plus fort qui nous attachât l'un à l'autre, » c'est que nous avions le droit d'être l'un pour l'autre » un égal sujet d'orgueil : j'étais fier d'avoir eu un pareil » maître, et lui faisait figurer parmi ses titres de gloire » mon mérite personnel. Tant qu'il me fut permis de lui » écrire, je le fis et ce fut pour nous un plaisir délicat de » converser ainsi par lettres ; maintenant que ce doux » commerce ne lui est plus possible, et que les feuilles » par moi écrites ne sont plus reçues par ses mains ché- » ries, il ne me reste qu'à vous envoyer ma lettre et à » l'adresser au foyer de la ville plutôt qu'au monument » du défunt. Il m'a semblé que, par ce moyen, j'honorais » doublement Alexandre, d'abord en rappelant ses mé- » rites, et ensuite en me conciliant par lui votre bienveil- » lance. J'ai cru aussi agir d'une manière qui vous fût » doublement agréable, d'abord en me montrant plein » de confiance en vous comme cité, et ensuite en vous » parlant de l'homme que vous estimez le plus. »

Après quelques coquetteries de rhéteur arrive l'éloge du personnage. Le lieu commun de la naissance qui, probablement, prêtait peu chez un homme d'une extraction peut-être obscure, est traité d'une manière assez ingénieuse :

« Il a déplacé la seule et antique manière de dispenser » l'éloge : la noblesse d'extraction qu'on rattache à la cé- » lébrité d'un peuple ou d'une ville est si peu faite pour » l'honorer que, bien que vous soyez de la souche la plus » ancienne et que votre ville soit la plus antique de la » Phrygie, c'est lui au contraire qui fait encore l'orne- » ment de votre race et de votre cité : aussi est-ce aux » yeux des Grecs un grand honneur pour vous d'avoir » été ses concitoyens. »

Nous glisserons rapidement sur son éducation, son enseignement, son désir insatiable de science, ses vertus privées qui nous montrent en lui un homme assez simple, modeste malgré sa profession, bienfaiteur de ceux au milieu desquels il vit, et même désintéressé. Viennent ensuite ses titres à la reconnaissance de la cité dont il fait la gloire. Parmi les passages qui se font remarquer, nous noterons celui-ci : l'orateur vient de parler des grands poètes qui ont illustré leur ville natale et dont les œuvres sont à jamais l'objet des commentaires des grammairiens, il ajoute :

« Si quelque Dieu avait, du vivant d'Alexandre, rappelé » des Enfers ces grands hommes, ils auraient ordonné à » ceux qui cultivent [comme grammairiens] l'art dans » lequel ils ont excellé [comme poètes] de se rassembler » dans un même lieu et leur auraient enjoint de deman- » der à Alexandre ce qu'ils doivent penser et dire de leurs » ouvrages. »

Plus loin, après avoir vanté ses qualités physiques et morales, l'orateur traitant la question de son *bonheur durant la vie*, aborde le lieu commun de la *comparaison* : il nous montre le défunt plus heureux qu'Aristote, car il approcha de la royauté sans trouver dans le prince un ennemi de sa patrie et son influence fut utile à bien des Grecs ; plus heureux encore que Platon, puisqu'il trouva à la cour et faveur et succès.

Les lamentations, on le comprend, devaient sortir du cercle ordinaire dans une lettre écrite à tout un peuple ; citons-en l'endroit le plus saillant :

« Qui pourra retenir ses larmes à la nouvelle de son » trépas ? Si la mort est venue pour lui en temps oppor- » tun [1], elle n'est pas cependant opportune aux yeux de

[1] J'ai tâché de rendre le jeu de mots du grec καθ' ὥραν — ὡραῖον.

» tous les Grecs qu'elle prive d'un si grand homme. Déjà » toute poésie se flétrit dans sa fleur, toute sève productrice tarit, tout genre littéraire se meurt privé de son » interprète et de son guide. Ce qu'Aristophane dit d'Eschyle, que sa mort a plongé les Grecs dans les ténèbres [1] » peut, quant à l'art d'enseigner, se dire de notre rhéteur. »

Nous avons tout à l'heure accusé une des formes ordinaires de l'oraison funèbre, *le bonheur durant la vie*, en voici une autre non moins recommandée, *le bonheur dans la mort*.

« La manière dont tu as quitté la vie doit encore être » regardée comme un événement heureux, puisque tu » n'as point été enlevé par une maladie, puisque tu n'as » pas été tourmenté par la souffrance, mais que, au » milieu même de tes études, comme si un Dieu t'eût » appelé, tu as rendu le dernier soupir sur ton livre, etc. »

La croyance à la vie future se présente encore avec quelque chose de cette incertitude que nous avons remarquée dans l'oraison funèbre politique, et qu'on retrouve dans l'*Evagoras* d'Isocrate. Elle amène néanmoins une fiction bien trouvée :

« Si Pindare, Platon et toute l'école d'Alexandrie disent » vrai, et qu'il existe dans les Enfers quelque commerce » entre les morts, je croirais volontiers que la foule des » poètes, Homère en tête, les orateurs, les historiens et » tous les écrivains viendront l'entourer, lui tendre la » main [2], chacun d'eux l'appelant à soi, l'invitant à pren-

[1] Nous avons trouvé cette pensée, mais avec plus d'éclat, appliquée par Démosthènes aux morts de Chéronée.

[2] Rappelons-nous, à propos de ce passage, le beau mouvement oratoire de l'oraison funèbre d'Hypéride dont Aristide semble s'être ici inspiré.

» dre sa part des mêmes ombrages, le couvrant de ban-
» delettes, de couronnes, et cela sans débat préparatoire,
» sans hésitation entre un autre et lui, mais d'un élan
» tout spontané. Car je ne pense pas qu'avant bien des
» années descende en ces lieux quelqu'un qui puisse lui
» être comparé, mais une suprématie sans partage lui est
» à jamais garantie comme au héraut le meilleur des
» lettres grecques, comme au guide le plus sûr. »

Les exhortations, et c'est peut-être la partie la plus originale et la plus ingénieuse, se déguisent sous forme de louanges : Aristide félicite ceux auxquels il écrit d'environner d'attentions et de soins la famille du mort et particulièrement son plus jeune fils qui n'a pu profiter des leçons de son père. C'est vraisemblablement une manière indirecte de leur tracer la ligne de conduite qu'ils doivent prendre et faire naître la résolution de la suivre.

L'orateur a commencé son discours par nous parler de sa propre personne, il finit de même et avec non moins de suffisance.

« Mille et mille fois, soit de bouche, soit par lettres, il
» me pressa de ses réclamations, me demandant de vous
» dédier quelqu'un de mes ouvrages et de vous l'envoyer
» avec les autres, me promettant pour eux la première
» place dans ses explications ; mais moi, désireux de les
» retoucher encore, je ne pouvais me rendre à ses vœux ;
» il en résulta qu'il ne commenta aucun de mes écrits et
» n'en connut pas la plus grande partie. Quant au juge-
» ment qu'il porta toujours sur mes discours, je ne sais
» s'il peut défier l'envie, mais il dépassait ce que l'on
» peut dire de plus flatteur. Voilà pour quels motifs j'ai
» rappelé le souvenir d'Alexandre, voilà comment sa
» mort n'est pas pour moi un malheur ordinaire et pour-
» quoi peut-être je puis, sans inconvenance, m'entretenir

» de lui avec vous. Je voudrais être d'une santé meilleure
» pour plusieurs motifs et surtout pour pouvoir me met-
» tre à votre disposition, car tous ceux qui ont été utiles
» à Alexandre ne peuvent être des étrangers pour moi. »

Ainsi qu'on a pu le remarquer, il n'y a pas grand effort de génie dans cette œuvre du *divin* Aristide, de plus, nul pathéthique, rien qui demande au cœur quelque émotion, nulle grandeur. L'ensemble toutefois prouve une certaine habileté à semer l'éloge sur un fond assez vulgaire ; l'art de fouiller profondément les petites choses, de multiplier les nuances et, par là, d'augmenter le nombre des éléments qui composent le tout sans rien ajouter, il est vrai, à leur valeur. Disons encore que le sujet est traité sagement, sans déclamation, sans emphase et sans ces défauts si fréquents chez les rhéteurs. Quant au style, bien qu'Aristide ait été mis par ses contemporains au premier rang des orateurs, on ne peut guère le louer ici que de sa clarté et de son élégance. Dans cet écrit comme dans ses autres ouvrages, il donne un soin tout particulier au choix et à l'arrangement des mots, au rapport symétrique des idées et croit avoir suffisamment touché l'esprit et le cœur quand il a flatté agréablement l'oreille ; au surplus, dans un sujet comme celui-ci, pouvait-il viser à quelque chose de mieux ?

V.

LIBANIUS [1]

ÉLOGE DE JULIEN

Ici devrait prendre place l'éloge funèbre de Julien, si cet éloge était réellement une oraison funèbre.

Il est bien vrai qu'il se présente avec le titre de ἐπιτάφιος λόγος, mais il suffit de le lire pour s'apercevoir que s'il est une oraison funèbre, on pourrait en dire autant de la *Vie d'Agricola*, par Tacite. L'éloge de Julien est une œuvre historique écrite par un orateur.

La vie du prince philosophe y est racontée avec de grands détails et occupe les quatre cinquièmes de l'ouvrage : le reste se compose de réflexions douloureuses et de regrets comme en pourrait présenter une oraison funèbre, mais ce discours n'ayant jamais été prononcé, c'est une raison de plus pour qu'il n'ait point de place dans notre travail [2]. On pense que Libanius le commença du vivant de Julien pour le lui offrir quand il reviendrait de son expédition contre les Parthes ; c'était un monu-

[1] IVe siècle après J.-C.

[2] Le même motif nous dispense de parler d'une lettre de Libanius (la 407me) qui contient aussi un éloge du rhéteur Zénobius.

ment qu'il voulait élever à la gloire de son illustre élève [1], mais sa mort imprévue l'aurait obligé à changer le titre et le couronnement qu'il avait rêvé pour son ouvrage, de là sans doute le caractère mixte de cette composition.

Elle a, du reste, une certaine importance historique et contient de précieux détails sur cette époque de luttes religieuses. Les chrétiens dans leurs écrits n'ont guère ménagé l'apostat dont ils ont eu tant à se plaindre ; Libanius ne les ménage guère non plus : il les accuse d'avoir assassiné l'empereur.

Mais ces questions sont aussi étrangères à notre sujet que le discours de Libanius lui-même ; nous ne nous y arrêterons donc pas.

---

[1] Voici le passage sur lequel se fonde cette opinion, il est emprunté à la monodie de Libanius que nous analyserons en son lieu : « Je composais un discours qui devait, comme un charme » magique, préserver l'État de funestes retours (à la religion chré- » tienne, sans doute). Tu mourus, le charme est resté interrompu » et je me suis trouvé impuissant et inerte pour produire de nou- » veau, etc. » (Westerman, p. 45.)

VI.

THÉMISTIUS [1]

ÉLOGE DE SON PÈRE EUGÈNE

Il est vraiment fâcheux pour l'oraison funèbre personnelle qu'elle n'ait pu inspirer à un homme de talent comme Thémistius [2] quelque chose de meilleur que l'éloge qu'il prononça sur la tombe de son père Eugène, philosophe et rhéteur comme lui. Quelle œuvre froide et pédantesque ! Elle ressemble assez peu au type que nous font concevoir les données de Denys d'Halicarnasse, de Ménandre et que nous venons de voir observées par Aristide ; j'en suis réduit à le regretter. Thémistius a composé quelques discours contre ceux qui se font gloire du titre de sophiste ; il repousse loin de lui ce nom comme une qualification infâmante. De quel nom pourtant l'appeler, quand la mort d'un père ne lui inspire qu'une verbeuse et glaciale dissertation philosophique, toute parsemée de hors-d'œuvre, de lieux communs, d'exemples

[1] IVe siècle après J.-C.

[2] Οὐχ οὕτως Τηλέμαχος ἐῴκει τῷ πατρὶ τὴν μορφὴν, ὡς σὺ τῷ Δημοσθένει τοὺς λόγους. (*Libanius à Thémistius*, lett. 361.)

pris dans la mythologie ou dans l'histoire et derrière lesquels on ne sent pas un seul battement de cœur ?...

La première partie de l'exorde a été retrouvée par Angélo Maï et publiée à Milan en 1816. L'orateur, après y avoir annoncé qu'il sera court, dit à peu près comme l'Oronte de Molière :

« Je ne sais si le style
» Pourra vous en paraître assez net et facile
» Et si du choix des mots vous vous contenterez. »

Rien n'est plus sèchement vaniteux que tout ce début dans lequel un fils nous prévient que les larmes lui sont interdites par son auditoire ainsi que par la philosophie : sans le mot *père* qui ne laisse place à aucun doute, on pourrait le croire écrit pour l'étranger le plus indifférent. Voici pourtant un mouvement qui semble promettre quelque parole sortie du cœur :

« O toi qui fus jadis mon père et qui es maintenant le » plus aimé des Dieux, quand pourrons-nous donc te » revoir ?... »

Il n'en est rien, ce n'est qu'un procédé oratoire pour amener une allégorie platonicienne, assurément ingénieuse et célèbre, mais bien vide de sentiment et bien froide ici [1] :

« S'il faut en croire la philosophie qui, par un heureux » départ t'a fait passer dans un autre monde, elle va, » bientôt de retour, nous annoncer comment, depuis que » tu as été dégagé des liens de la nature — liens que tu » n'as ni brisés toi-même, ni dénoués quand ils te rete-

[1] Voir le *Phèdre* et le *Timée*. Voir aussi dans la *Chrestomathie grecque* une reproduction assez fidèle de cette allégorie ; elle est de Maxime de Tyr. Les notes qui l'accompagnent indiquent encore d'autres imitations.

» naient encore, mais qui se sont séparés d'eux-mêmes —
» tu as pris ton vol vers le ciel, porté par ces coursiers
» immortels que depuis si longtemps tu avais nourris et
» élevés, les intruisant à marcher de la même vitesse, à
» voler ensemble, afin que l'un n'entraînât pas le char
» vers le ciel, tandis que l'autre voudrait l'abaisser vers
» la terre. Aussi tu n'eus pas besoin des éperons ni du
» frein pour le coursier rebelle et fougueux ; il se montra
» bienveillant et doux pour son compagnon d'attelage ;
» et, modéré, il emporta avec l'autre ton char. »

Sans doute, j'admire dans Platon le rôle assigné à ces trois parties constitutives de l'âme humaine : νοῦς, θυμός, ἐπιθυμητικόν ; j'aime à voir le νοῦς tenant les rênes qui conduisent les deux autres éléments, calmant l'un, empêchant l'autre de se plonger dans la fange qui borde le chemin de la vie, mais ce n'est pas toutefois une raison pour approuver cette noble fiction au début d'une oraison funèbre.

Applaudissons plutôt à ce passage, quoiqu'il n'ait pas de tout point le mérite de la nouveauté après l'oraison funèbre d'Alexandre :

« Bientôt l'assemblée des Dieux, le peuple des bons
» génies vinrent en te louant au devant de toi, te saluant,
» te faisant bon accueil, parce que, après avoir accompli
» la mission pour laquelle ils t'avaient mis sur la terre,
» tu leur revenais pur de toute souillure, etc. »........

« Aussi les Dieux te placent-ils près de Socrate et de
» Platon en leur adjoignant le divin Aristote autrefois
» l'objet de tes délices, etc... Celui-ci sans doute, ô tête
» céleste ! t'honore entre tous les autres, te chérit et dans
» l'excès de sa joie ne sait que faire pour toi : sa recon-
» naissance est immense, etc. »

Vient ensuite une longue et prétentieuse exposition des

services rendus à Aristote par le rhéteur qui expliquait sa doctrine en dissipant les ténèbres dont elle était enveloppée.

C'est d'abord l'horreur et le vertige qui s'emparaient du néophyte voulant sonder les profondeurs du philosophe de Stagyre, puis l'intervention d'Eugène, grand prêtre du temple, qui fait succéder à l'obscurité la pure lumière. Vénus et les Grâces le précèdent la torche à la main, etc...

Mêmes services rendus aux doctrines pythagoriciennes et stoïques. Quant aux opinions qui procèdent de Platon, attendu qu'elles sont voisines de celles d'Aristote, « il les » célébrait dans le même temple et ne changeait pas de » vêtement pour passer du Lycée à l'Académie, etc... Il » donnait encore l'hospitalité à Epicure mais seulement » pour le montrer aux ignorants, puis il le renvoyait » bientôt, la tête parfumée, comme trop amoureux du » plaisir. »

On trouvera fort peu attendrissant cet étalage philosophique, et pourtant nous avons supprimé les développements fastidieux qui alourdissent encore ce que nous avons cité [1].

[1] Il est cependant un beau passage parmi tout ce que nous avons dû passer : après cette énumération des doctrines philosophiques exposées par son père, il prévoit que leur divergence doit causer chez les auditeurs une certaine surprise et y répond en disant que « les sinuosités, les détours des routes, leurs courbures, les » unes grandes, les autres petites ne les empêchent pas de con- » duire toutes au même but. » C'est la même image que celle qu'il a si éloquemment présentée dans le discours adressé à l'empereur Valens, sur la tolérance religieuse : « Les coureurs dans » le stade se dirigent tous vers le même juge, mais ceux-ci d'un » côté, ceux - là d'un autre ; de même au terme de notre vie, il » est un juge unique, souverain et juste, mais différentes routes

L'orateur continue en indiquant les poètes qui ont été l'objet des travaux de son père, puis il le loue d'avoir su mettre sa parole à la portée de tout le monde, du magistrat comme du cultivateur. Ce dernier mot lui sert de transition pour vanter le goût du défunt pour l'agriculture. Dans sa vieillesse, et comme délassement aux fatigues de la méditation et de la parole, il cultivait un jardin dont il s'était fait une riante habitation. Certes il y a autant de vérité que de nouveauté dans ce contraste qui montre les goûts si simples de la vie champêtre dans une intelligence pleine de tous les raffinements de la pensée. Ecoutons cependant Thémistius :

« Ulysse disait à son père que ses plantes étaient culti-
» vées avec soin, mais que sa personne était fort négligée,
» parce qu'il était affublé de grossiers vêtements et que
» ses chaussures étaient usées et rapiécées. Quant à moi,
» je sais bien que mon père était mieux soigné, mieux
» orné que ses plantes, non parce qu'il portait une tunique
» élégante et d'un tissu délicat, mais parce qu'il n'avait
» dans son âme ni négligence, ni souillure. Si ses vignes
» et son jardin se remplissaient de fruits savoureux, son
» esprit ne restait ni aveugle ni grossier. Ces vergers d'Al-
» cinoüs tout brillants d'une végétation qui se renouve-
» lait sans cesse, les fruits d'or des Hespérides n'auraient
» pu être mis en balance avec la moindre de ses pa-
» roles, le moindre de ses avis, car il ne s'attachait pas
» exclusivement aux charmes extérieurs du langage ; de

» mènent à lui, routes tortueuses, droites, rudes, planes qui toutes
» se réunissent au même lieu de repos. L'ardeur et l'émulation
» des athlètes s'éteindraient sans cette multiplicité des chemins :
» intercepter ces mille sentiers, n'en laisser qu'un seul pour tous,
» ce serait étouffer le combat dans un étroit défilé, etc. »

» même qu'à ses yeux les agriculteurs qui ne plantent » que des platanes à l'ombre épaisse et des massifs de » cyprès, en négligeant le froment et la vigne, songent » moins à ce qui peut les nourrir qu'à ce qui les récrée, » de même ceux qui ne recherchent dans l'éloquence que » le plaisir, n'ont en vue que de plaire à leurs auditeurs » et ne peuvent dire un mot — ne le cherchent même » pas — sur ces vérités qui nourrissent l'âme et la rendent » meilleure, lui paraissaient aussi peu philosophes que » les autres lui semblaient peu agriculteurs ; il ne voyait » en eux que des flatteurs et des charlatans, etc. »

Voilà du moins de nobles pensées où respire bien le mépris que Thémistius avait voué aux sophistes ; pourquoi faut-il que dans la manière dont tout cela est amené et rendu il y ait tant de l'art du sophiste et si peu de naturel ! Ces développements pourraient être fort à leur place dans une dissertation philosophique, dans une de ces lettres que Sénèque écrivait à Lucilius ; il y a même un fond de raison solide qui donne une certaine valeur au passage, mais, encore une fois, ce n'est point là le langage du moment.

Portons le même jugement sur ce qui suit : pour appuyer ce principe fort beau de son père que « après avoir » parfaitement parlé sur la sagesse on ne doit pas se dé- » mentir par des actions qui soient en opposition avec » les paroles, » l'orateur se sert de cette comparaison : « Tel serait l'homme qui, désirant conserver la santé » du corps, amasse des médicaments et des herbes qui, » broyées ensemble, pourront chasser les infirmités phy- » siques, fait confectionner avec beaucoup de soin des » instruments de chirurgie et rassemble tout ce qu'Hip- » pocrate de Cos, ou Érasistrate, ou Dioclès ont donné de » préceptes sur la médecine, et qui, ensuite, du moment

» où son corps ressent quelque atteinte morbide qui » rende nécessaire l'emploi de ces préparatifs, laisserait » là tous ces médicaments, ces appareils, enverrait se » promener Hippocrate, se coucherait sur un lit recou- » vert de tapis et de pourpre, se ferait dresser une table » d'une sensualité toute sicilienne, boirait, mangerait » sans mesure en se faisant servir par une jeune Corin- » thienne ou quelque enfant d'Ionie. Cette provision de » médicaments ne peut lui être utile : quiconque com- » prend dans son âme les vérités philosophiques, les » médite d'une manière salutaire, puis refuse de les prou- » ver par ses actions, n'a rien de commun avec la philo- » sophie, pas plus que l'autre avec la médecine. »

Nous ne suivrons pas Thémistius dans une nouvelle comparaison faisant double emploi et tirée de l'athlète qui montre ses larges épaules, conte ses prouesses gymnastiques et vit néanmoins dans une molle et lâche oisiveté. Il n'y a à conserver de toute cette dissertation que la pensée qui la termine : « Quand il s'agit de philoso- » phie, il ne faut pas faire parade de belles paroles et se » régler sur cela pour marquer les progrès faits dans la » sagesse [1]. »

Nous passons sur bien des choses pour ne pas fatiguer la patience du lecteur, et cherchant notre route à travers les tirades plus ou moins bien liées qui remplissent le reste du discours, achevons de relever les idées principales, celles qui peuvent nous servir de jalons pour suivre jusqu'au bout l'orateur. Ainsi la maxime que nous venons de voir fut mise en pratique par Eugène : il prit

[1] Senèque avait déjà dit : (te hortor ut) experimentum profectûs tui capias non oratione nec scripto, sed firmitate animi et cupiditatum diminutione. (*Lett. à Lucilius*, XX.)

Socrate pour modèle, etc... Ici une nouvelle digression fort longue qui finit, on ne sait trop pourquoi, par la mort d'Anitus et l'indication précise du lieu où l'on pourra trouver son tombeau.

Paraît ensuite Hercule, fils de Jupiter et d'Alcmène ; il doit au même procédé le culte qui lui est rendu : quiconque aura, comme lui, élevé la vertu jusqu'aux dernières limites que peut atteindre l'âme humaine, aura droit aux mêmes autels.

Cet ordre d'idées ramène l'orateur à parler de son père et il termine par une prière qu'il lui adresse et qui serait certainement le meilleur passage de tout le discours si la vanité du rhéteur ne trouvait encore à s'y donner un rôle.

« O mon père, tu es retourné heureux vers les heureux » qui t'avaient envoyé, mais nous, tu nous a laissés bal- » lotés par la mer de ce monde et dans le champ du » malheur. Quand nous aspirerons à sortir du bourbier » et de la fange, personne qui désormais nous tende la » main, aussi n'avons-nous plus qu'à suivre la trace de » tes pieds, si toutefois nous pouvons poser nos pas sur » leur empreinte. Et cependant, mainte fois, comme l'ai- » gle exerce ses petits, tu essayas ce que mes yeux pour- » raient supporter de l'éclat de la vérité. Souvent tu m'as » renvoyé tout plein des meilleures espérances et tu » t'abandonnais à la joie, parce que mon regard longue- » ment et fixement attaché au soleil te prouvait que j'étais » bien sorti de toi. Mes yeux alors n'étaient point obligés » de se détourner, maintenant il faut qu'ils s'abaissent... » Mais cette sollicitude de mon père, cette bonne opinion » qu'il avait de moi m'imposent des efforts pour qu'on » n'y voie pas seulement la tendresse du père, mais en- » core l'infaillibilité du philosophe. Viens donc en aide » à ton fils, ô mon père ! Du haut de ta demeure céleste

» prête-lui assistance, et accorde à ses supplications des » forces et de l'énergie pour soutenir la lutte. »

Que dire de ce discours d'une bouffissure tout asiatique? Il est loin de valoir ceux d'Aristide, et cependant malgré tout son fatras déclamatoire, il contient quelques idées chrétiennes et par conséquent, au point de vue moral, un véritable progrès.

On pourrait, j'en conviens, les faire dériver d'une source païenne, néanmoins les doctrines philosophiques ayant toujours été le partage du petit nombre, si quelques idées saines s'adressent, comme ici, franchement à la foule, c'est qu'elles y sont devenues populaires, non par la philosophie qui n'avait pas une excessive ardeur de prosélytisme, mais par les prédications évangéliques qui s'efforçaient d'attirer à elles toutes les âmes.

En outre, représentons-nous un sophiste attaché, comme notre rhéteur, au vieux culte désormais vaincu et impuissant. Que fera-t-il pour relever un peu ses croyances méprisées, si ce n'est les rapprocher le plus possible de celles qui triomphent, en s'arrêtant particulièrement aux points de contact existant entre les deux religions? Ainsi devant un auditoire mixte comme celui de Thémistius, l'orateur a visé sans doute à employer le plus d'idées communes à tous ceux qui l'écoutaient ou qui devaient plus tard le lire ; aussi, n'eût-il pas employé une seule pensée que ne puisse revendiquer une école philosophique quelconque ; ce qu'il exprime en termes de nature à être adoptés par les deux religions n'en accuse pas moins l'influence exclusive du christianisme.

Parmi les éléments qui marquent l'ère nouvelle, nous signalerons ce désaveu du suicide, cet éloge adressé à Eugène, « qui n'a point brisé le lien qui l'attachait à la

» vie, qui ne l'a point dénoué quand il tenait encore, » mais qui a laissé la séparation suprême se faire d'elle- » même et spontanément. » Nous sommes bien loin des doctrines du Portique dont la morale était cependant encore ce qu'il y avait de meilleur pour les païens de cette époque.

C'est en outre, çà et là, je n'ose dire le mysticisme, mais le mouvement religieux de la prière chrétienne : ici l'indication nette et précise d'une destination à accomplir, ailleurs, dans cette phrase : « ton corps ne put te détour- » ner des délices que tu trouvais dans ton commerce avec » lui (la lecture d'Aristote), » la reconnaissance de cette vérité spiritualiste, thème platonicien sans doute, mais très-familier au christianisme, que nous sommes composés de deux natures opposées, l'esprit et la matière, et que les suggestions de cette dernière sont un obstacle au perfectionnement de l'esprit.

Voici un autre passage où le vice nous est représenté comme un monstre qu'il faut combattre et étouffer : c'est un antagoniste tel que le montre souvent la chaire chrétienne : « A mes yeux le vice est plus impétueux que les « sangliers, plus terrible que les lions, plus audacieux « que le chien aux formes changeantes, et armé de plus » de têtes que l'hydre. Aussi je regarde comme juste » que, à ceux qui ont écrasé ce monstre et prouvé sa » faiblesse réelle, on élève des temples aux frais du » public, etc. »

Rappelons-nous ces pieuses légendes toutes pleines de luttes contre l'esprit du mal, songeons aussi à la béatification du saint qui est sorti vainqueur de ses étreintes, et nous verrons sous quelle influence le rhéteur a écrit ce passage. Ajoutons que le rapprochement devient plus visible encore dans la phrase suivante où les âmes de ces triomphateurs du vice sont représentées comme protectrices des hommes, ἀλεξικάκους dit le texte, et elles veillent sur les vivants comme les bienheureux protégent du haut du ciel les âmes qui les invoquent ici-bas.

Nous pourrions encore mentionner la croyance à la vie future plus nettement indiquée que partout ailleurs, la parole ou plutôt la prière adressée au mort, témoin celle que nous venons de transcrire ; le mot *heureux* [1] appliqué à celui qui meurt ; la vie considérée comme un temps passé sur une mer houleuse ; la terre comme un champ de désolation et, par suite, l'assistance d'en haut invoquée pour sortir vainqueur de cette lutte continuelle ; mais il est un point sur lequel nous pensons devoir plus particulièrement attirer l'attention : quoique ce discours soit l'œuvre d'un païen fervent, quoiqu'il n'ait plus l'antique préjugé qui interdisait de mêler le nom de certains dieux à une oraison funèbre, il ne les nomme pourtant que d'une manière vague et indécise et comme quelqu'un qui sent les croyances ébranlées et croulant de toutes parts ; sauf Hercule qui n'est ici qu'un héros devenu dieu par ses actions et dont il nomme en passant le père et la mère comme cela se faisait pour de simples mortels ; sauf Vénus et les Grâces qui figurent dans un passage cité, plutôt métaphoriquement que comme réalités mythologiques, on ne voit nulle part de divinité désignée avec cette précision qui accuse la foi. C'est du reste le caractère de tous les écrivains païens à cette époque : alors même qu'il plaide la cause de ses Dieux, Symmaque [2] en parle comme un homme qui commence à n'y

[1] Déjà § 2 la même épithète avait servi à qualifier le passage dans l'autre monde.

[2] Discours pour l'autel de la Victoire.

plus croire et qui ne tient guère à ceux dont il veut rétablir le culte que par le charme et la puissance des souvenirs.

VII.

CHORICIUS DE GAZA [1]

Mais si nous voyons sans étonnement ces idées nouvelles sur un fond essentiellement mythologique, que dire de la forme toute païenne que présentent certaines oraisons funèbres composées par des sophistes chrétiens? Réaction bizarre! les sophistes convertis remontent systématiquement, pour la religion comme pour l'éloquence, vers les modèles antiques dont ils cherchent à rajeunir les grâces un peu surannées; si bien que ces productions de chrétiens ne sauraient se classer ailleurs que parmi les ouvrages offrant au plus haut point le cachet du paganisme.

De même qu'au XVIIe siècle nos poètes ne croyaient guère pouvoir se passer des riantes fictions de la Grèce et de Rome et en avaient érigé l'emploi en un système dont Corneille et Boileau [2] ont préconisé les ressources,

[1] VIe siècle après J.-C.

[2] On sait par cœur ces morceaux célèbres, l'un traduit de Santeuil par Corneille : « Qu'en fait d'injure à l'art de lui voler la fable! » l'autre qui fait partie de l'art poétique (3e chant) : « Là » pour nous enchanter, tout est mis en usage. »

de même et plus encore, les derniers représentants de l'art des sophistes ne croient pas non plus pouvoir se passer de ce polythéisme de langage qu'ils regardent comme inséparable de l'éloquence et peut-être comme l'éloquence elle-même. Il est curieux de les voir désigner par des noms de divinités païennes auxquelles ils ne croient plus, les vérités graves et sérieuses du culte nouveau, la mort même, la vie future et les destinées ultérieures de ceux qui ont fini ici-bas leur temps d'épreuve.

Rien n'égale les précautions qu'ils prennent pour qu'aucun mot mal sonnant, aucun mot chrétien, ne vienne détruire le charme d'élégance qu'ils croient attaché à l'emploi exclusif des termes mythologiques : il semble, à les entendre, que lorsqu'on avait l'honneur d'être sophiste, il n'était pas de bon ton de paraître chrétien [1], aussi serait-on tenté de croire que le scepticisme traditionnel des sophistes s'était perpétué chez eux depuis leur conversion à la foi commune, s'il ne fallait aussi admettre que leurs discours composés pour captiver les applaudissements de la foule, devaient, après tout, avoir été écrits comme la foule aimait à les applaudir [2].

[1] Les Grecs ou plutôt leurs rhéteurs furent les païens par excellence : rappelons-nous le mot de Ελληνες employé par les écrivains sacrés pour désigner les gentils. Peut-être est-ce à leurs habitudes de langage qu'il faut attribuer ce fait singulier que le nom de chrétien s'est longtemps rendu par l'expresssion εὐσεβής. — Ἄμφω δ'ἤστην εὐσέβεε. « *Tous deux étaient chrétiens*, » dit Photius en parlant de Choricius et de Procope. — Saint Paul disait les *saints* alors même que le nom de *chrétien* avait été adopté par l'église d'Antioche. C'est de là sans doute aussi que nous disons encore dans le même sens *les fidèles*.

[2] Les orateurs chrétiens eux-mêmes, les Pères de l'église, n'échappent pas toujours à cette nécessité, malgré l'autorité de la

Tel est Choricius de Gaza, sophiste du VIe siècle. Nous avons de lui deux oraisons funèbres, l'une de Procope, son maître, comme lui rhéteur et chrétien; l'autre de Marie, mère de Marcian, évêque de Gaza, et d'Anastase, évêque d'Eleuthéropolis. Elles sont entachées au plus haut point du défaut que nous venons de signaler.

Ce qui explique un peu cet étrange phénomène, c'est qu'au VIe siècle, le conflit des deux religions si longtemps rivales avait depuis longtemps cessé et que le christianisme, divisé par l'hérésie et en proie à des luttes intestines, n'avait plus, contre son ancien ennemi, cette ardeur qui fait repousser comme profane tout ce qui touche à l'antagoniste vaincu, mais redoutable encore. Le paganisme détruit et oublié comme croyance n'existait plus que comme objet de souvenirs mille fois répétés dans les plus beaux monuments de l'art oratoire des Grecs ; il faisait corps avec lui, était en quelque sorte une des faces de son génie, et, en visant à l'éloquence, un rhéteur chrétien pouvait avoir à cœur de ne négliger aucun des aspects sous lesquels il avait l'habitude de la contempler avec admiration.

Un autre défaut commun à tous les rhéteurs, et que Choricius a plus que personne, c'est un luxe fatigant d'exemples anciens, de rapprochements qui ramènent à

religion et du sacerdoce. Ainsi dans l'oraison funèbre de saint Basile prononcée par saint Grégoire de Naziance, M. Villemain remarque trop d'allusions mythologiques, trop d'anecdotes puériles. « L'imagination des orateurs chrétiens, ajoute-t-il, se reportait » toujours sur les fables de la Grèce et ils ne pouvaient renoncer » eux-mêmes à ces profanes et riants souvenirs qu'ils auraient » voulu chasser du cœur des peuples. » Serait-il téméraire de supposer que leur premier besoin était d'abord de les attirer et de les retenir ?

chaque pas les dieux, les héros, les grands hommes de la Grèce : seulement, nous l'avons dit précédemment, il faut s'en prendre à son siècle autant qu'à lui-même ; ce n'est pas après tout sa faute si ses contemporains éprouvaient, comme le dit si bien M. Villemain, « cet enthou- » siasme étroit et servile qui retenait les esprits dans » une contemplation oisive des chefs-d'œuvre antiques[1]. » Cette disposition particulière que les goûts conteurs de l'Orient encourageaient ici d'une manière toute spéciale est un des traits de mœurs précieux à saisir, non-seulement pour l'histoire des littératures en général, mais encore pour celle des populations de la Palestine à cette époque.

Ces réserves faites, les discours de Choricius méritent une place distinguée dans cette revue des oraisons funèbres personnelles de la Grèce païenne : commençons par celle du sophiste Procope.

ÉLOGE DE PROCOPE

Ce qui frappe en abordant cette oraison funèbre, c'est une épigraphe mise en tête et annonçant l'idée dominante du discours. Ce n'est pas, ainsi que dans les orateurs sacrés des temps modernes, un verset des livres saints[2] prononcé au début, comme pour donner à l'instruction elle-même toute l'autorité qui s'attache à la parole divine,

[1] *Litt. au XVIIIe siècle.* 40e leçon.

[2] « Cet usage de donner un texte à l'oraison funèbre n'existe » pas chez les Pères de l'église, dit M. Villemain, c'est une inven- » tion des siècles barbares qui souvent a fourni au talent d'heu- » reuses inspirations. »

c'est plutôt quelque chose d'analogue à cette habitude dont abusent les écrivains d'une école nouvelle en littérature, avec cette différence pourtant que nos romantiques empruntent une phrase quelconque aux anciens ou aux modernes, en ne lui demandant qu'une relation plus ou moins directe avec leur production, tandis qu'en tête de l'éloge de Procope, nous trouvons quelques mots de Choricius lui-même, indiquant la pensée qui l'anime au moment où il va prononcer son oraison funèbre.

Voici cette épigraphe :

« L'éloquence souffre de son impuissance à traiter un » pareil sujet, mais elle honore les funérailles d'un mort » qui fut mon maître et, autant qu'il m'est donné de le » faire, le paie de retour [1]. »

L'exorde, quoique empreint de cette recherche psychologique particulière aux civilisations sophistiques et vieillies, ne manque cependant pas de convenance sous ses ornements trop apprêtés :

« Je vais sans doute paraître peu logique : moi qui » plus que personne ai besoin de consolations, je vais » essayer de consoler les autres : à peu près comme si, » malade des deux pieds, je voulais traîner par la main » de moins malades que moi. Mais plus le chagrin m'op- » presse, plus il m'est difficile de garder le silence, c'est » ce qu'on éprouve ordinairement dans le paroxisme de » la douleur ; en pareil cas, fût-on seul, on s'entretient » soi-même de sa peine. Quant à moi, dussé-je être » injustement accusé d'ingratitude, j'ai lutté contre l'a-

[1] Tous les discours de Choricius ne sont pas précédés d'une épigraphe, telle est l'oraison funèbre de Marie que nous verrons tout à l'heure ; d'autres n'ont qu'un texte explicatif, comme la déclamation intitulée Τυραννοκτόνος.

» bondance de mes larmes qui me coupaient la parole, » j'aurais cru indigne de passer en silence devant la » tombe de celui à qui je dois d'avoir pu faire ma mois- » son de fleurs attiques. »

Les morceaux qui suivent sont d'un ton noble et digne : l'éloge y est poussé bien loin peut-être, mais sans sortir pourtant des limites permises à la reconnaissance :

« Depuis longtemps une loi a décidé que ceux qui » auraient vécu d'une manière irréprochable recevraient » comme récompense les honneurs d'un éloge : si cette » loi n'existait pas encore, il faudrait dès aujourd'hui » l'ériger en souveraine, non pour la gloire du mort — » car de quelle gloire peut-on être redevable à un dis- » cours qui reste toujours en deçà de la vérité ? — mais » pour l'utilité de ceux qui survivent, car ce qui convie » surtout à la vertu, c'est la bonne réputation que l'on » fait aux gens de bien.

» La nature me semble avoir fait naître cet homme » supérieur au milieu des autres hommes dans le dessein » de réaliser l'idéal de la vertu humaine et de donner » une règle de conduite qui puisse guider la vie de » chacun. L'espérance qui fait croire à la possibilité » de toutes choses, recule éblouie devant sa perfection » transcendante, et n'ose tenter de persuader que ja- » mais la succession des temps puisse amener un pareil » homme.

» Il était encore à l'âge le plus tendre lorsqu'il perdit » son père : par sa décence, par sa conduite régulière, » il éclipsa bientôt ceux qui avaient les soins dévoués de » leurs parents, et lorsqu'il était poussé au plaisir par » les deux conseillers les plus irrésistibles, la jeunesse » et la perte d'un père, il prouva par ses actions qu'une » nature droite, fût-elle excitée au mal par la jeunesse et l'isolement de l'orphelin, sait par elle-même, malgré les obstacles, rester fidèle au devoir.

» Aussi franchit-il le seuil de la poésie à l'âge où les enfants en sont encore aux premiers éléments ; il fréquenta la palestre de Mercure à une époque où d'autres apprennent encore par cœur les productions des Muses. La tribune et un cercle de jeunes auditeurs s'ouvrirent devant lui. Il était du même âge que ceux qu'il allait initier aux mystères de l'éloquence, et c'était un spectacle rare et agréable à contempler que celui d'un maître aussi peu âgé que ses élèves [1].

» Mais son extrême jeunesse ne fut pas une occasion de risée pour ses auditeurs : ils avaient pour cet adolescent autant de respect que pour un vieillard, ils vénéraient sa science. L'ascendant de Périclès était immense et célèbre entre ses autres mérites : quand les Athéniens étaient réunis en son absence, il y avait trouble, licence, tapage, point d'ordre dans ce qui se faisait ; paraissait-il, le peuple au premier coup d'œil reprenait son maintien réservé. Quant à Procope, qu'il fût présent ou non, on eût pu voir son troupeau conserver la même attitude digne, tant il avait su faire germer profondément en lui l'habitude de la régularité ! Deux choses sont la pierre de touche du mérite d'un sophiste, d'abord émerveiller les théâtres de la beauté et de la sagesse de ses paroles, ensuite initier les jeunes gens aux mérites cachés des anciens. Ceux-ci en effet — soit conformément à un vieux proverbe (le beau est difficile), soit parce qu'ils voulaient que la foule ne fût pas à la hauteur de leurs chefs-d'œuvre littérai-

[1] On sait que M. Villemain a, de nos jours, sur un plus grand théâtre, et avec plus d'éclat, renouvelé ce prodige.

» res, soit parce qu'ils connaissaient la nature humaine
» qui n'admire pas ce qu'elle saisit facilement, et honore
» le beau qu'on trouve après un certain effort — les an-
» ciens, dis-je, pour l'une de ces raisons ou peut-être à
» cause de toutes, n'ont pas rendu accessibles à tout le
» monde leurs œuvres individuelles : et, comme l'on dit,
» tout le monde ne peut faire voile vers Corinthe. Mais
» Procope, par la puissance de sa nature, par le soin
» apporté à ses travaux, comme s'il fût venu en aide à
» tous les auteurs pour l'élaboration de chacune de leurs
» œuvres, mettait tout en lumière avec une étonnante
» exactitude.

» Voilà pour la leçon orale, mais pour corriger les pro-
» ductions de ses élèves, quel était-il ? Un mot étranger à
» l'atticisme ne le trompa jamais, ni une pensée inutile
» au but du discours, ni une syllabe mettant le rhythme
» en danger, ni une construction offrant un arrangement
» de mots différent de celui que réclame l'oreille : Arion
» de Méthymne et Terpandre de Lesbos se fussent laissé
» prendre à des sons tirés négligemment de la lyre plutôt
» qu'on eût pu lui donner le change par un langage pé-
» chant quelque peu contre l'harmonie. Mais lorsqu'il
» allait au théâtre pour y porter ses propres productions
» — et il le faisait souvent pour inspirer aux jeunes gens
» l'amour de l'éloquence — il frappait d'admiration tout
» l'auditoire, il enchantait l'assemblée tout entière, aussi
» cette sirène du tombeau d'Isocrate qui annonce que ce
» rhéteur charmait toutes les oreilles, il conviendrait
» qu'elle fût élevée sur ce tombeau. »

Nous citons un peu longuement peut-être, mais il nous a semblé que cette série de chapitres par lesquels commence l'éloge de Procope était merveilleusement propre à nous faire connaître la manière de Choricius : nous le

rouvons ici avec son style d'une élégance un peu recher-
:hée, avec son soin assez profane d'éviter les termes qui nettraient à nu sa foi de chrétien ; sans compter son goût oour l'expression mythologique, son amour pour l'Antiquité dont il s'exagère les profondeurs peut-être et qui ui fournit, dans ses grands hommes, l'occasion de rapprochements, et, dans ses chefs-d'œuvre, une foule de pensées choisies qu'il sait heureusement enchâsser dans les iennes. D'autre part, nous voyons encore ici un spécimen issez expressif de ce qu'était alors un rhéteur, de tout ce qu'on attendait de la souplesse de son talent : enseignenent de la jeunesse dans les écoles, explication des textes inciens, puis exposition par la parole de ce qui pouvait charmer une multitude qui portait jusqu'à la passion le goût des délassements oratoires. Il manque pourtant un rait à ce tableau, mais nous allons le trouver un peu plus oas : ce sont les courses triomphales de ces sophistes pronenant de ville en ville leur gloire aussi bruyante que aine.

Veut-on voir en effet combien les populations asiatiques recherchaient avidement ces discoureurs habiles qui ajoutaient quelques charmes à leur existence molle et voluptueuse ?

« Il fut désiré de la cité qui s'élève aux bords de » l'Oronte et qui est mère de Libanius ; il inspira les » mêmes sentiments à la métropole des Phéniciens, mais » ni l'une ni l'autre n'eut à ses yeux les charmes de la » ville de César [Césarée] : par la force autant que par la » flatterie, par l'or qu'elle prodigua pour tenter de le » séduire — moyens qu'emploie un amant auprès de l'ob- » jet de ses vœux — elle arriva pourtant à le posséder, » mais ne put garder sa conquête, entraîné qu'il était par » un charme plus puissant, le regret de la mère-patrie.

» Il lui fit don de ses trophées, réservant dans son cœur
» la seconde place à ces villes si grandes et si illustres.
» Cependant, sans parler de la gloire éclatante et du pres-
» tige de la grandeur par lesquels ces cités attirent sur
» elles tous les regards, elles ont individuellement un
» attrait capable d'inspirer un vif amour. Antioche a un
» lieu qui porte le nom de celle qu'aima Apollon, d'où
» jaillissent des sources agréables, transparentes, douces
» à la bouche, où s'élèvent de nombreux platanes et des
» cyprès altiers étendant au loin leurs rameaux. Là se
» font entendre d'harmonieux oiseaux, là soufflent des
» zéphirs rafraîchissants. A Antioche la séduction de ce
» riant bocage, à Tyr celle des grâces, car on peut appeler
» ainsi ses fontaines. Césarée est embellie par ses bains
» chers à l'œil, mais plus chers encore au baigneur.
» Attiré par ces sirènes, il ne pensait pourtant qu'à celle
» qui l'avait nourri, songeant sans doute que, quand l'ora-
» teur des Grecs soupirait après son Ithaque, bien qu'elle
» fût pauvre, il eût été indigne que lui méprisât son illus-
» tre patrie, belle et supérieure entre autres choses par
» la vertu de ses habitants qui fait surtout l'ornement des
» villes. »

Nous ne suivrons pas le rhéteur dans le détail des différentes particularités de la vie de son maître, ses luttes oratoires, son application constante et opiniâtre jusqu'au dernier jour de sa vie. Il paraît que tout sophiste qu'il était, Procope était modeste [1] et orné de toutes les ver-

[1] Cet éloge de la modestie du défunt se retrouve avec une certaine affectation dans les oraisons funèbres d'Alexandre, d'Eugène et de Procope, c'est-à-dire dans toutes celles qui ont été composées pour un rhéteur. En faut-il conclure que la modestie n'était pas la vertu la plus ordinaire des rhéteurs en général ? Sénèque dit dans sa XIme épitre à Lucilius : Fabianum, quum in senatum testis esset

tus qui rendent l'homme aimable et ajoute à l'éclat du talent :

« Aussi, quand il paraissait sur la place publique, le » peuple tout entier se levait, et, bien qu'on lui rendît » tous les honneurs imaginables, on croyait pourtant lui » en rendre moins qu'il n'en méritait encore. Les Grâces » avaient répandu leurs charmes sur son visage; de là » la joie de celui dont le regard avait rencontré un de » ses sourires [1] et dans les réunions personne n'avait la » force de s'éloigner ou le faisait le plus tard possible : » chacun pensait y devenir meilleur et le devenait en » effet. S'il faut, par une image, rendre sensible l'assem- » blage de ses perfections, je dirai que son âme était une » source aux flots saturés de saveurs de toute espèce et » réunissant ce qui est utile à ce qui plaît. »

Il était cependant difficile de ne point aborder les croyances religieuses de Procope en faisant son oraison funèbre ; on remarquera avec quelles précautions l'orateur évite le mot propre : le christianisme est pour lui « la piété. »

« Peut-être quelqu'un, entendant vanter tant de mé- » rites supérieurs, concevra de lui cette pensée : « Cet » homme, dira-t-il, en parlant du défunt, ne s'occupa » jamais vraisemblablement des saintes écritures ; en au- » rait-il eu le temps, obligé qu'il était de se partager

inductus, erubuisse memini et hic mirè (philosophum) pudor decuit. — Dans ces différentes oraisons funèbres nous voyons aussi mentionner avec complaisance cette rougeur qui était, paraît-il, de bon ton.

[1] Sénèque avait dit en parlant de son frère Gallion : cœpisti » mirari comitatem et incompositam suavitatem quæ illos quoque, » quos transit, abducit, gratuitum etiam in obvios meritum. » (*Quæst. nat.*, liv. IV, préface.)

» entre tant de choses excellentes ? Ce serait le méconnaî-
» tre que d'avoir ce soupçon. Il était tellement versé dans
» ce genre d'*instruction* (παιδεία) que, à l'exception de
» l'extérieur sacerdotal, tout en lui était d'un prêtre : la
» doctrine du christianisme (εὐσέβεια), les objections qui
» s'efforcent de la contredire, il avait tout appris, l'une
» pour la mettre en pratique, les autres pour les réfuter.

» Cependant cette science des choses divines (θεῖα μαθή-
» ματα) ne se produisait pas chez lui avec exubérance,
» c'est un enseignement qu'il ne répandait pas au dehors
» au point d'en parler et d'en recommander aux autres
» l'usage, c'est par ses actes qu'il prouvait sa foi, etc. »

Que penser de tout ceci ? Choricius était-il obligé de pallier un peu de scepticisme qu'aurait autrefois affiché son maître ? Aurait-il cru lui-même le faire déroger en le montrant trop soucieux de s'avouer ouvertement chrétien ? Est-ce autre chose encore ?...

Nous passons sur bien des éloges, quoiqu'ils excitent l'intérêt, comme le tableau que trace l'orateur de la bienfaisance, j'allais dire de la charité qui fait comprendre par Procope, dans sa bonté compatissante, tous ceux qui souffrent, tous ceux qui pleurent. Aussi, dit son panégyriste en rappelant un usage qui, de l'Orient et de ces temps anciens, s'est perpétué dans nos fêtes religieuses :

« Dans les réjouissances publiques, nous suspendons
» des tapis qui vont d'une maison à l'autre : s'il était
» d'usage d'étendre aussi des voiles sombres dans les
» douleurs publiques, nous les verrions se déployer en
» cette circonstance où le deuil est si grand que la cité
» tout entière en est émue. Un homme plein de sagesse,
» façonné au plus beau langage, habile à saisir ce qui
» convient, à l'exposer d'une manière brillante, un pa-
» reil homme, sans être bien vieux, vient de mourir !

» Soit : puisque nous avons indiqué chez lui tant de » vertu, examinons pourquoi l'homme est venu au » monde. »

Voilà une digression dont nous ferions grâce au lecteur si elle ne renfermait une des singularités mythologiques les plus curieuses qu'on puisse trouver sous la plume d'un chrétien. Continuons donc :

« Il est évident qu'il est l'esclave des Parques au des» potisme desquelles on reste asservi, fût-on, en toutes » choses, irréprochable, autrement mon cher maître eût » échappé à leurs lois. Une existence vient d'éclore, elles » regardent jusqu'à quelle époque il lui est donné de » vivre, puis sans hésitation elles la poussent vers le » terme fatal. Voient-elles des enfants pleurer en cercle » autour du mourant, une vieille mère se frapper la » poitrine, un vieux père s'arracher des cheveux que » l'âge a blanchis, elles ne savent point s'attendrir à de » pareils spectacles : dix mille belles actions qu'on expo» serait à leurs regards ne les feraient point rougir de » leurs rigueurs. Voilà pourquoi sans doute Achille ne » demanda pas à Thétis une vie plus longue, pourquoi » Thétis ne la demanda pas pour lui à Jupiter. Rappelant » au Dieu les services qu'elle lui avait rendus, par ses pa« roles comme par ses actions, elle sollicita en retour une » seule chose, non de longs jours pour son fils — bien » qu'elle sût et rappelât que sa vie devait être plus courte » que toutes les autres et que son cœur maternel ne sup» portât pas la pensée de sa mort — mais elle demanda » qu'il ne vécût pas dans la honte le temps si court qui » lui était départi, etc... »

Nous passons sur d'autres rapprochements encore empruntés à Achille et à Crésus : ils ne se trouvent ici que pour mettre plus évidemment la même vérité en lumière, et ne prouvent par conséquent qu'une chose déjà constatée chez les rhéteurs, le désir de faire parade de leur érudition et le plaisir qu'éprouvait l'auditoire à ces retours vers ses auteurs favoris.

Ici se termine la première partie de l'oraison funèbre, l'éloge proprement dit : l'orateur aborde les lamentations qu'il déguise sous la forme d'un tendre intérêt pour les douleurs de ceux que frappe la perte du défunt — ce qui lui donne l'occasion de revenir encore sur son éloge — puis, il passe aux consolations adressées à la famille.

Elles sont, on s'y attend bien, entièrement philosophiques : Choricius cite les orateurs, les philosophes, voire même les tragiques, il emprunte à l'histoire et à la vie commune des comparaisons à l'appui de ses paroles, mais de consolations religieuses, pas un mot. Cette partie est de beaucoup la moins bonne, on oublie le plaisir goûté jusqu'ici et on se fatigue à suivre le rhéteur à travers ces exemples, ces considérations tirées de si loin et se succédant avec une intarissable abondance. Il emprunte même à Horace cette idée si connue et si vraie [1] :

« Si quis Deus : en ego, dicat,
» Jam faciam quod vultis : eris tu, qui modo miles,
» Mercator ; tu, consultus modo, rusticus : hinc vos,
» Hinc vos mutatis discedite partibus..... — Eia !
» Quid statis ?... Nolint... atqui licet esse beatis. »
(Sat., liv. I, 1, v.15.)

[1] Au dire de Plutarque, l'idée première de cette supposition appartiendrait à Socrate qui avait coutume de dire : « Si tous les » hommes mettaient en commun leurs maux pour les partager » entre eux par portions égales, la plupart s'en tiendraient à leur » premier lot et s'en retourneraient contents. » (Consolation à Apollonius.)

La voici, mais dépouillée de sa vivacité moqueuse et de son originalité :

« Si quelque Dieu réunissant ensemble tous les hom-
» mes, leur faisait apprécier leur condition, puis, quand
» tous auraient fini, demandait à chacun quel sort il
» voudrait être le sien, je suis persuadé que tous ne sa-
» chant que faire, garderaient le silence et ne trouveraient
» la condition de personne digne d'envie. »

En raison de son goût pour le polythéisme et les habitudes de ses devanciers, Choricius ne pouvait oublier cette forme particulière des oraisons funèbres païennes, le bonheur durant la vie. A dire vrai, ce bonheur est un peu moins matériel que ne le concevaient jusqu'ici les rhéteurs : c'est en grande partie un bonheur philosophique résultant de la sagesse (σοφία) mais non de la vertu. Remarquons-le, le philosophe ne cède jamais le pas au chrétien. Il fonde encore cette félicité sur les relations affectueuses qui unissaient les élèves au maître et faisaient de lui un père au milieu de ses nombreux enfants.

Vient ensuite, et sans développements, le lieu commun du bonheur tiré d'une mort heureuse ; seulement il est fâcheux que l'orateur ne se sente en verve de consolations que pour abuser de plus en plus du droit d'établir des comparaisons entre le défunt et les grands hommes de l'antiquité ; exceptons pourtant celle-ci :

« Tels sont les raisonnements par lesquels j'ai calmé
» ma douleur, et encore n'ai-je pas produit mon plus
» puissant motif de consolation : Démosthènes mourut
» quand il avait son âge, Démosthènes dont la parole
» servit de rempart à Athènes et à la Grèce, Démosthènes
» qui soutint contre l'or de Philippe une guerre sans
» bonne foi, Démosthènes qui ne se tut pas devant la

» phalange des traîtres, Démosthènes enfin qu'un de nos » sages appelle le modèle de Mercure orateur. Il n'en périt » pas moins d'une mort cruelle, laissant la fortune » d'Athènes ébranlée comme un vaisseau battu par les » vents et les vagues ; mais Procope conduisit sa barque » dans un port vaste et sûr, le sein du prêtre ; ainsi se » trouve vraie cette sentence antique qu'il n'existe rien » qui soit pur de tout mal, mais que partout il y a aussi » quelque bien. »

Certes, voici entre l'idée d'un port vaste et sûr et le sein d'un prêtre un rapprochement heureux, sinon comme métaphore du moins comme sentiment chrétien ; l'éloge du pontife auquel il sert de transition se trouve ainsi amené d'une manière qui ne manque pas de délicatesse. Quant aux louanges en elles-mêmes, je n'en dis rien : singulier panégyrique pour un évêque que celui qu'imagine Choricius ! Qu'on parle ainsi d'un magistrat, d'un administrateur, je l'accorde et l'approuve, mais assurément on ne verra à aucun degré la vertu évangélique d'un pasteur des âmes dans ces mérites si pompeusement admirés. Qu'on en juge :

« Et maintenant, qui ne resterait au-dessous de ses » magnifiques travaux, lequel passer sous silence, lequel » choisir ? La ville a vu s'agrandir ses portiques au point » qu'il est permis de l'appeler, avec le poète, la cité aux » larges rues. Aussi peut-on les parcourir à l'abri de la » pluie en ne rencontrant plus les obstacles qui arrêtaient » les passants ; grâce à toi, les bains sont ouverts à la foule » qui, de toutes les parties de la ville, peut venir maintenant les fréquenter. Ces bienfaits sont grands, mais j'en » prédis de plus nombreux et de plus beaux encore. »

Reconnaissons cependant une intention charitable et humaine dans une dernière mesure prise par l'évêque, et, comme trait de mœurs, comme particularité relative aux funérailles à cette époque, citons-la :

« Le temps a établi une loi pénible pour les femmes.
» Quelle est-elle ? Lorsqu'une mort prématurée vient frap-
» per à leur porte, elles ne s'en tiennent pas à l'expression
» spontanée de leur douleur, ni aux larmes auxquelles
» leur sexe est si naturellement porté, mais elles paient
» une femme [1] qui leur chante des hymnes de deuil.
» Celle-ci attise encore la peine qui les dévore comme si
» elle jetait de l'huile sur du feu. Cette pleureuse a d'au-
» tant plus de réputation qu'elle sait exciter de plus vio-
» lents désespoirs, puis elle réclame de ces femmes déso-
» lées le prix de leurs sanglots. Tu as eu la sagesse
» d'abolir cette coutume, regardant comme une chose
» déplorable ce surcroît de douleur ajouté à la douleur
» naturelle. Heureux de posséder un administrateur aussi
» sage, allégez votre douleur, souhaitez à votre ville natale
» de posséder longtemps un tel homme et de donner le
» jour à des citoyens semblables au défunt. »

L'importance assignée à cette défense du pontife est réelle, elle ôte en effet aux funérailles un des caractères les plus saillants qu'elles tinssent du paganisme et les fait entrer dans une voie plus digne du chrétien dont la résignation sous la main de Dieu est, après tout, la première vertu.

[1] Cet usage existe encore dans la Grèce moderne. Voir la note 1 de la page 13. Cicéron, (*de Legibus*, II,) nous prouve qu'Athènes et Rome durent de bonne heure mettre un frein aux exagérations de la douleur des femmes : « Postquam, ut scribit Phalereus, sumptuosa fieri funera et lamentabilia cœpissent, Solonis lege sublata sunt. Quam legem eisdem prope verbis nostri decemviri in decimam tabulam conjecerunt : nam de tribus riciniis, et pleraque alia, Solonis sunt. De lamentis vero expressa verbis sunt : mulieres genas ne radunto, neve lessum funeris ergo habenta. »

Le discours se termine par quelques mots adressés au mort ; ils sont touchants et assez simples malgré ce goût incurable pour la métaphore mythologique :

« O toi, l'objet de mes plus vifs regrets, accepte ces » paroles que ton disciple épanche comme des libations » sur la tombe, car il fallait qu'après tous les autres il te » pleurât à son tour et qu'il le fît plus longtemps qu'un » autre, lui qui plus qu'un autre reçut de toi l'amour » qu'un père donne à son enfant. »

Ce discours est sans contredit la meilleure de toutes les oraisons funèbres individuelles que nous ayons fait entrer dans ce travail. Écrit avec ampleur et dignité, il use sans doute des formes préconisées par les rhéteurs, mais avec indépendance et sans rien de servile. Il étend même le cadre de l'Oraison funèbre en y faisant entrer l'éloge de l'évêque de Gaza rattaché au sujet, comme mainte autre digression, avec aisance et souplesse ; le style est partout élégant, fleuri, poétique même : c'est à peine si quelques expressions entachées de néologisme s'y rencontrent de loin en loin, et telle qu'elle est, avec les défauts que nous lui avons reconnus, cette production fait encore honneur au talent de Choricius.

ÉLOGE DE MARIE

L'éloge funèbre de Marie n'est pas, comme celui de Procope, un discours d'apparat : on sent beaucoup moins la foule devant lui, il s'adresse plus particulièrement à la famille, notamment à deux dignitaires de l'église, fils de la défunte.

Choricius n'en est pas plus chrétien pour cela, ses procédés sont restés les mêmes, et son discours, digne pendant de celui dont nous venons de donner une idée, compose l'éloge d'un si bizarre mélange de sacré et de profane, de superstitions païennes et de doctrines philosophiques que, sous ces voiles étranges, il n'est pas toujours facile de reconnaître la femme chrétienne.

Toutes les convenances y sont d'ailleurs violées ; qu'on se figure en effet une assemblée de fidèles ; deux pontifes, fils de celle qui n'est plus, présents et présidant à la cérémonie ; auprès d'eux et sur eux les emblèmes de la religion dans laquelle est morte leur mère ; tout enfin, autour du cercueil, rappelant les vérités austères du christianisme, et expliquons-nous, si nous le pouvons, une oraison funèbre toute fleurie de souvenirs païens, de grâces mythologiques et cachant sous la philosophie la foi chrétienne dont elle semble rougir. Ce qui m'étonne d'abord, c'est de n'entendre pas même une fois le nom du Christ, ni celui de la mère du Sauveur, qui était aussi le nom de la défunte ; c'est de ne rencontrer aucun rapprochement biblique, aucun de ces nombreux préceptes de l'Évangile dont nous trouvons bien çà et là l'esprit, mais drapé du manteau philosophique comme pour en déguiser l'origine. Ce qui me frappe ensuite, c'est l'espèce de complicité qui en résulte pour les deux évêques devant lesquels s'étale avec complaisance ce singulier éloge qui paraît avoir la certitude de plaire à tout le monde, à commencer par eux-mêmes [1].

[1] Les œuvres de Choricius n'ayant pas encore été traduites, nous avons reporté dans l'appendice cet éloge de Marie ; peut-être ne sera-t-il pas lu sans intérêt, car nous n'avons jusqu'ici rencontré que des oraisons funèbres composées pour des rhéteurs. Nous nous sommes servi de l'édition de Boissonade. Paris, 1846.

C'est ici qu'il faut bien reconnaître la force de cette passion littéraire, de cette imitation antique dont nous avons déjà parlé. A l'époque où tant de sang se versait à propos de distinctions hérétiques qui nous semblent à nous bien subtiles, un sophiste chrétien, devant une foule chrétienne mais admiratrice du passé, prononçait une oraison funèbre exclusivement et volontairement idolâtre. Il rencontrait l'assentiment unanime de toute cette population qui l'écoutait ; personne n'y trouvait à redire, personne, pas même l'évêque maître suprême dans la cité, l'évêque pasteur des âmes, vicaire du Christ et fils de celle dont on louait les vertus évangéliques dans un langage tout païen !

Nous n'avons pas la prétention de généraliser ce fait et de donner à croire que les évêques de cette époque ne sussent pas trouver un autre langage quand il s'agissait de louer les morts. Il suffit de jeter un coup d'œil sur les écrits des Basile et des Chrysostôme pour voir quelle distance les sépare du genre dont Choricius est le dernier représentant. Ne voyons donc dans le phénomène littéraire ici constaté que deux choses : d'abord, quelles séductions toujours présentes continuaient à exercer sur les fidèles d'alors les chefs-d'œuvre antiques, et ensuite, combien un rhéteur à la parole harmonieuse pouvait encore en abuser impunément.

Nous avons épuisé la série des oraisons funèbres païennes que le temps nous a conservées ; voici, d'après Westerman, la liste de celles qui se sont perdues et dont nous n'avons pas eu l'occasion de parler dans le cours de cet ouvrage :

1° Éloge de Sécundus par Hérode Atticus son élève [1] ;

[1] *Philost. Vit. soph.*, I.26

2° Éloge d'Hérode Atticus par le sophiste Adrien son élève et son successeur. Cette oraison funèbre, au dire de Philostrate [1], fut si touchante qu'elle arracha des larmes à toute l'assemblée ;

3° Éloge du sophiste Julien par Proæresius [2] ;

4° Libanius paraît avoir écrit l'éloge de son ami Eusèbe, autant qu'on peut le conjecturer d'après un passage de son discours *De Fortunâ suâ ;*

5° Libanius [3] parle encore d'un éloge du sophiste Pâris d'Antioche, prononcé par un certain Tyrius, peut-être Maximus Tyrins qui vécut sous les Antonins et du temps de Commode.

L'Antiquité n'en mentionne pas d'autres, mais ce genre si cher aux rhéteurs n'était pas le seul qui fût en usage ; ils ont fréquemment usé d'une autre espèce de discours funèbre dont il nous reste à nous occuper.

---

[1] Liv. II.10.
[2] Eunape. *Vit. Jul.*
[3] Édit. Reiske, t. III, p. 362.

SUPPLÉMENT A LA QUATRIÈME PÉRIODE

DE LA MONODIE

I.

L'oraison funèbre personnelle, calquée sur l'oraison funèbre politique, ne pouvait être et ne fut en effet qu'un panégyrique et même un panégyrique composé en vue d'une assemblée nombreuse ; mais si le cœur humain trouve de la satisfaction à louer publiquement les morts qu'il a aimés, il éprouve aussi le besoin de leur donner des larmes, non plus devant la foule, mais seul, dans l'ombre et le silence ; de là la Monodie [1].

En nous occupant de l'oraison funèbre primitive, nous avons parlé de l'antique coutume observée avant Homère et dont nous trouvons la trace dans ses poèmes : les différents membres de la famille venaient, avons-nous dit, épancher successivement leur douleur dans des adieux pleins de tendresse. Cet usage ne pouvait, en

[1] Monodie, μονῳδία — μόνος ᾠδή.

raison de son caractère tout privé, être atteint par le décret dont parle Cicéron. Il se perpétua d'âge en âge et existait encore à l'époque où nous sommes arrivés, témoin ce passage de Lucien qui s'en moque comme de tant d'autres choses :

« Bientôt la mère et le père aussi ma foi, s'avançant du » milieu des parents, vont embrasser le défunt (supposons » que c'est un jeune homme, le drame n'en sera que plus » pathétique) et se répandent en discours insensés, ridi- » cules, auxquels le mort ne saurait que répondre, s'il » recouvrait la parole. Le père vient donc et d'une voix » lugubre, en accentuant longuement chacun de ses mots : » Mon fils bien aimé, dit-il, tu es perdu pour moi, tu es » mort, tu m'as été ravi avant l'âge ; tu me laisses tout » seul, infortuné que je suis, avant que tu aies goûté les » douceurs du mariage, sans laisser de postérité, sans » avoir porté les armes, ni cultivé nos champs, sans être » arrivé à la vieillesse. Hélas ! mon fils, tu ne feras plus » la débauche, ni l'amour, tu ne t'enivreras plus avec » les jeunes gens de ton âge [1] ! »

Nous ne prendrons pas au sérieux les railleries du philosophe ; ne voyons dans ses sarcasmes qu'une seule chose, c'est que ces adieux durent souvent, par leur expression saugrenue, irriter la fibre irascible de celui qu'on pourrait appeler le Voltaire du paganisme.

C'est dans cette expansion spontanée de douleur domestique qu'il faut chercher l'origine de la Monodie, seulement l'art s'y mêla à la nature pour la rendre plus puissante et trop souvent en gâta la naïveté. Ménandre, dans le traité déjà cité, a consacré un assez long chapitre

[1] Περὶ πένθους, § 13.

à cette variété de l'Oraison funèbre ; nous lui avons donné place dans l'appendice qui termine ce volume, toutefois détachons-en quelques lignes qui marquent bien le caractère particulier à ce genre.

« Quel est le but de la Monodie ? Exhaler des lamenta-
» tions et des plaintes... Mêlez à vos larmes l'éloge, mais
» que vos regrets occupent partout la place principale.
» Le discours ne doit pas être purement un panégyrique,
» l'éloge ne doit y figurer que comme moyen de justifier
» les pleurs. »

Une différence bien tranchée existe, comme on le voit, entre la Monodie et l'Oraison funèbre ; rendons-la plus sensible par quelques développements et par la réunion de tous les éléments de cette dissemblance.

Et d'abord, la Monodie se distingue par cet isolement dans la douleur que nous a déjà indiqué son nom. L'Oraison funèbre ne se sépare pas de l'appareil de la cérémonie ; de la tombe devant laquelle parle l'orateur ; de la foule immense qui écoute, se souvient, admire et regrette ; de la famille à laquelle il faut des exhortations, des consolations, plus encore que des larmes..... la Monodie prodigue sa douleur seule, pour elle-même, sans pompe extérieure, sans assistance, sans personne qui l'écoute, personne dont elle ait à tenir compte ; sans exhortations, sans consolations pour la famille ; et son plus pressant besoin est de donner de l'aiguillon à la tristesse, loin de s'évertuer à sécher les pleurs.

De plus, et nous venons de le dire, l'Oraison funèbre est bien moins une lamentation qu'un éloge : grave et calme, elle pousse parfois la louange du mort jusqu'à atténuer les raisons que l'on peut avoir de déplorer sa perte, et l'exaltation de son bonheur durant sa vie est une des formes principales qui lui servent de base. La Monodie, au contraire, est une pure lamentation : sans rompre avec l'éloge, elle en fait un usage bien plus discret ; l'éloge même n'est admis chez elle que comme moyen d'arriver progressivement à d'impétueux élans de désespoir; or, comme dans ces mouvements tumultueux, le cœur ne connaît ni loi ni mesure, il en résulte que, contrairement à l'Oraison funèbre qui a sa méthode, sa ligne toute tracée, la Monodie ne connaît nulle entrave [1].

Autre différence : l'Oraison funèbre, avec les caractères que nous ont permis de reconnaître en elle les passages traduits des différents rhéteurs, s'accommode sans doute de tous les âges, mais elle n'a jamais de ressources plus fécondes que quand l'objet de ses éloges est un homme qui a marché longuement dans la vie, un vieillard. Cela se comprend : plus les événements, plus les faits auxquels aura été mêlé le défunt auront été nombreux, plus il aura connu de situations différentes, de vicissitudes diverses, plus enfin les périodes de sa vie auront été complètes, plus aussi il y aura matière à éloges, vrais ou faux, le cas ne nous regarde point. Au contraire, la Monodie, avec cette mollesse quelque peu féminine qui lui est propre, ne peut convenir à tous les personnages, à tous les âges, à toutes les conditions : l'homme mort dans toute la force de la virilité, avec le prestige d'une vie illustrée par des vertus, des honneurs, des services, a revêtu une sorte de majesté austère et digne qui veut être pleurée avec une majesté et une dignité non moins grandes ; ce n'est pas pour lui et encore moins pour les vieillards que retentira la Monodie ; mais elle se trouvera vraiment sur son terrain quand il s'agira d'enfants [2],

[1] Voir à l'appendice *De la Monodie.*
[2] Ibid. ibid.

d'êtres chéris moissonnés dans l'adolescence, de jeunes femmes pleurées par leurs époux [1]. Ici en effet nous retrouvons toujours l'être gracieux et faible perdu pour l'être le plus fort, et, dans ces conditions, les tendres apostrophes, les larmes, les plaintes suivies de larmes nouvelles, puis de larmes encore, voilà peut-être l'éloge qui convient le mieux à celui que la mort a ravi dans sa fleur.

C'est donc à tort que Westerman établit entre ces deux genres cette seule distinction. « La Monodie est une lamentation : elle diffère de l'Oraison funèbre en ce » qu'elle se dit, non-seulement des morts, mais encore » d'une calamité quelconque [2]. » Sans doute nous avons des monodies qui déplorent un tremblement de terre comme celles que composèrent Aristide à propos de la destruction de Smyrne, et Libanius pour une catastrophe semblable arrivée à Nicomédie ; mais ce qui caractérise véritablement la Monodie, c'est essentiellement la plainte, et cela est si vrai que, dans l'âge suivant, le mot θρῆνος s'employa concurremment avec le mot μονῳδία. Ainsi, en parlant d'une monodie de Denys de Milet, Philostrate écrit θρῆνον ἢ μονῳδίαν [3].

Un pathétique véritable et profond distingue donc la Monodie, puisque tout entière aux regrets, elle évite soigneusement les consolations :

Et noluit consolari qui non sunt.

Par là peut-être se rapproche-t-elle davantage de nos mœurs et des habitudes que nous ont faites notre civili-

[1] Voir à l'appendice *De la Monodie*.
[2] Page 45.
[3] Westerman, p. 46.

sation et le christianisme. Elle est aussi en principe plus voisine de la nature, parce qu'elle est libre de toute forme arrêtée à l'avance et adoptée par convention. Aussi, bien qu'elle ne soit qu'une œuvre élaborée dans le silence du cabinet, ou un exercice de déclamation, et, dans tous les cas, une production qui ne connaissait pas le grand jour, elle nous semble réclamer une place dans ce travail ; revenons donc sur nos pas pour étudier cette seconde forme de l'oraison funèbre personnelle.

II.

HIMÉRIUS

MONODIE SUR LA MORT DE SON FILS RUFIN

Le discours qu'Himérius composa sur la mort de son fils Rufin est bien véritablement une monodie avec tout ce qu'elle comporte de lamentations, et le cœur d'un père fortement ébranlé par un coup aussi sensible nous aurait révélé toute la puissance pathétique de ce genre, si ce père n'avait été un sophiste et n'avait gâté le sentiment vrai, simple et profond par l'exagération, la recherche et l'emphase.

Que penser en effet d'un auteur qui commence à pleurer la perte de son fils par un exorde aussi étrange :

« J'ai tort de prendre la parole pour la mort de Rufin,
» mais puisque, dans cette tragédie, le destin ne m'a
» réservé que la monodie, je parlerai néanmoins, car il
» ne semblerait pas juste qu'il ne fût pas pleuré par l'élo-
» quence, celui qui fut le fils de l'éloquence même. O,
» quelle illustre matière (ὑπόθεσις)! La fortune dans sa
» munificence a donc voulu que les paroles de ton père
» fussent ton partage! Que ne puis-je les prononcer de-
» bout sur ta tombe! Que ne puis-je faire de ton tombeau

» cette tribune dont jouissent les mortels trois fois heu-
» reux! Mais tu m'as été ravi sans avoir pu échanger
» avec moi quelques mots, quelques adieux, sans m'avoir
» laissé la douceur de tes derniers embrassements[1]! »

Quelle froideur! Et sous un air de fausse tristesse, que de jactance et d'orgueil!

Pourtant, tout n'est pas aussi mauvais dans cette œuvre : il y a deux fragments beaucoup moins déclamatoires qui nous montrent ce qu'aurait pu faire Himérius sans cette fatale affectation ; rapprochons-les, quoiqu'ils appartiennent l'un au commencement, l'autre à la fin du discours ; débarrassés du fatras qui les encadre, ils formeront un agencement incomplet et tronqué sans doute, mais bien supérieur encore à tout l'ensemble :

« Mais la destinée semblait préparer (ὠδίνειν) ce malheur
» du jour où elle nous priva, moi de ta douce présence,
» toi de mon sein et de mes baisers. Mais pourquoi accu-
» ser la fortune? C'est moi, mon fils, qui t'ai perdu,
» car pourquoi m'étais-je éloigné de tes embrassements?
» Tu as été la proie que m'a dérobée la haine, le com-
» plément de mon être que m'a ravi un injuste démon.
» O jour fatal et cruel! de quelles ténèbres tu as obscurci
» pour moi une si vive lumière! Chaque jour, l'oreille
» attentive, j'attendais la nouvelle trois fois désirée,
» toujours je cherchais des yeux autour de moi le messa-
» ger qui devait me dire : Rufin arrive...... Et au milieu
» de cette attente, quelle affreuse nouvelle le sort a
» mise à la place d'une nouvelle fortunée? Moi-même
» je préparais pour toi la maison, le bain, les jouissances
» de la richesse, tout ce que les hommes comptent parmi
» les biens ; ce à quoi je songeais la nuit, je le disposais

[1] Edit. Didot.

» le jour ; malheureux ! je ne savais pas qu'au lieu de » bain, il fallait te préparer un sépulcre, au lieu d'une » maison, un bûcher et un tombeau, au lieu des délices » de l'opulence, les présents les plus tristes que puissent » offrir les hommes, les derniers devoirs. Plût aux Dieux » que tu ne fusses pas né pour moi, mon enfant, ou que, » venu au monde, tu n'eusses pas fait briller tant de » qualités de l'esprit et du corps ! A peine sus-tu parler » que déjà tu prononçais des harangues (ἐδημαγώγεις), tout » ce qui vit sous le soleil était suspendu d'admiration à » tes lèvres et tu balbutiais encore ! etc... »

Le reste n'est que le développement de plus en plus exagéré de ce que nous trouvons ici d'exagérations déjà si choquantes. Ainsi ce petit prodige, on ne se contente pas de nous le montrer supérieur à Périclès formé à l'éloquence par Anaxagore, il était orateur dès le berceau (δημηγόρος ἐκ μέσων σπαργάνων), autant vaudrait le faire commencer dans le sein même de sa mère. Mais voyons le second fragment :

« Désormais les lieux les plus aimés me sont désagréa- » bles et odieux : je n'aurai plus que du dégoût pour ce » que j'estimais au plus haut prix. Il a servi à ton sépul- » cre, ce bosquet charmant que j'avais planté pour ton » hymen. Où désormais, à mon retour, me serreras-tu » dans tes bras ? A la maison ? Mais tu l'as quittée pour » toujours et elle n'est plus pour moi qu'un souvenir des » plus douloureux de mon malheur ! Sera-ce dans ces » bois sacrés et épais ? Oui, je t'y rencontrerai encore, » mais tu m'y offriras des ruisseaux de larmes et non » plus des baisers [1] !..... Par ta mort tu m'as fermé les

[1] Quò me miser conferam ? In capitolium ne ?... At fratris sanguine redundat... an domum ?... Matrem ne ut miseram lamen-

» portes de la ville, car de quel œil pourrais-je les fran-
» chir encore ? Tu m'as fermé celles d'Éleusis, comment
» pourrais-je approcher du temple des déesses dont j'ai
» à me plaindre ?..... Comment adresser des supplications
» au Dieu de nos pères, moi père irrité de la mort de mon
» enfant ? Me présenterai-je encore dans l'assemblée des
» Grecs, quand il me faudrait commencer chaque dis-
» cours par l'expression de mon deuil ? Si je jette les yeux
» sur les jeunes gens de ton âge, pourrai-je supporter ma
» douleur ? Comment me raidir contre mon infortune
» quand je reverrai la jeunesse de mon école dont tu étais
» en mon absence le pasteur et que tu dirigeais, sinon
» par tes paroles, du moins par les grâces de ta personne ?
» Tu étais encore un protecteur pour ma vieillesse dans
» l'affection générale dont tu étais l'objet : en pensant à
» toi on eût rougi de me faire de la peine, tes jeunes
» années excitaient plus de respect que mes cheveux
» blancs.......................................

.... » O cher enfant, cause naguère de
» tant d'espérances et maintenant de tant de douleurs,
» appui de mon foyer qu'aujourd'hui tu éteins, tu ren-
» verses ! Toi qui brillas pour moi plus tôt que l'étoile du
» matin, mais qui disparus aussi bien vite, ce fut pour
» moi le plus radieux de tous les jours que celui où le
» soleil te montra pour la première fois sa lumière et
» ce fut pour moi le plus sombre et le plus malheureux
» que celui où je reçus la triste nouvelle de ta mort ! etc. »

Ajoutons un dernier passage, celui qui termine le discours :

« Tu t'en es donc allé, ô mon fils, où le démon t'a

tantemque videam et abjectam ! (C. Gracchus cité par Quintilien, liv. XI, § 3.)

» conduit? Mais autant que cela sera possible à ton père,
» tu seras immortel, fusses-tu mêlé aux joies des Dieux
» dans le ciel...... Il n'est point vraisemblable, en effet,
» qu'une telle âme soit descendue dans les Enfers au
» lieu de monter vers les Dieux. Je t'offrirai des jeux
» funèbres, je transmettrai ton nom à la postérité et je me
» montrerai en cela plus jaloux que le démon qui t'a ravi.
» Je lui laisse ton corps qu'il possède, mais que le ciel
» ait ton âme et que les générations humaines gardent le
» dépôt de ta gloire [1]. »

Nous avons passé bien des choses et sans regret, pourtant revenons sur ce que nous avons omis pour relever quelques singularités qui ont dans notre littérature actuelle des analogies remarquables.

Tout le monde connaît cette orientale de Victor Hugo :

« Que j'en ai vu mourir, hélas ! de jeunes filles ! etc. »

On se rappelle surtout ce passage que le poète semble n'avoir introduit à la fin de sa mélancolique élégie que pour la gâter, et faire succéder aux charmes d'une poétique tristesse un sentiment de dégoût et d'horreur :

« Un spectre, au rire affreux, à sa morne toilette
» Préside au lieu de mère, et lui dit : Il est temps !
» Et, glaçant d'un baiser sa lèvre violette,
» Passe les doigts noueux de sa main de squelette
» Sur ses cheveux longs et flottants !

» Puis, tremblante, il la mène à la danse fatale, etc... »

Étrange coïncidence de toutes les littératures vieillies et qui visent à l'originalité par la recherche ! Ce n'est pas sans surprise qu'on voit Himérius rencontrer, dans un

[1] Himérius se répète : il a dit à peu près la même chose des morts de Marathon. Voir page 150.

ordre d'idées tout différent, une fiction à peu près semblable :

« O Cérès et Proserpine, vous n'avez point veillé sur » celui qui s'était mis sous la protection de vos autels ! » Il est initié, mais c'est dans le temple infernal ; il est » initié, mais ce n'est pas son père qui l'a conduit à la cé- » rémonie, c'est quelque démon hideux et cruel (σκυθρωποῦ » καὶ πικροῦ δαίμονος) ; ce n'est pas le feu sacré d'Éleusis » qu'il contemple, mais les torches des Érynnis et des » Furies. »

Cette intervention de l'esprit du mal, cette mythologie satanique qui a pour le poète français et son école tant de charmes, nous la retrouvons à chaque pas dans cette production d'Himérius ; le mot δαίμων est employé par lui avec une prédilection marquée. Est-ce un souvenir de la philosophie alexandrine ? Est-ce un effet des croyances du christianisme ? Je crois plutôt à cette dernière influence qui, nous l'avons dit, avait, en dépit d'eux-mêmes, envahi les païens les plus endurcis. Himérius rapporte à cet esprit infernal la cause de la mort de son fils. Après des éloges donnés aux vertus du jeune homme, il ajoute :

« C'est pour cela sans doute que le démon pervers et » cruel s'acharna à la lutte : après bien des assauts il » s'était retiré impuissant, mais il finit par t'ébranler, » grâce à ses ruses secrètes. A ce qu'on me rapporte, » même au dernier moment, tu ne lui as pas abandonné la victoire ; et tout en faiblissant quant au corps, » tu n'as pas cédé quant à l'âme : il te serrait la gorge » avec violence, toi cependant, déjà sous la pression » de la fatale étreinte, tu parlais de Minerve, ta chère » nourrice, jusqu'à ce que t'ayant privé de tout secours, » il acheva de serrer le lacet mortel. » Sans doute on pourrait voir dans ce dernier passage une personnification de la mort, il en est de même de quelques endroits où ce même mot peut se traduire par *destin*, *sort*, *fortune*, mais il en est d'autres, et c'est le plus grand nombre, où le mot *démon* est nécessaire, témoin celui que nous avons rapproché d'une strophe de Victor Hugo.

Puisque nous relevons quelques pensées originales, notons encore un passage qui semble aussi un reflet de notre civilisation : la piété, les vertus du jeune homme y sont présentées comme des symptômes qui annonçaient à ses amis sa fin prochaine :

« Depuis longtemps déjà tu méditais de nous quitter : » depuis longtemps ceux qui t'observaient pouvaient re- » marquer que tu étais trop pur pour cette terre, etc... »

Malheureusement cette délicatesse de pensée est ici assez rare : toutefois, malgré le mauvais goût et l'exagération déclamatoire qui altèrent si souvent le cri du cœur dans cette œuvre de sophiste, les deux fragments cités plus haut ont de quoi nous faire bien comprendre ce qu'était la Monodie, et nous pourrions nous borner à citer simplement celle de Libanius si ce rhéteur ne l'avait traitée d'une manière neuve et originale qui la fait sortir des règles que nous avons indiquées.

III.

LIBANIUS

MONODIE SUR LA MORT DE JULIEN

Si l'on se rappelle ce que nous avons dit de la mollesse féminine de ce genre, on concevra qu'il ne pouvait nullement s'appliquer au personnage de Julien. Ajoutons que les circonstances et la nature des impressions qui animaient l'écrivain devaient en modifier plus profondément encore les caractères distinctifs.

Politique, guerrier, homme d'État, philosophe, Julien offrait précisément les conditions opposées à celles que réclame la Monodie : d'autre part, l'antagonisme des deux religions, en enflammant le zèle païen de Libanius, devait communiquer à ses plaintes une véhémence bien éloignée de l'émotion assez vulgaire d'une douleur privée.

En effet, Libanius voit en Julien le représentant du polythéisme : il a la haine du passé et la crainte de l'avenir ; ses croyances, un instant triomphantes, sont retombées dans le mépris en même temps que leur soutien descendait dans la tombe. Qu'on juge de ses appréhensions et de son désespoir ! C'est par là que pénètre dans sa monodie un mouvement plus énergique qui la modifie, l'élève et la transforme, car si l'orateur a des larmes pour son héros, son élève et presque son fils, s'il trouve de poétiques images pour parler de ce court instant de bonheur que l'apparition de Julien a donné à la terre, il a plus encore de ces accents passionnés de l'écrivain politique et presque du pamphlétaire quand l'outrage que reçoivent ses Dieux et l'anéantissement prochain de leur culte font vibrer la corde la plus sensible de son cœur.

Cela ne veut pas dire pourtant que son œuvre soit partout d'une éloquence expressive et animée et que nulle part ne se montre le sophiste : le début, par exemple, n'est pas exempt d'un certain pédantisme d'érudition :

« Ὢ πόποι ! ἦ μέγα πένθος οὐκ Ἀχαΐδα γῆν μόνον, ἀλλὰ καὶ πᾶσαν
» ὁπόσην ὁ Ρωμαίων κοσμεῖ θεσμὸς κατείληφε. »

Qui ne sent ici l'intention de rappeler à l'esprit le premier vers des discours que prononce Nestor dans le premier et le septième chant de l'*Iliade* ?

« Ὢ πόποι ! ἦ μέγα πένθος Ἀχαΐδα γαῖαν ἱκάνει ! »

Mais s'il est encore rhéteur, il l'est beaucoup moins que ceux qui l'ont précédé : dans sa douleur il oublie presque ces comparaisons, ces rapprochements dont ils étaient si prodigues et l'émotion fait parfois du sophiste un orateur. Ainsi, veut-on voir comment son indignation qui ne respecte pas même ses Dieux leur reproche d'avoir abandonné le restaurateur de leurs autels ?

« Elle valait mieux sans doute la croyance jusqu'à pré-
» sent objet de risée qui vous faisait partout une guerre
» acharnée et implacable, éteignait les feux sacrés et vous
» interdisait la jouissance des sacrifices ! Vos autels, elle
» les fit renverser, fouler aux pieds ; vos rites, vos tem-
» ples, elle défendit les uns, détruisit les autres ; elle les
» déclara profanes et en fit une habitation de courtisanes,
» puis, brisant le lien religieux qui nous unissait autour

» de vous, elle mit à votre place une fable propagée sur » je ne sais quel cadavre [1] ! »

Veut-on entendre la haine du païen humilié dans sa foi, de l'homme politique s'en prenant à l'ordre administratif et religieux qui va prévaloir ? Écoutons ce passage emprunté aux lamentations et dans lequel se retrouve néanmoins le cachet de la Monodie :

« Alors pleurèrent les Muses, alors des gémissements » retentirent dans la Béotie, dans la Thrace et sur leurs » montagnes [2] ; la terre, la mer, l'air déplorèrent l'injus- » tice du sort qui les frappait et les autres Dieux, l'abandon » de leurs autels. Nous aussi pleurons à tour de rôle : » les philosophes, celui qui, avec nous, interprêtait Pla- » ton ; les rhéteurs, l'homme qui savait parler et pénétrer » la pensée de celui qu'il avait entendu ; vous qui dans » vos débats avez besoin d'une sentence équitable, regret- » tez en lui un juge meilleur que Rhadamante. O infor- » tunés laboureurs, que vous allez devenir la proie des » collecteurs d'impôts ! O puissance des sénats qui déjà » chancelle et qui bientôt ne sera plus qu'un vain fan- » tôme ! O chefs des cités, comme vous perdez l'autorité » dont vous gardez le nom ainsi qu'un titre fastueux ! » Comme le magistrat va se trouver à la merci de ses » subordonnés ! O cris des pauvres livrés à l'injustice, » que vous allez frapper en vain les airs ! O légions qui » avez perdu en votre chef celui qui vivait de la nourriture » du soldat ! O lois justement attribuées à Apollon et » indignement foulées aux pieds ! O éloquence qui avais

[1] Edit. Morel.

[2] Flerunt Rhodopeïæ arces,
Altaque Pangæa, et Rhesi Mavortia tellus,
Atque Getæ, atque Hebrus, et Actias Orithyia.
(Virgile. *Géorg.*, liv. IV.)

» acquis une puissance et une force que tu as perdues !
» O mains qui avez écrit des chefs-d'œuvre que surpas-
» sait encore la perfection de son langage ! O cadavre que
» pleure en commun toute la famille humaine ! etc... »

Nous avons passé bien des traits de mauvais goût et il en reste sans doute beaucoup encore dans ce que nous venons de transcrire, mais on ne peut se refuser à reconnaître quelques accents partis du cœur dans cette diatribe contre les croyances dont il déteste le retour, dans cette amertume de sarcasme, dans ce découragement qui suit les espérances trompées.

On a pu remarquer aussi au commencement de cette citation un passage qui rappelle un des morceaux les plus célèbres de Bossuet : l'évêque de Meaux devant les restes de celui qui avait été un grand homme de guerre, un chrétien fervent et de plus son ami, appelle tour à tour ceux qui avaient été les témoins de sa gloire et de ses vertus. Libanius parlant pour un grand homme de guerre, un païen fervent qui avait été aussi son ami, convie également tous ceux qui ont connu Julien à pleurer avec lui sa mort. Sans doute on ne peut établir de comparaison avec une page aussi sublime que celle de Bossuet, néanmoins, on sait que le grand évêque en avait puisé l'idée dans la péroraison de l'oraison funèbre que saint Grégoire de Naziance prononça sur la tombe de saint Basile : saint Grégoire de Naziance devrait-il quelque chose à Libanius? Et par lui Libanius, avec toutes les passions anti-chrétiennes que révèle son discours, aurait-il la gloire de n'avoir pas été inutile à Bossuet?... Quoiqu'il en soit, admirons encore et sans réserve ce mouvement, impétueux et passionné d'abord, tendre et mélancolique ensuite qui réveille et soutient l'intérêt :

« Respirez, Celtes, réjouissez-vous, Germains ! Scythes,

» Sarmates, faites entendre un chant de victoire, votre » joug est brisé, vos têtes sont libres! Voilà ce que pré- » sageait l'incendie du temple d'Apollon : le Dieu a » abandonné la terre qui allait être flétrie! Voilà ce » qu'annonçaient ces tremblements de terre, indices du » trouble et de la confusion qui allaient suivre! Et toi, » ô le meilleur des princes, en parcourant ta brillante » carrière, tu voyais en moi le chantre de ta gloire, tu » songeais aux discours qui devaient suivre tes exploits; » et moi je préparais toutes les ressources de ma pensée » pour n'être point laissé trop loin par tes belles actions. » Ainsi fait le lutteur qui soigne ses membres quand il » s'attend à rencontrer un redoutable rival. Je le dis, je » le répéterai encore, je ne nuirai point à ses triomphes » par un silence coupable ; les autres entendront mes » chants, lui seul, le vainqueur, dormira dans la tombe » après avoir brisé les belles et illustres espérances qu'il » avait données à l'univers. »

Prenons garde pourtant que ces extraits tous palpitants de la même passion ne fassent croire que la haine et la colère vibrent seules dans cette monodie ; non, nous l'avons dit, Libanius trouve de tendres regrets, de gracieuses images qui font même avec les passages cités jusqu'ici de dramatiques contrastes. Ainsi après l'éloquent blasphème dans lequel il reproche aux dieux d'avoir abandonné son héros, il décrit sa piété qui relève les temples, le compare au phénix qui ne se repose nulle part et le montre disparaissant après avoir laissé entrevoir aux mortels un bonheur qu'il emporte après lui.

L'imagination grecque qui n'abdique jamais ses droits se retrouve encore dans le récit des exploits de Julien en Gaule et surtout en Orient. Une heureuse variété entremêle les mouvements et les descriptions ; l'orateur ému dépeint ces pays traversés par le conquérant ou systématiquement dévastés par les ennemis : cette terrible manière d'arrêter les invasions le frappe d'étonnement et donne à son tableau une sorte de coloris poétique.

Dans ce genre, non plus que dans l'autre, nous ne voulons pas dire qu'il ne se trouve point d'alliage ; mais pour les sentiments affectueux comme pour le pathétique véhément, l'émotion de l'écrivain, toujours vraie, rencontre souvent juste et se préserve jusqu'à un certain point des défauts si chers à son siècle.

Tout le monde sait par cœur cet admirable passage de l'oraison funèbre du prince de Condé où Bossuet parle de ses cheveux blancs « qui lui rappellent le compte qu'il a à rendre. » Libanius aussi, en terminant son discours, attire l'attention sur sa tête blanchie, mais avec une différence qui a sa source dans la différence même des deux religions. Bossuet puise dans la pensée de sa vieillesse un motif d'attachement plus rigoureux à ses devoirs et presque un gage d'espérance prochaine, Libanius en parle comme d'un titre de plus à la compassion que doit inspirer la mesure déjà comble de son malheur. Transcrivons du reste tout ce passage, il n'est pas indigne des autres citations :

« Quelle perte a frappé la terre ! tu l'avais sauvée » comme un habile médecin et tu l'abandonnes de nou» veau à la fièvre et à ses maux d'autrefois. O cheveux » blancs de ma triste vieillesse ! Double deuil qui vient » fondre sur moi ! D'un côté je pleure comme tout le » monde mon empereur, de l'autre mon compagnon, » mon ami. Tu voulais venir à mon aide en me faisant » ton héritier, sans que j'y eusse aucun droit ; je différais » l'effet de ce soin généreux comme un homme qui » compte mourir le premier et te devoir le bonheur de

» te laisser après lui, mais les Parques en ont décidé
» autrement. Je composais un discours qui devait comme
» un charme magique préserver l'État de funestes re-
» tours [1] .... Tu mourus, le charme est resté interrompu
» par le silence, je me suis trouvé impuissant et inerte à
» produire de nouveau et ce n'est pas sans peine que la
» pensée a pu rentrer dans mon esprit; et cependant
» mieux vaudrait rester dans un idiotisme absolu, porter
» çà et là sa folie plutôt que sa tristesse profonde, puis-
» que jusqu'ici aucun Dieu n'a encore changé l'homme
» qui souffre en pierre, en arbre, ou en oiseau. »

L'abattement du rhéteur sous ce double coup qui atteint si rudement sa vieillesse, ces détails d'une douce et tendre intimité, ce désir d'anéantissement intellectuel, indice de la prostration qui suit les grandes douleurs, forment contraste avec les parties véhémentes et passionnées du discours et le terminent d'une manière douloureusement touchante. Il semble voir la vie d'un vieillard qui, après l'agitation de convulsions suprêmes, se recueille, se calme et s'éteint.

Voilà tout ce qu'il nous reste de monodies : Choricius, il est vrai, s'est aussi essayé dans ce genre, mais la sienne sort du cadre dans lequel doit être maintenu cet ouvrage. Choricius n'a pas renoncé, loin de là, à ses chères habitudes, mais il n'est plus aussi exclusif que nous l'avons vu, et daigne descendre jusqu'aux antiquités hébraïques, citer Job, Jérémie, Michée, Sirach, David, Salomon et d'autres encore. Il a même çà et là quelques allusions à nos évangélistes, saint Mathieu et saint Marc, de sorte

[1] διαλλαγῶν τῶν πρὸς τὴν πόλιν φάρμακον. Il ne peut être ici question de changements politiques, l'auteur parle sans doute de retour à la religion chrétienne.

que sa monodie, œuvre d'un philosophe manifestement chrétien, n'a plus le prétexte de ses autres éloges pour figurer dans cette revue de productions absolument païennes. D'ailleurs le texte n'a pu être partout rétabli et présente des altérations extrêmement nombreuses ; nous n'hésiterons donc pas à nous arrêter ici.

DU DISCOURS DE CONSOLATION

I.

Quand Euripide, le plus orateur des poètes, met en scène Ulysse chargé d'une de ces missions difficiles que les Grecs confiaient souvent à la souplesse de son génie, il nous le montre toujours commençant par adopter en apparence les sentiments qu'il vient combattre : ainsi procède le discours de consolation. Son but visible quand il débute est d'exalter la douleur comme pourrait faire la Monodie ; la ressemblance des deux méthodes en fait tout d'abord une sorte de discours funèbre, de là la nécessité de lui donner place dans ce recueil.

» Le discours de consolation, dit Ménandre, pleure, lui » aussi, celui qui n'est plus et grandit l'importance de la » perte en augmentant le pathétique autant que le per- » met la parole. Il se sert à cet effet des moyens que » nous avons indiqués en parlant de la Monodie [1]. »

Ainsi c'est d'abord à l'éloge, à l'éloge fait avec exubérance que Ménandre veut qu'on emprunte les moyens de consoler ; le passé, le présent, et même l'avenir — par

[1] Voir à l'appendice la traduction de ce chapitre.

les espérances de perfection dont l'attente est trompée — voilà les trois sources auxquelles il recommande de puiser, en donnant aux regrets une vivacité toujours croissante : car la meilleure manière de préparer la consolation est d'adoucir l'amertume des pleurs en les faisant couler avec abondance.

Les consolations proprement dites — le but véritable à atteindre — se trouvent reléguées dans la seconde moitié du discours ; elles sont en général tirées du spectacle des misères humaines dont le défunt est affranchi, ou de la nécessité de la mort commune à tous les hommes, ou d'autres considérations analogues et de tout ce que peut donner une philosophie douce et résignée. Les vues religieuses ne font pas défaut cependant, voici même un passage d'une pureté toute platonicienne et dont le chrétien qui console pourrait s'inspirer au besoin.

« Je suis convaincu qu'il est allé habiter les Champs-
» Élysées avec Rhadamante, Ménélas, le fils de Pélée et
» de Thétis, avec Memnon, ou plutôt il vit sans doute
» maintenant au milieu des Dieux, il parcourt l'Éther,
» abaisse sur nous ses regards, et peut-être nous blâme-
» t-il de nos larmes. En effet, d'origine céleste, notre
» âme, après être descendue des cieux, se hâte de remon-
» ter à son principe. »

Quoique ce double procédé nous donne bien la méthode la plus généralement suivie, gardons-nous de croire qu'elle ait été employée seule et à l'exclusion de toute autre ; on comprend d'ailleurs toutes les modifications qui ont pu résulter de la diversité des circonstances, des personnes, des positions et des caractères.

II.

PLUTARQUE

CONSOLATION A SA FEMME — CONSOLATION A APOLLONIUS

Il est tel cas où le canevas donné par Ménandre n'aurait pu être rempli ; par exemple, celui que nous présente la charmante lettre envoyée par Plutarque à sa femme sur la mort d'une enfant de deux ans, la jeune Timoxène, ravie à leur tendresse.

Plutarque est philosophe et, par ses principes mêmes, obligé de lutter contre la douleur. Les habitudes du gynécée exposaient sa femme à des visites dont les exagérations indiscrètes pouvaient exalter en elle une douleur jusque là comprimée, et faire souffrir à la fois dans Plutarque et le sage et l'époux ; enfin l'enfant entrait à peine dans la vie ; que de motifs pour éloigner l'écrivain d'un plan analogue à celui que nous venons de voir !

Aussi, bien qu'il ne soit ni de *chêne* ni de *pierre*, comme il le dit lui-même, c'est le langage d'une raison éclairée qu'il adresse à sa femme en cette triste circonstance ; loin de s'évertuer à faire couler des pleurs, il la félicite au contraire de l'attitude calme et digne qu'elle a su prendre dans un si grand malheur et l'engage à y persister en lui témoignant une estime infinie, une tendresse qui oblige. Rien n'égale la délicatesse et la douceur des paroles que trouve le père et l'époux pour affermir la résignation chancelante d'une mère. Le dirai-je pourtant, on sent trop çà et là que le philosophe de Chéronée tient à la bonne réputation de fermeté de sa maison : de là une nuance de philosophie prêtée à sa femme elle-même, quelque peu d'encens offert à la vanité féminine qu'il exploite, et, malgré d'admirables conseils présentés sous forme d'éloges et comme on les donnerait à des vertus acquises, malgré l'habileté oratoire qu'accuse toute cette partie, elle laisse au cœur quelque chose à désirer. Nous en pourrions dire autant de certaines opinions, de celle-ci par exemple :

« Que les lamentations et les gémissements continuels » ne sont pas moins honteux que l'intempérance dans les » plaisirs, ou même sont plus condamnables encore, » parce qu'ils ne sont suivis que de douleur et d'amer- » tume au lieu que l'intempérance n'est pas sans quelque » volupté. »

Mais nous n'avons pas à faire le procès à Plutarque parce qu'il a le langage de la civilisation à laquelle il appartient ; payons plutôt le tribut d'une juste admiration à cette sagesse pratique qui lui est particulière, à cette haute raison qui veut nous faire aimer la vie malgré l'infortune, et démêler au milieu des souffrances des motifs suffisants de bonheur.

Remarquons aussi les consolations religieuses qu'il puise aux sources les plus pures des doctrines antiques. Sans doute le christianisme aurait eu, pour endormir les douleurs d'une mère, des espérances et des promesses bien plus puissantes ; cependant il est impossible de n'être pas frappé des vues souvent élevées ainsi que de la philosophie pleine de résignation de cette lettre à laquelle une simplicité noble et touchante ajoute un charme de plus.

Nous aurions voulu en donner quelques extraits, mais dans cette étude déjà si longue, nous avons évité autant que possible les citations faciles à trouver pour multiplier celles d'ouvrages peu connus et qui n'ont pas encore été traduits. Les œuvres morales de Plutarque se trouvent dans toutes les mains et M. Alexis Pierron vient d'en publier une édition aussi élégante que fidèle ; nous y renvoyons le lecteur pour cette lettre ainsi que pour la consolation à Apollonius qui touche à notre travail, mais n'en fait pas absolument partie.

Apollonius a perdu son fils : les consolations que lui adresse Plutarque ne forment ni une lettre, ni un discours, mais un traité assez étendu où il est à peine question du jeune homme. C'est un ouvrage de morale dans lequel Plutarque, *qui a tout lu*, fait entrer à peu près tout ce qu'il sait de nature à raffermir une âme ébranlée. D'ailleurs ici encore les circonstances sont exceptionnelles, la perte ne date pas de la veille, le temps et des larmes qui n'ont été que trop abondantes permettent l'emploi immédiat des consolations ; vraisemblablement aussi Apollonius était un de ces philosophes avec lesquels Plutarque aimait à converser ; aussi cette œuvre est celle d'un sage s'adressant à un sage qui chancelle ; tout vient de la raison et va à la raison, le cœur n'est pour rien dans cette argumentation un peu longue. Ce qu'elle présente de meilleur, c'est un trésor de pensées et de raisonnements contre les coups douloureux que la mort peut frapper autour de nous ; de précieuses citations empruntées aux chefs-d'œuvre antiques, et des exemples pris dans les historiens, les philosophes ainsi que les poëtes. Tout cela habilement rattaché au sujet pouvait avoir sur Apollonius, Grec et érudit, une certaine influence comme tout ce qui vient de ce qu'on aime ; mais pour nous, convenons-en, cette compilation de choses excellentes, dans lesquelles se trouvent même les consolations religieuses que permettait le paganisme, ne renferme pas le mot qui secouerait l'inertie des fibres de notre cœur dans l'état de prostration qui accompagne de pareilles épreuves.

CONCLUSION

Si maintenant nous jetons les yeux en arrière pour caractériser, dans un dernier jugement, les monuments divers que nous avons successivement parcourus, nous comprendrons le secret de leur infériorité quand on les compare aux oraisons funèbres chrétiennes : les vues terrestres y dominent, et les vues terrestres sont insuffisantes ; elles ne peuvent donner satisfaction complète ni à la raison ni au cœur.

L'homme éprouve un double et irrésistible besoin qui lui révèle tout à la fois et sa destination et l'essence de sa nature : il a soif de bonheur et d'immortalité. Les anciens l'ont senti comme nous ; seulement, privés des lumières de l'Évangile, ils ont faussé ce double sentiment en lui fournissant des aliments analogues à ceux qu'il réclame, mais d'une nature bien différente : ainsi, à ce besoin de bonheur ils ont présenté les jouissances matérielles ; à ce besoin d'immortalité, ils n'ont pu rien offrir de mieux que la gloire, comme si même la gloire était capable de combler le vide d'une âme qui se sent née pour une existence ultérieure et qui, en dépit des écarts de toutes les civilisations, a confusément conscience de ses grandes destinées !

Avouons cependant que si, nous modernes, nous sommes vivement choqués de cette insuffisance, il a pu en être autrement pour les anciens dont l'éducation morale s'est faite en dehors des vives clartés du christianisme ; et même, à tout bien prendre, leur éloge funèbre collectif peut encore se soutenir par sa propre grandeur, parce qu'en exaltant l'idée de la gloire, il l'épure par la générosité du dévouement, l'héroïsme du sacrifice, et, par là, peut encore faire illusion, conserver tout son prestige et, jusqu'à un certain point, conduire de l'idée de la gloire à l'idée du bonheur.

Mais qu'on use ensuite du même procédé pour une seule personne, qu'on la décore des mérites les plus étrangers [1], le cœur reste froid et insensible aux efforts de l'orateur. « L'éloge d'un homme qui n'est plus a besoin, » dit M. Villemain, d'être soutenu par les espérances » d'une autre vie. »

[1] « La loi des éloges veut qu'on recherche la patrie de celui » qu'on loue, qu'on remonte à son origine, qu'on raconte son » éducation ; pour nous, en louant les saints, notre règle est » d'écarter tout ce qui leur est étranger et de ne faire mention que de leurs vertus personnelles. Je vous le demande, » en suis-je plus illustre, si la ville où je suis né a terminé glorieusement des guerres difficiles, si elle a remporté d'éclatantes » victoires sur ses ennemis ? Et si cette même ville est assez bien » située pour n'avoir à souffrir ni des froids de l'hiver, ni des » chaleurs de l'été, si elle est renommée pour sa population, si » enfin les chevaux y sont meilleurs qu'en tout autre pays, tout » cela peut-il me donner plus de vertu ou de mérite ? Ce serait » une grande erreur de croire qu'on puisse louer un homme en » racontant comment les sommets d'une montagne voisine s'élèvent au-dessus des nues et s'étendent au loin dans les airs. » Lorsque les justes ont méprisé le monde entier, ne serait-ce » pas le comble du ridicule de les louer par quelques parties de » ce même monde qu'ils ont dédaigné ? Le seul souvenir des saints » suffit donc pour édifier à jamais l'Église, ils n'ont aucun besoin » de nos louanges, mais nous avons besoin de nous rappeler leurs » actions pour qu'elles nous servent de modèles. » (Saint Basile. *Panégyrique du martyr Gordius.*)

L'oraison funèbre personnelle vante-t-elle le bonheur du défunt, bonheur pendant sa vie, bonheur au moment même de son trépas ? Il y a dans la pensée de ce que renferme un cercueil une réfutation irrésistible, une protestation contre laquelle ne prévaudra jamais un vain luxe de paroles : le cortége d'idées sensuelles dont l'éloge se nourrit n'est pas d'ailleurs de nature à nous faire surmonter cette horreur de la mort que nous éprouvons tous, et une vie qui n'aboutit qu'à un pareil terme repousse l'idée du bonheur d'une manière invincible. Aussi, quoique fasse l'orateur antique pour parer cette poussière de la tombe, je songe en le lisant à cette inscription gravée sur un sépulcre :

« Au dehors je suis orné de mauves et d'asphodèles,
» Au dedans je ne suis qu'un cadavre. »

Quand il tirait tout à l'heure ses motifs d'éloge de la naissance, de la beauté, des richesses et d'autres avantages analogues, une voix murmurait en moi-même : vanité des vanités, tout n'est que vanité ! Quand il me parle maintenant de bonheur terrestre, au bord d'un autre monde, au seuil de l'éternité, je n'en sens que mieux le vide des raisons qu'il allègue, car ainsi que dit le poète :

« Un pied sur une tombe on tient moins à la terre ! »

Il est vrai que, grâce à l'influence du christianisme, peu à peu s'est insinuée dans l'Oraison funèbre antique l'idée d'une vie future et des récompenses ultérieures ; néanmoins, bien que ce genre y ait gagné quelque élévation morale, quelques lueurs plus vives, il a gardé le fond sensualiste qu'il tenait du polythéisme ainsi que de l'éducation et des goûts de ceux auxquels il voulait plaire et son caractère dominant n'a pas changé ; c'est qu'en effet, pour devenir plus spiritualiste, il eut dû cesser d'être lui-même, se transformer complètement et quitter la livrée des sens pour ceindre l'auréole de la pureté évangélique.

Il ne l'a pas fait, il ne le pouvait faire. Il était réservé au christianisme d'effacer sur un point cette merveilleuse Antiquité qu'il est partout si difficile d'atteindre : la supériorité qu'a acquise l'Oraison funèbre moderne [1], elle la doit au dogme toujours présent d'une vie future et aux promesses d'immortalité qu'elle garantit comme récompense de la vertu. C'est par là qu'elle ennoblit jusqu'au moindre sujet, ou plutôt, il n'est plus de sujet petit devant elle, plus d'intérêt qui reste vulgaire et puisse être indifférent au cœur de l'homme qui écoute, quand il s'agit de son âme et de la sanction divine qui l'attend au sortir de cette vie [2].

Appliquée aux sujets les plus relevés, à ceux qui nous présentent « ce que peuvent donner de plus glorieux la » naissance et la grandeur accumulées sur une tête [3], » elle les a, grâce au génie de Bossuet, portés au sublime. Tirant sa grandeur non de la grandeur de l'homme, mais de son abaissement ; niant le bonheur ici-bas, même dans les conditions les plus fortunées, pour l'indiquer au delà de la tombe ; faisant de la vie un passage et montrant l'immortalité dans la mort, elle a pris le contrepied de l'Oraison funèbre païenne, s'est complu dans les idées d'anéantissement et de ruine appliquées aux choses de ce

[1] Il s'entend de soi-même que nous comprenons dans ce jugement les oraisons funèbres des Pères de l'Église tout aussi bien que celles des temps modernes.

[2] « La foi chrétienne donne une onction tendre et douce pour » animer l'éloge funèbre du plus humble chrétien et rendre intéressante la vertu la plus simple et la plus ignorée. » (M. Villemain. *Essai sur l'Oraison funèbre*.)

[3] Bossuet. *Oraison fun. de la reine d'Angleterre*.

monde, et, demandant aux vérités éternelles leur éclat et leur puissance, elle a transporté ses sujets dans une sphère si haute, qu'il n'est point donné à l'éloquence humaine de pouvoir s'y maintenir sans les ailes du génie et sans celles de la foi.

APPENDICE

APPENDICE

I.

ORAISON FUNÈBRE D'HYPÉRIDE

RESTITUTION DES TEXTES ALTÉRÉS OU PERDUS

NOTES DIVERSES

A

J'emprunte à la restitution de M. Dehèque l'idée de *voir* et la substitue à celle d'*entendre* que portait mon premier travail.

B [1]

Colonne 1, de l'édition anglaise, ligne 1.

[περὶ] τῶν μὲν λόγων τ[ῶν]
[με]λλ(ό)ντων ῥηθήσεσ[θαι]
[ἐπὶ] τῷδε τῷ τάφῳ [πε]
[ρὶ] Λεωσθένους τοῦ στ[ρα]
[τη](γ)οῦ καὶ περὶ τῶν ἄ[λ]
[λων], τῶν μετ' ἐκείνου [τε]

[1] Dans toutes nos restitutions, nous indiquons par des crochets [ ] les mots ou parties de mots grecs ajoutés par M. Babington.

[τε]λευτηκότων ἐν [τῷ]
[πολ] έμῳ, ὡς ἦ[σαν ἄν]
[δρες ἀ]γαθοί, μά[ρτυρες]
... ρονοσοι.......
... ωτα(σ)π(ρ) [αξεις].....
... σανθρω(π) ......
... (ο)νπωκα ......
... [ε](ρ)γακαιω ....
...αντικιω ....
.. εγεννη ....
.. ανδρας ....
..τετελε(υ)[τηκοτας]......
...ουτεπρ ....
... (ο)τ ....
....

M. Babington, dans sa seconde édition, supprime le premier mot, περὶ, et reporte à la fin de chaque ligne toutes les lettres qu'il avait primitivement placées au commencement de chacune d'elles. L'inspection du Manuscrit semble prouver que c'est l'inverse qu'il fallait faire ; ainsi les lettres qui terminent les cinq premières lignes n'étaient évidemment suivies d'aucune autre sur ce qu'il reste de marge au côté droit du papyrus. Il y a donc lieu de reporter à gauche les additions qui figurent à droite, cela augmente l'espace à remplir au commencement de la première ligne et j'en profite pour proposer, au lieu de περὶ retranché par M. Babington, un vocatif ici nécessaire, soit : ὦ ἄνδρες, comme dans Lysias, (disc. I, édit. Scheibe), ou mieux : ὦ παρόντες (id., *Or. fun.*), bien que ce dernier soit peut-être un peu long.

Colonne 1, ligne 1.

Ὦ παρόντες, τῶν μὲν λόγων τ
ῶν μελλόντων ῥηθήσεσ
θαι ἐπὶ τῷδε τῷ τάφῳ
περί τε Λεωσθένους τοῦ στ
ρατηγοῦ καὶ περὶ τῶν ἄ
λλων, τῶν μετ' ἐκείνου
τετελευτηκότων ἐν τ
ῷ πολέμῳ, ὡς ἦ[σαν ἄν]
[δρες ἀ]γαθοί, μά[ρτυρες]

εἰς τὸ παρὸν[1], ὅσοι τούτων ἐν πο
λέμῳ, τὰ(ς) π(ρ)[άξεις] ἑωρά
κασιν, οἵας ἄνθρω(π)οι
οὐκ εἶδ(ο)ν πω· καὶ γὰρ ἀμεί
νους [ἔ](ρ)γα καὶ ὠφέλειαν,
ἐν παντὶ αἰῶνι, ἡ πόλις
ἡμῶν ἐγέννησεν οὐδεπώ
ποτ' ἄνδρας, εὐδοκιμοῦσα
τοῖς τετελε(υ)[τηκόσιν] ὑπὲρ
αὐτῆς, οὔτε προεμένοις
οὐδέπ(ο)τε τὴν τῶν ἄλλων
Ἑλλήνων ἐλευθερίαν.

Ou bien :

οἵας ἄνθρω(π)οι
οὐκ εἶδ(ο)ν πω καλλί
ους [ἔ](ρ)γα καὶ ὠφέλειαν,
ἐν παντὶ αἰῶνι. Πόλις γὰρ οὔ
ποτ' ἐγέννησεν ἀμεί
νους ἄνδρας, εὐδοκιμουσα
τοῖς τετελευτηκόσιν ὑπὲρ
αὐτης, οὔτε προεμένοις
οὐδέποτε τὴν τῶν ἄλλων
Ἑλλήνων ἐλευθερίαν.

C

La construction grecque de tout ce passage laisse beaucoup à désirer : Locus corruptus est et mutilus, dit M. Cobet. Il me semble pourtant pouvoir s'expliquer grammaticalement, comme nous l'entendons.

D

Colonne 3, ligne 32, de l'édition anglaise.

ὥσπερ
[γὰρ] ὁ ἥλιος πᾶσαν
τὴν οἰκου[μένη]ν ἐπέρ
χεται τὰ[ς μὲν ὥ]ρας δια

[1] Conjecture de M. Babington. Voir l'errata, pour le sens de ce passage.

χρίνων, [ἀεὶ κατὰ τὸ π](ρ)έπον
καὶ καλο[ὺς καιροὺς καθι]στὰς
τοῖς δε (ι)..........ει
ικεσ(τ)..........ων
επι(μ)................(α)ίγε
(ν)................ς καὶ
[πλε]ονά[ζοντας τῶν) ἄ(λ)λων
(πά]ντων τῶ(ν) (εἰ)ς τὸν
β[ίον] χρησίμων ....

L'orateur, dans tout ce passage, énumérait évidemment les bienfaits dont le soleil est l'auteur. Sénèque a dit (*De Beneficiis*, liv. VII, chap. 31) : « Solem cui debemus... quod annum cursu » suo temperat et corpora alit, sata evocat, percoquit fructus, » saxum aliquod... et quidvis potiùs quàm Deum appellat. Nihilo- » minus tamen... non cessant Dii beneficia congerere... bona sua » per gentes populosque distribuunt, etc... »

Pour les Grecs, dont les connaissances en géographie étaient fort bornées, le monde, en dehors de l'horizon harmonieux de la Grèce, ne comprenait guère que la froide Scythie et ses horribles habitants au nord ; au midi la zone torride et les peuplades sauvages des noirs Éthiopiens, puis à l'est et à l'ouest des barbares détestés d'un côté, et méprisés de l'autre. Les Grecs, placés dans un semblable milieu, et surtout entre ces extrêmes, pouvaient, par comparaison, se regarder, à tous les points de vue, comme d'heureux privilégiés entre tous les membres de la famille humaine. C'est sur quoi je me suis appuyé pour reconstruire cette partie mutilée du texte :

ὥσπερ
[γὰρ] ὁ ἥλιος πᾶσαν
τὴν οἰκου[μένη]ν ἐπέρ
χεται, τὰ[ς μὲν ὥ]ρας δια
κρίνων πᾶσι [κατὰ τὸ π](ρ)έπον,
καὶ καλοῖς καλὰ [καθι]στὰς
τοῖς δὲ κακοῖς κακὰ, καὶ ἀεὶ
ἰκέσθαι ἡμῖν ἰλέως σπουδάζων
ἐπι(μ)ελῶς τε καιροὺς δοῦναι γέ
μοντας πάσης ὠφελείας, καὶ

[πλε]ονά]ζοντας τῶν]ἄ(λ)λων
[πά]ντων τῶ(ν) (εἰ)ς τὸν
β[ίον] χρησίμων.........

Ou bien :

καὶ ἀεὶ
ἱκεσίας τὰς ἡμῶν ἐπακούων
ἐπιμελὴς τε καιροὺς δοῦναι γέ
μοντας...

On remarquera que les lettres entre parenthèses ( ), c'est-à-dire à peine lisibles sur le papyrus, ont été changées par moi, ι en κ, τ en θ ou en ι ; enfin, j'ai substitué un μ au ν que M. Babington vient d'ajouter à sa seconde édition (ligne 10). Je crois avoir usé d'un droit légitime, car le Manuscrit étant écrit en lettres capitales, un K et un T a demi effacés deviennent un I ; et un M, un N. Je me suis permis en outre çà et là quelques hiatus : Hypéride ne les évitait pas plus que Platon ; nous avons vu (p. 144, note 1), que Cicéron en avait remarqué dans le *Ménexène*. Schneidewin en constate dans les discours d'Hypéride récemment retrouvés : « Ne evitandi hiatus quidem pusillum studium usque » reperias. » (*Hyperidis orationes duæ. præfatio*, *XVIII.*)

E

[περὶ μὲν οὖ]ν τῶν — Colonne 1, ligne 24.
κοινῶ[ν ἔργων τῆς πόλ]εως,
ὥσπερ [ἐν βραχεῖ εἴρητ]αι, αλι
φω

Au lieu de αλιφω qui n'est pas grec, on pourrait lire également ἄμφω, qui ne se prête ici à aucun sens. Le copiste a pu avoir sous les yeux ἅλις ἔστω que je propose.

F

Je préfère, je l'avoue, le texte de la première édition à celui de la seconde, et je le maintiens.

H

ἀφικνούμενοι γὰρ οἱ Ἕλληνες ἅπαντες δὶς τοῦ ἐνιαυτοῦ εἰς τὴν Πυλαίαν θεωροὶ γενήσονται τῶν ἔργων τῶν πεπραγμένων αὐτοῖς.

Les Grecs mêlaient les cérémonies religieuses à tous leurs actes politiques, aussi pourrait-on traduire encore :

« La Grèce qui s'assemble deux fois par an aux Thermopyles,
» reconnaissante de leurs exploits, s'y formera pieusement en
» théorie, car en se réunissant en ce lieu, elle se souviendra de
» leur valeur. »

Cette version est peut-être la véritable : le papyrus présente, après γενήσοντ, un vide d'un centimètre et demi de largeur à la suite duquel on voit deux lettres fort endommagées, puis CTOV très-lisibles. M. Babington n'en a pas tenu compte dans le texte cité plus haut, néanmoins il suppose qu'il y avait primitivement : γενήσοντ[αι καὶ τῆς ἀρετῆς τοὺ] των, etc. Je ne puis croire que douze lettres aient pris place dans un espace qui en contiendrait six au plus. En regardant bien les lettres effacées, je vois sur le Manuscrit un trait arrondi rappelant la partie inférieure d'un B, puis des linéaments qui peuvent avoir été EI aussi bien que H ; cela nous permettrait de lire θεωροὶ γενήσοντ[αι εὐσε](ϐ)εῖς τούτων ἔργων, etc., à moins qu'on ne préfère ἐφεξῆς avec l'autre lettre et l'autre sens.

I

Cette phrase était interrogative dans la première édition anglaise ; nous croyons avoir, des premiers, rectifié cette erreur qui a disparu de la seconde.

J

Passage difficile que M. Cobet croit tronqué : le savant helléniste suppose que le copiste a passé ici une ligne et il la donne entre crochets. En général, nous croyons qu'il faut être très-sobre d'additions semblables ; que de fois l'irrégularité des constructions s'explique par le mouvement plus hardi, plus impétueux de la pensée ! Aussi avons-nous cherché à tirer le meilleur parti possible de la version que porte le MS. C'est d'ailleurs notre devoir comme traducteur, et nous l'avons observé presque partout malgré le jugement plus que sévère de M. Cobet sur le texte de toute cette oraison funèbre : « Nullum est socordiæ et incuriæ genus,
» cujus non sint in tali codice insignia exempla ; verba sunt om-
» nibus modis corrupta, alia negligenter omissa sunt, alia stultè
» addita. Itaque subindè sensu vacua sententia est, aut hiulca
» aut absurda (p. 26). »

K

Je regrette quelque peu la version de la première édition : « Car » il assure le bonheur de tous, indépendamment du sien, celui qui » tient ferme à son poste. » D'abord elle était plus conforme au MS, elle pouvait s'autoriser de passages analogues dans Démosthènes (Ol. A., § 4), et dans Tyrtée (fragment de Stobée et de Lycurgue) ; la pensée y gagnait quelque chose de plus énergique et de plus substantiel ; on évitait en outre l'équivoque du sujet de φέρει qui me semble bien plutôt ἀρετὴ que ἐλευθερία ; enfin le mouvement et l'harmonie de tout le contexte y trouvaient encore leur profit.

L

ἀδελφαὶ γάμων — Colonne 10, ligne 39.
τῶν προσηκόντων ἐννόμως τετυ
χήκασι καὶ τεύξονται, παῖδες ἐ(φό)
διον εἰς τὴν πρὸς τὸν δῆμον ε[ὐμένει]
αν τὴν τῶν οὐκ ἀπολωλότω[ν]
ἀρετὴν — οὐ γὰρ θεμιτὸν
τούτου τοῦ ὀνόματος τυ
χεῖν τοὺς οὕτως ὑπὲρ
καλῶν τὸν βίον ἐκλιπόν
τας ἀλλ(ὰ) τῶν τὸ ζῆν
εὐ(δ)αι(μ)[όν]ων τάξιν με
τηλλαχότων — ἕξουσιν.

Ce passage, pour plusieurs raisons, ne me paraît pas admissible ; d'abord il faudrait qu'on eût, au commencement de la phrase : « ἀδελφαὶ γάμων τετυχήκασι ἢ τεύξονται » *elles ont eu* ou *elles auront*. Dût-on admettre la légitimité de καὶ il resterait encore à expliquer pourquoi παῖδες n'est point précédé de cette même conjonction ou suivi de l'enclitique τε qui accompagnent d'ordinaire tout dernier terme d'une énumération, et enfin comment ἕξουσι se trouve si étrangement séparé de son sujet et de son régime par une parenthèse interminable. Si néanmoins on adopte la version anglaise, je proposerai de fermer la parenthèse après ἐκλιπόντας. C'est ce qu'a fait M. Cobet ; toutefois, la modification qu'il apporte à la fin de cette phrase rend peut-être difficile l'emploi de τῶν (ligne 10). La liaison naturelle des idées réclame en effet : τὴν ἀρετὴν τῶν οὐκ ἀπολωλότων... ἀλλὰ μετηλλαχότων... bien plutôt que : τὴν ἀρετὴν τῶν οὐκ ἀπολωλότων... ἀλλὰ τῶν μετηλλαχότων...

Les distractions continuelles du copiste nous donnant le droit de le soupçonner ici, ou d'avoir passé quelque chose, ou d'avoir altéré plusieurs terminaisons, voici, en ajoutant un article, en changeant la ponctuation et quelques fins de mots, une construction qui me paraît plus claire, plus logique, et que M. Babington semble approuver dans sa seconde édition [1] :

ἀδελφαὶ γάμων
τῶν προσηκόντων ἐννόμως τετυ
χήκασι, καὶ τεύξονται παῖδες, ἐ[φο]
δίου εἰς τὴν πρὸς τὸν δῆμον ε[ὐμένει]
αν, τῆς τῶν οὐκ ἀπολωλότω[ν]
ἀρετῆς, οὐ γὰρ θεμιτὸν
τούτου τοῦ ὀνόματος τυ
χεῖν τοὺς οὕτως ὑπὲρ
καλῶν τὸν βίον ἐκλιπόν
τας, ἀλλ(ὰ) τὴν τῶν τὸ ζῆν
εὐ(δ)αι(μ)[όν]ων τάξιν με
τηλλαχότων ἕξουσιν.

M

M. Babington a abandonné ἀμοιβῶν de sa première édition. Je traduis, d'après sa seconde : « Si la mort, amère pour tous les hommes, » les a conduits à la possession de biens précieux, peut-on, etc... »

Cette version, adoptée par MM. Sauppe, Cobet et Comparetti, ne me semble pas valoir la première. D'abord elle fait violence au MS en plus d'un endroit de la manière la plus formelle ; et puis, j'aime précisément le doute que marque la rédaction primitive : εἰ γὰρ δή τις ἀμοιβῶν ἂν εἴη τόπος... Cette hésitation au sujet de la vie future, succédant à une affirmation donnée sans réserve, est un des traits saillants de tous les devanciers d'Hypéride ; chan-

[1] Caffiaux ingeniously places the comma at τετυχήκασι, and changes ἐφόδιον and τὴν ἀρετὴν into genitives.

geons ce passage et il ne paraît plus qu'affaibli dans son oraison funèbre. Tout, peut-être, n'est pas ici de tout point satisfaisant, mais, en somme, cette version est encore la plus conforme au texte du papyrus qui porte nettement ἀμοιβῶν et fait pressentir τόπος, dont le premier ο et le π se lisent assez bien.

N

Même regret de voir abandonner le texte de la première édition. D'abord ἄρξασθαι est bien plus conforme que ἀξιωθῆναι au mot estropié que porte le papyrus, et, de plus, il donne un sens parfaitement en rapport avec tout le contexte : il suffit en effet de jeter les yeux sur ἀλλ' οὐκ ἐξ ἀρχῆς γεγονέναι... de la ligne 15 (col. 11) pour s'apercevoir que ἄρξασθαι... γέγονε ne fait que continuer la même idée en reproduisant les mêmes expressions.

O

J'ai substitué τόπος à καιρὸς et καιρὸς à τόπος, ce qui fait disparaître une difficulté inhérente à ce passage (col. 11, lignes 29 et 31). Dans l'état actuel du MS nous avons :

Καί τίς καιρὸς ἐν ᾧ τῆς τούτων ἀρετῆς οὐ μνημονεύσομεν ; τίς τόπος ἐν ᾧ ζήλου καὶ τῶν ἐντιμοτάτων ἐπαίνων τυγχάνοντας οὐκ ὀψόμεθα ; πότερον οὐκ ἐν τοῖς τῆς πόλεως ἀγαθοῖς ; ἀλλὰ τὰ διὰ τούτους γεγονότα τίνας ἄλλους ἢ τούτους ἐπαινεῖσθαι καὶ μνήμης τυγχάνειν ποιήσει ; ἀλλ' οὐκ ἐν ταῖς ἰδίαις εὐπραξίαις ; ἀλλ . . .

« En quel *temps* ne parlerons-nous pas de leur courage, en » quel *lieu* ne les verrons-nous pas l'objet de l'émulation et des » louanges les plus honorables ?... Ne sera-ce pas dans la prospé- » rité publique, etc. »

Qui ne voit l'absence de liaison que présente cet ordre d'idées ? Comment mettre en relation l'idée de lieu (τόπος) avec l'idée de prospérité qui ne peut s'accorder qu'avec celle de temps (καιρὸς) ?

Doit-on, par un artifice de traduction, en rendant inutile la négation qui accompagne πότερον, en liant par la conjonction *et* ce qui est nettement détaché dans le texte, et enfin en se servant de l'adverbe *où*, diminuer l'incohérence signalée : « Quand per- » drons-nous le souvenir de leur courage *et où* ne seront-ils pas » l'objet de l'émulation et des louanges les plus honorables ? Sera-

» ce dans la prospérité, etc... » La difficulté, pour être déguisée, n'en subsiste pas moins tout entière.

Dira-t-on que τόπος n'est qu'un synonyme de καιρὸς qui le précède ? Non, car l'orateur ne peut, en dépit de la sobriété attique, avoir employé deux propositions successives pour ne dire qu'une seule et même chose. D'ailleurs la manière très-déterminée dont le mot est employé (τίς τόπος ἐν ᾧ) repousse l'acception vague de τόπος, pris au figuré dans le sens d'*occasion* à peu près comme dans ce passage de Tacite : « Erit vobis locus querendi. »

Préfère-t-on faire accorder πότερον et tout ce qui suit à ces deux propositions prises en bloc ? Mais alors, pourquoi l'orateur les détache-t-il l'une de l'autre d'une manière si visible ? Et surtout pourquoi met-il à la seconde place τόπος avec des développements qui font perdre de vue et oublier καιρὸς trop faiblement accompagné lui-même pour commander l'attention et fixer l'esprit au début de la phrase ?

Le plus simple est donc d'opérer la substitution que j'ai faite. Il est évident du reste que le copiste était distrait en commençant ce passage, car il a écrit καρος. Que si l'on n'admettait pas qu'il a pu involontairement mettre un mot à la place d'un autre, alors peut-être faudrait-il chercher un autre sens et je n'en vois pas d'autre que celui-ci :

« En quel temps ne parlerons-nous pas de leur courage ? En » quel lieu ne les verrons-nous pas l'objet de l'émulation et des » louanges les plus honorables ? Ne compteront-ils pas au nombre » *des auteurs de la prospérité publique ?* (littéralement parmi » les *bonheurs de la cité*, etc.) Le bien qui a été leur ouvrage, à » qui, si ce n'est à eux, vaudra-t-il et la gloire et le souvenir ? Ne » compteront-ils pas pour chaque foyer parmi ses prospérités do- » mestiques (*ses bonheurs domestiques*), etc. »

P ,

παρὰ ποίᾳ δὲ τῶν — Colonne 11 ligne 43.
ἡλικιῶν οὐ μακαριστο(ὶ)
γενήσο[νται; πρῶτον μὲν πα]
ρὰ τοῖς γ[έρουσιν, οὗτοι γὰρ ἄ]
φοβον ἄ[ξουσι τὸν λοιπὸν]
βίον κα[τὰ τὴν ἀρτίως]
γεγενη[μένην ἀσφάλειαν]

διὰ τούτους · ἔπειτα παρὰ τοῖς
ἡλικιώ(τ)αις. . . . .
τελευτησ . . . .
καλως σ . . . .
παρκαπο . . . .
αιγετον . . . .
νεῶτερ . . . .
ταουτον. . . . .
σιναυτ . . . .
δασουσιν. . . . .
δειγ(μ)[α] . . . .
ουτηνα[ρετὴν. . . . . .καταλελοί]
πασι . . . .
ζεινα . . . .
μητινε[ς] . . . . [κοῦ]
φοιλό[γοι] . . . .
Ελλη(ν) . . . .
τῳ(π) . . . .
παρα(π)ε . . . .
Φρυγῶν κ . . . .
τειαςεγ . . . .
δετηςε(υ) . . . .
τατοιςε . . . .
απασικ . . . . [ῳ]
δαῖς ἐπᾳ[δοντες· σεμνό]
τερα γὰρ[ἔξεστιν ἡμῖν]
περὶ Λεωσ[θένους εἰπεῖν]
καὶ τῶν τ[ετελευτηκότων]
ἐν τῷ πολ[έμῳ τῷ]δε.

Restitution :

παρὰ ποίᾳ δὲ τῶν
ἡλικιῶν οὐ μακαριστο(ὶ)
γενήσο[νται ; πρῶτον μὲν πα]
ρὰ τοῖς γ[έρουσιν,]αὐτοῖς γὰρ οὐκ ἄ
φοβον ἄγειν ἐξῆν τὸν πρὶν
βίον καὶ ἄγανται τὴν ἄδειαν
γεγενημένην πᾶσιν βεβαίαν

διὰ τού[τους]· ἔπειτα παρὰ τοῖς
ἡλικιώ(τ)αις, τῷ γὰρ τούτους
τελευτῆσαι, τὴν πόλιν ὁρῶσι
καλῶς σεμνῶς τε μάλα ἔχειν.
Παρὰ πολὺ δὲ μακαρίζουσιν
αἵ γε τὸν βίον εἰσίουσαι
νεωτέρων γενεαί! αἰῶνα ἅπαν
τα, οὐ τόνδε λοιπὸν[1], ἀργὸν ἄξου
σιν! αὐταὶ μάτην τοιάδε [σπου]
δάσουσιν ἀπομιμεῖσθαι παρα
δείγ(μ)[α]τα, οὐ γὰρ τούτων μηδαμ
οῦ τὴν ἀ[ρετὴν], ἧς απο[λελοὶ]
πασι πάντας, δυνατὸν ἀφανί
ζειν. Ἀλλ' ἔγωγε δέδοικα
μή τινες περὶ τούτων [κοῦ]
φοι λό[γοι] τὰ τῶν ἀρίστων
Ελλή(ν)ων ἀπογνῶσιν ἔργα
τῷ προστιθέναι τὰς ἐν τῷ
παρα(π)επτωκότι χρόνῳ, κατὰ
Φρυγῶν, καίπερ κυδίστων, στρα
τείας, ἐγκωμιάζοντες αὐτοὺς οὔ
δε τῆς ε(ὐ)ανδρίας αὐτῶν, ἀλλὰ
τὰ τοῖς Ἕλλησι πεπραγμένα,
ἅπασι κοινὰ, ποιητικῶς [ῳ]
δαῖς ἐπᾴ[δοντες. Σεμνό]

[1] Indépendamment des compagnons d'armes de Léosthènes, l'assemblée se composait sans doute, à peu près exclusivement, de vieillards ou d'hommes faits dont la vie, comme celle de l'orateur, appartenait au passé, quant à sa meilleure partie du moins ; de là l'expression que nous avons risquée : τόνδε λοιπὸν, « *ce reste de jours, ce peu que, nous ici présents, nous avons* » *à vivre encore* » par opposition avec *la vie tout entière* ἅπαντα αἰῶνα que les enfants voient devant eux dans l'avenir. Toute cette restitution du texte roule sur le bonheur des morts μακαριστοί, lieu commun signalé dans toutes les oraisons funèbres de la Grèce païenne. J'ai cru pouvoir, sur ce point, m'écarter du sens prêté par M. Babington au mot μακαριστοί. Voir, du reste, pour ce second sens, la savante restitution que M. Dehèque a donnée de tout ce passage.

τερα γὰρ [ἔξεστιν ἡμῖν] περὶ Λεωσ[θένους εἰπεῖν] καὶ τῶν τ[ετελευτηκότων] ἐν τῷ πολ[έμῳ τῷ]δε.

Q

Tout ce passage, dans la seconde édition, me semble bien difficile à admettre, et je m'en tiens à la première.

Dans son nouveau travail, M. Babington substitue λέγω δὲ à ἐγὼ δὴ, il ajoute καὶ à la ligne 38 et adopte une ponctuation qui nous donne le sens suivant :

« Ceux qui vinrent après eux et firent des actions dignes de » leur valeur — je veux parler de Miltiade, de Thémistocle et des » autres qui, ayant conquis la liberté de la Grèce, ont donné à » leur patrie la gloire en gardant la célébrité pour eux-mêmes — » sont inférieurs à Léosthènes en courage et en génie. En ef- » fet, etc... »

Qui n'est frappé tout d'abord de la langueur que ce remaniement du texte a communiqué à l'élan tout à l'heure si rapide de l'orateur ! — « Ne vous semble-t-il pas voir, tendant la main à Léos- » thènes... ces héros demi-Dieux qui combattirent, etc... »

En suivant Hypéride dans ce mouvement vraiment oratoire, nous nous attendons à une brillante prosopopée mettant en scène les grands hommes dont s'énorgueillit Athènes... Ils apparaissent en effet, mais amoindris dans leur importance par la place qu'on leur donne, et relégués dans une parenthèse, au milieu d'une phrase froide et traînante.

J'avais, dans ma première publication, proposé ὁρῶ au lieu de ἐγώ. Je le propose encore : cette correction et l'ancienne ponctuation du passage lui rendent toute sa rapidité, tout son éclat. Le mouvement oratoire, qui avorte sans elle, se développe au contraire sans nulle entrave et avec une progression dont les trois phases — correspondant à trois phrases d'allure et de construction presque symétriques (les deux premières surtout) — sont annoncées par trois mots analogues et expressifs placés en tête de chacune d'elles : οἰόμεθα ὁρᾶν ... ὁρῶ δὴ ... οἶμαι δὲ ... — *Je crois voir* ... *je vois en effet* ... *je pense même que* ... — Les rapports existant entre ces phrases : οἰόμεθα ὁρᾶν ... ὧν οὗτος... κ. τ. λ. — ὁρῶ δὴ... ὧν οὗτος... κ. τ. λ. ainsi que les comparaisons qui suivent parallèlement chacune de ces expressions jusqu'à οἶμαι δὲ sont aussi à remarquer. Ce dernier mot lui-même qui semble le plus faible ne l'est pas ; il ne s'agit plus en effet ici de gestes, de saluts visibles pour l'œil, mais des sentiments intimes qu'Harmodius et Aristogiton peuvent avoir au fond du cœur.

Ce n'est pas tout : si l'effet général du morceau y gagne beaucoup au point de vue oratoire, la grammaire et le MS s'en accommodent mieux encore ; ainsi, M. Babington le reconnaît, le second ὧν (ligne 6, colonne 14), devient incorrect avec la nouvelle ponctuation ; il a fallu, de plus, ajouter καὶ au commencement de la ligne 38 (colonne 13), reculer τῶν, changer δὴ en δὲ, etc. N'est-il pas plus simple de ne pas torturer davantage le papyrus et de laisser toutes choses comme elles sont en lisant ὁρῶ au lieu de ἐγὼ ?

R

A ἐγὼ je substitue ὁρῶ. (Voir la note précédente.)

S

J'ai cru devoir rendre ainsi ce passage ; l'intérêt ne se trouve pas en effet dans l'affection plus ou moins grande qu'ils ont pu montrer l'un pour l'autre, mais dans les résultats durables que cette affection a pu conquérir au profit de la liberté.

T

Même préférence pour la première édition ; nous avons ici la troisième partie du beau mouvement oratoire indiqué plus haut : Harmodius et Aristogiton, comme Miltiade et Thémistocle, dans la phrase précédente, y jouent le premier rôle. Ils sont le sujet de la proposition infinitive qui suit οἶμαι. Le sens auquel M. Babington est entraîné par le remaniement de tout ce passage me semble forcé.

J'ajoute que οὐδ' ἐκείνους οὔτως de l'édition princeps ressemble bien plus que οὐδένας τούτους de la seconde à ουθενους ουτως du MS, et qu'enfin, au lieu de οὔτως, on peut très-bien lire οὔπως. (Il y a en effet trace du premier jambage d'un π.) Ce mot peut, ce me semble, être accepté ici ; il permettrait de conserver οἰκειοτέρους du texte et aplanirait toutes les difficultés.

U

ὑπερβαλλούσης ἀνδραγαθίας τῆς ἐν τοῖς κινδύνοις ἣν οὗτοι παρασχόμενοι, εἰς τὴν κοινὴν ἐλευθερίαν τὴν τῶν Ἑλλήνων... (Dernière ligne du MS.) Bien que le substantif *bouclier* ne se trouve pas dans le grec, le participe παρασχόμενοι et ce qui l'entoure en éveillent si parfaitement l'image que j'ai cru pouvoir la produire avec la netteté qu'eût donnée le mot lui-même. On peut donc regarder comme une imitation d'Hypéride la même pensée reproduite dans Salluste (*Conjuration de Catilina*, § 58, audacia pro muro habetur) ; dans Horace (*Od.*, III.2) et dans Quinte-Curce (discours de Darius). Quant au verbe *marcher*, je l'ai ajouté comme celui qui s'accordait le mieux avec le mouvement bien sensible de la phrase. Ainsi conçue, elle conduit directement aux conseils politiques, la seule partie essentielle qui manque à cette oraison funèbre.

V

L'orateur antique, dans ces fêtes du patriotisme et de l'éloquence, congédiait ordinairement l'assemblée : il est à remarquer que le mot : ἄπιτε (*retirez-vous*), termine toutes les oraisons funèbres que nous possédons, excepté pourtant celle de Lysias.

II.

DENYS D'HALICARNASSE

(50 ans environ avant l'ère chrétienne.)

ΤΕΧΝΗ

MÉTHODE POUR LES ORAISONS FUNÈBRES

(ÉDITION DE SCHOTT)

§ 1. Il y a deux espèces d'oraisons funèbres : l'une collective et s'adressant à la cité tout entière et au peuple, c'est celle des guerriers morts au combat ; l'autre individuelle et particulière, et l'occasion doit nécessairement s'en présenter souvent pendant la paix, la mort pouvant venir pour chacun aux différents âges de la vie. Toutes deux portent un nom qui est le même : ἐπιτάφιος. Les ouvrages des anciens nous donnent des modèles de ces deux genres : pour l'oraison collective et politique le fils d'Olorus et celui d'Ariston. Lysias, Hypéride, le citoyen de Pæanée, l'ami d'Isocrate, Naucratès, nous fournissent dans ce genre des types nombreux. Nous ne manquons pas non plus de modèles pour l'éloge personnel, puisque les poëmes en sont pleins ; on les appelle ἐπικήδειοι et θρῆνοι. Il y a aussi un grand nombre de ces éloges en prose, composés tant par les anciens que par les écrivains qui ont précédé quelque peu notre époque.

§ 2. Pour le dire en quelques mots, l'ἐπιτάφιος est l'éloge de ceux qui ne sont plus. S'il en est ainsi, il est évident qu'il faut puiser, pour le traiter, aux mêmes sources de développements que pour l'Éloge : la patrie, la famille, le naturel, l'éducation, les actions. Il faut donc, jusqu'à un certain point, suivre la même voie : dire, s'il est question de la patrie, qu'elle est grande, illustre, antique, ou bien, s'il y a lieu, qu'elle est la première en date parmi les hommes, comme le dit Platon de l'Attique. Si elle est de peu d'importance, on la montrera devant aux morts, à leurs vertus, à leur gloire, sa propre illustration, comme Salamine rendue célèbre par Ajax et par sa bataille navale ; comme Ægine renommée à cause d'Éaque. Avons-nous quelque chose de mieux trouvé, il faut le produire comme la qualification de *divine* donnée à Salamine par le dieu de Delphes, comme la gloire d'avoir eu un Dieu pour fondateur, gloire qui est le partage de l'Ionie, de Byzance et d'autres villes encore. Quand il s'agit de guerriers tués dans un combat, on peut s'arrêter davantage à ces développements ; quand on loue un seul homme, il n'est pas bien nécessaire de parler longuement de la patrie ; il vaut mieux se tourner vers les ancêtres, voir s'ils n'étaient pas étrangers mais autochthones, et, s'ils étaient étrangers, montrer que c'est leur choix et non le hasard qui leur a fait prendre une meilleure patrie. Il faut chercher s'ils proviennent de la race dorienne qui est la plus brave, ou de l'ionienne qui est la plus ingénieuse, ou enfin de souche grecque. S'il s'agit d'un homme de grande réputation, on le montre fils de père et d'aïeux recommandables, on les loue en peu de mots de ce qu'ils ont été dans la vie publique, dans la vie privée, à la tribune, dans leur existence, et enfin de leurs actes et de leurs entreprises. Si le personnage tenait directement ces mérites d'une heureuse nature, on dit qu'il était heureusement né pour satisfaire à tout, et qu'un tel homme était un bonheur pour toute la cité.

§ 3. Arrivé à l'éducation, s'il s'agit de l'éloge collectif, on abordera la constitution de l'État, démocratique ou aristocratique. Dans les éloges individuels on parlera de l'éducation, de l'instruction, des mœurs. L'éloge collectif comprendra, parmi les faits qui intéressent l'État, le récit des expéditions et celui de la mort des guerriers, comme l'ont fait Platon, Thucydide et d'autres encore. Quand nous parlerons d'un seul homme, nous le louerons de son mérite, par exemple, de sa fermeté, de sa justice, de sa sagesse, nous montrerons ainsi les services qu'il a rendus à sa ville, puis à chacun en particulier ; ce qu'il a été pour ses amis, pour ses ennemis. Qu'on y ajoute ce qu'il fut pour ses parents, puis dans l'exercice des magistratures, s'il en a exercé quelqu'une.

§ 4. Ensuite, quand il s'agira d'un éloge collectif, nous passerons aux exhortations : nous exhorterons ceux qui survivent à suivre la même voie : ce lieu commun est fécond en développements. Viennent ensuite les consolations aux pères, à ceux qui peuvent encore avoir des enfants comme à ceux à qui leur âge en refuse l'espoir. Thucydide a traité également cette partie. Dans l'éloge particulier, il arrivera parfois que nous n'aurons nullement besoin des exhortations ; par exemple, s'il ne s'agit que de la mort d'un enfant. Souvent elles se borneront à quelques paroles, à moins qu'il ne soit question d'un personnage des plus illustres : dans ce cas, rien n'empêche d'user longuement de cette forme. Ainsi, dans l'oraison funèbre d'un magistrat suprême ou d'un personnage aussi important, il sera nécessaire d'engager les enfants à imiter leurs parents et à tendre au même but, mais il sera plus nécessaire encore de consoler la famille ; seulement il faut connaître la méthode du Discours de consolation. Il ne faut pas pleurer et gémir sur le sort de ceux qui ne sont plus, ce n'est pas ainsi en effet que nous consolerions ceux qui leur survivent, nous ne ferions qu'ajouter à leur deuil ; nous n'aurions pas l'air de louer les morts, mais de les plaindre d'avoir souffert un destin trop rigoureux. Il faut essayer de consoler en accordant quelque chose à la douleur des parents : ne pas réagir immédiatement contre elle, c'est le moyen d'attirer plus facilement à soi les cœurs. L'éloge se montrera encore dans cette partie du discours si nous disons que la perte de tels hommes n'est pas facile à supporter. Quand les guerriers tombés sur le champ de bataille sont du même âge, nous n'avons point d'autre motif de consolation que de dire qu'ils sont morts glorieusement pour la patrie, que leur trépas a été prompt, sans souffrance et qu'il leur a épargné les fatigues et les douleurs que cause la maladie ; ajoutons qu'ils ont obtenu les honneurs d'une sépulture publique, récompense qui doit être un objet d'envie pour la postérité aussi bien que leur gloire immortelle.

§ 5. Pour les oraisons funèbres individuelles, on peut aussi tirer des circonstances de nombreux motifs de consolation. Quelqu'un vient-il à mourir subitement et sans souffrir, nous dirons qu'il a obtenu une fin heureuse. S'il a, au contraire, succombé à une longue maladie : qu'il a montré de l'énergie dans la douleur. Cet autre a péri à la guerre ? Il a bravé le trépas pour sa patrie. Celui-ci est mort dans une ambassade ? Il est tombé au service de son pays. Celui-là a fini ses jours dans un voyage ? Qu'importe ! « Il n'y a, dit Eschyle, qu'une seule et même voie qui conduise aux » enfers. » Est-il mort au contraire dans sa patrie ? Il a expiré sur le sol chéri qui l'avait vu naître et au milieu de ses chers enfants. L'âge fournit d'autres arguments : de celui qui meurt jeune,

nous dirons qu'il était cher aux Dieux : les Dieux aiment en effet la jeunesse, et c'est ainsi que dans l'antiquité ils ont enlevé bien des jeunes gens comme Ganymède, Tithon, Achille qu'ils n'eussent pas voulu laisser exposés à la tourmente des maux d'ici-bas. Ou bien : « Leur âme était dans leur corps retenue comme dans une pri-
» son, comme dans un tombeau. Elle était l'esclave de maîtres per-
» vers, ils ne l'ont pas souffert plus longtemps, ils lui ont rendu la
» liberté. Ces morts sont donc heureux, puisqu'ils ont évité les
» peines de la vie, les souffrances, les myriades de maux incalcula-
» bles et sans fin qui fondent sur nous : la privation de la vue, des
» pieds ou de quelque autre membre du corps humain et enfin la
» maladie, le plus intolérable des maux. » Si le défunt était au milieu de sa carrière, nous dirons qu'il était dans la force de l'âge et au moment où il donnait la mesure de sa vertu ; qu'il a succombé en emportant tous les regrets et non au milieu des dégoûts que fait naître la vieillesse, enfin qu'il est mort dans sa fleur. S'agit-il au contraire d'un vieillard ? Le temps lui fut compté de manière à ce qu'il pût épuiser la jouissance de tous les biens de ce monde. Ici viennent nécessairement se placer tous les événements heureux qui lui arrivèrent, soit dans des assemblées générales, soit à propos de mariage, d'enfants, et de ces honneurs que confère la patrie, voilà en effet les avantages qu'amène ordinairement une longue carrière. Ajoutons que, comme Nestor, il a traversé une belle vieillesse, et qu'il a vécu si longtemps afin d'être un modèle pour les autres hommes ; disons-le surtout si le défunt a été illustre.

En terminant, il est nécessaire de parler de l'âme, de dire qu'elle est immortelle, et que de tels hommes, dans le séjour des Dieux, ont vraisemblablement trouvé un sort meilleur. Un exorde particulier et nullement banal vous sera parfois donné par le personnage lui-même. S'il a été, par exemple, éloquent ; on dira qu'il est naturel que l'éloquence fasse les frais de son éloge ; s'il a prononcé lui-même quelque oraison funèbre, qu'il est juste qu'on lui paie le même tribut ; enfin on usera de tout ce que permet son mérite.

§ 6. L'élocution doit être variée, nourrie, là où le sujet touche à la confirmation ; quand il a du brillant et de la grandeur, comme lorsqu'il s'agit de l'âme, elle doit être élevée, sublime et voisine de celle de Platon.

III.

THÉON

(150 ans après J.-C.)

ΠΡΟΓΥΜΝΑΣΜΑΤΑ

CHAPITRE VIII

SUR L'ÉLOGE ET LE BLAME

(*Rhet. Græci*, édit. Teubner, vol. II, p. 109.)

On appelle ἐγκώμιον l'éloge des vivants, ἐπιτάφιος celui des morts, ὕμνος celui des Dieux [1] ; mais que l'on célèbre les vivants, les morts, les héros ou les Dieux, il n'y a pour l'orateur qu'une seule et même méthode. Le mot ἐγκώμιον vient de ce que les anciens faisaient l'éloge des Dieux au milieu d'un festin [2] et d'une partie de plaisir. Comme c'est surtout le bien qu'on loue et que le bien se trouve ou dans les qualités de l'âme, ou dans les mœurs, ou dans les qualités du corps ou bien encore dans des avantages dont le principe se trouve hors de nous-mêmes, il est évident que trois sources nous fourniront la matière de nos éloges.

Les avantages extérieurs sont d'abord la noblesse de l'origine ; cette noblesse est d'une double nature : l'une provient de l'illustration ou de la cité, ou de la nation, ou de l'excellence de la forme politique, l'autre est celle des parents et des autres membres de

[1] Voir dans les œuvres d'Aristide bon nombre de ces hymnes en prose.

[2] Rappelons ce festin des funérailles dans lequel, au dire de Cicéron, se faisait aussi l'éloge des morts.

la famille. Viennent ensuite l'éducation, l'amitié, la gloire, la puissance, la richesse, l'avantage de posséder des enfants bien nés ou d'obtenir une heureuse mort.

Les qualités du corps comprennent la santé, la force, la beauté et la possession de sens dans toute la plénitude de leur vigueur.

Les qualités de l'âme embrassent les bons sentiments et les vertus qui en sont la suite : la sagesse, la tempérance, le courage, la justice, la piété, la noblesse de cœur, la grandeur d'âme et autres vertus semblables.

Parmi les belles actions il faut compter celles qui, après le trépas de leur auteur, s'attirent encore des éloges : la flatterie, en effet, encense l'homme pendant sa vie ; et réciproquement il faut comprendre encore celles qui ont été vantées avant sa mort et ont découragé l'envie du vulgaire : « Car, dit Thucydide, du vivant des » mortels, c'est l'envie qui rétablit l'égalité. » Il faut y ajouter celles qui ont eu pour but l'intérêt des autres et non le nôtre, celles que nous faisons en vue du bien et non pour notre avantage ou notre plaisir, celles qui, utiles à tous, ne nous ont rapporté que de la peine, celles qui ont été pour le plus grand nombre une cause de bien-être et celles-là surtout qui ont entraîné la mort du bienfaiteur. Aussi les supplices et les dangers encourus dans l'intérêt de ceux qui nous sont chers deviennent des motifs de louanges.

Les actions peuvent encore être vantées à cause de leur opportunité ou parce qu'un homme les a faites seul, ou le premier, ou quand nul autre ne les pouvait faire, ou quand il a réussi mieux que personne. On les louera encore quand elles auront été accomplies avec peu de monde, qu'elles seront supérieures à l'âge, dépasseront les espérances qu'on avait conçues, quand elles auront exigé des travaux considérables, ou se seront faites avec toute la rapidité ou la promptitude possible.

Il faut encore recueillir les jugements qui proviennent d'illustres personnages : ainsi dans l'éloge d'Hélène, dire qu'elle fut l'objet des préférences de Thésée. Il est utile encore de conjecturer, d'après le passé, ce qu'une chose aurait pu devenir et dire par exemple, en parlant d'Alexandre de Macédoine : « Lui qui soumit » de si grandes et si nombreuses nations, que n'aurait-il pas fait » s'il avait pu ajouter quelques années à sa vie ! » Ainsi Théopompe dans l'éloge de Philippe : « S'il eut voulu poursuivre toujours les » mêmes desseins, il fut devenu le maître de l'Europe. » Il sera bon encore de rappeler le souvenir des personnages déjà célébrés afin de comparer leurs actions avec celles dont on fait l'éloge. Les réflexions tirées des noms, des homonymes, des surnoms ont parfois de la grâce, pourvu qu'elles ne prêtent pas à la trivialité ou au ridicule. Pour les noms, on dira par exemple de Démosthènes, qu'il était *la force du peuple ;* pour les homonymes, on profitera d'un nom qui aurait été celui d'un homme célèbre ; pour les surnoms, on en tirera parti comme de celui d'*Olympien* donné à Périclès pour l'air de grandeur qu'il savait prendre en présence du succès.

Voilà les éléments dont nous nous servirons, voici la manière dont nous en pourrons faire usage :

Immédiatement après l'exorde, nous parlerons de la noblesse de l'extraction, puis des autres avantages tant extérieurs qu'inhérents au corps. Nous éviterons de dire les choses trop simplement en les nommant comme elles se présentent, nous montrerons au contraire le personnage usant de chacune de ces qualités avec réflexion, calcul et convenance — car on ne peut louer les gens du bien qu'il n'ont pas recherché et qui n'est que l'effet du hasard — disons par exemple que, dans la prospérité, il était modeste et ami de l'humanité, juste et toujours le même avec ses amis, et qu'il usa avec sagesse de ses avantages physiques.

S'il ne possédait rien de ce que nous venons d'énumérer, il faut dire que dans le malheur il évita la bassesse ; dans la pauvreté, l'injustice ; dans le besoin, la servilité. Que, né dans une petite ville, il sut se couvrir de gloire comme Ulysse et Démocrite ; qu'ayant vécu sous un gouvernement méprisable, il n'en fut point perverti, mais devint plus vertueux que tous ceux qui l'entouraient, comme Platon au milieu d'une oligarchie [1] ; celui-là mérite encore des éloges qui, appartenant à une famille obscure, est devenu célèbre, comme Socrate, fils de la sage-femme Phénarète et du sculpteur Sophronisque. Admirons encore celui qui, simple artisan ou appartenant à une condition misérable, a pu se faire remarquer par une belle conduite ; c'est ainsi, dit-on, que Héron, le cordonnier, et Léontium, la courtisane, s'adonnèrent à la philosophie ; car c'est surtout dans une condition malheureuse que brille la vertu. Ensuite nous relèverons les actions, les actes honorables, mais sans les passer en revue successivement : nous apporterons d'abord les développements que réclame chaque vertu, puis nous aborderons les faits. Par exemple : en parlant de la prudence du

[1] Allusion sans doute aux contrées visitées par Platon pendant ses voyages, notamment à la cour de Denys, ou bien encore à son séjour à Athènes pendant la domination des trente tyrans.

personnage, nous raconterons les actions qui, chez lui, prouvent cette qualité; il en sera de même pour les autres vertus. Quant aux accusations dont il a été l'objet, il n'en faut rien dire, car elles rappellent le souvenir des fautes commises, ou bien il faut le faire d'une manière aussi détournée, aussi peu visible que possible : prenons garde en effet de substituer une apologie à un panégyrique, car s'il faut une apologie à ceux dont les actions ont été réputées nuisibles, ce qu'il faut à ceux qui, par un mérite quelconque ont effacé tous les autres, c'est un éloge.

Quand il s'agira de choses inanimées comme le miel, la santé, la vertu ou autres choses semblables, nous emploierons d'une manière analogue les lieux communs cités plus haut et dans la mesure du possible.

Voilà les procédés qu'emploie l'éloge, le blâme use des contraires.

IV.

MÉNANDRE LE RHÉTEUR

(IIIme siècle après J.-C.)

ΠΕΡῚ ΕΠΙΔΕΙΚΤΙΚΩ͂Ν

CHAPITRE XI

DE L'ÉLOGE FUNÈBRE [1]

(Rhet. *Græci*, édit. Teubner. vol. III p. 418.)

On appelle ἐπιτάφιος chez les Athéniens le discours qui, chaque année, se prononce en l'honneur de ceux qui sont morts dans les combats. Il ne doit son nom qu'à cette circonstance qu'il est prononcé devant le monument funèbre. De ce genre sont les trois discours d'Aristide : le sophiste les a composés dans le genre de ceux qu'à prononcés le Polémarque, depuis que les Athéniens ont déféré cet honneur à ce magistrat. Le long temps qui s'est écoulé [depuis les guerres que soutint Athènes] a fait dégénérer

[1] Ce chapitre de Ménandre est attribué par Westerman à Alexandre le Rhéteur. Il le cite tout entier, mais avec des différences de texte telles qu'il faut que les manuscrits aient été bien peu lisibles à certains endroits. L'édition de Léonard Spengel (collection Teubner), quoique généralement soignée, me semble néanmoins laisser quelque chose à désirer encore. Je me suis donc servi des deux textes, rectifiant l'un par l'autre, et admettant l'une ou l'autre version selon qu'elles me paraissaient plus ou moins faciles à comprendre. Parfois je me suis permis de légères modifications et même des suppressions de mots qui, parfaitement inutiles et se répétant contre toute raison, m'ont semblé des interpolations manifestes.

cette oraison funèbre en un simple panégyrique, car qui pourrait encore pleurer devant les Athéniens ceux qui sont morts il y a plus de cinq cents ans ? Thucydide qui a composé un éloge pour les guerriers tués au commencement de la guerre du Péloponèse, ne s'en tient pas exclusivement à l'éloge de ces braves, il expose encore les motifs pour lesquels ces guerriers eurent la force de mourir. Quant aux lamentations, il s'en montre avare, vu la nécessité de continuer la lutte, et se garde, en orateur habile, de trop pousser aux larmes ceux qu'il exhortait à la guerre ; il donna le modèle du lieu commun des consolations. De même Aristide, s'il avait véritablement prononcé ces éloges sur les victimes des dernières guerres, se serait servi des formes qui appartiennent en propre à l'oraison funèbre [1]. Maintenant le temps a rendu tout à fait hors de propos les regrets et les consolations : l'oubli a ôté les larmes au pathétique et nous n'avons plus personne à consoler. Les pères et la postérité de ces guerriers nous sont inconnus ; nous fussent-ils connus, les larmes ne seraient plus de saison, et même après un temps si long ce serait chose bien intempestive que de vouloir réveiller l'émotion quand le temps a endormi les douleurs. L'oraison funèbre, prononcée longtemps après la mort de ceux qu'on célèbre, n'est donc qu'un pur panégyrique comme l'éloge d'Évagoras par Isocrate. Si peu de temps s'est écoulé, sept ou huit mois par exemple, il faut faire l'éloge d'abord, puis à la fin du discours recourir au chapitre des consolations, sauf le cas où l'orateur n'est pas très-proche parent du mort [2] ; car pour celui-ci, une année fût-elle révolue, le souvenir ne permet pas à la douleur d'être calme, aussi dans ce cas conserve-t-on un caractère pathétique au discours.

L'oraison funèbre pathétique, celle qui se prononce à l'occasion d'une mort récente, se compose des différentes formes particulières à l'éloge. Le pathétique se mêle partout et successivement à toutes les parties qui le composent, à peu près comme dans cet exemple :

« J'unis ma douleur à celle de la famille ; par où commencerai-

[1] Ce passage prouve que ces discours perdus d'Aristide ne furent composés que pour une cérémonie fictive, qu'ils n'avaient ni larmes pour les morts, ni consolations pour les vivants et qu'ils rentraient dans la catégorie des discours dont Ménandre va parler. Aristide, d'ailleurs, vivait dans le IIe siècle et était bien éloigné du temps des guerres civiles qui seules avaient pu fournir encore à l'oraison funèbre politique l'occasion de se produire.

[2] Signalons cette parenté avec le mort déjà plusieurs fois remarquée.

» je l'expression de mes regrets ? Par la famille si vous le voulez » bien, car elle est la base de tout. » Vous direz donc qu'il était illustre par sa naissance et le plus noble de toute la cité, mais ce flambeau qui illuminait toute sa lignée, un Dieu l'a éteint. Il faut en effet que, dans chaque partie de votre éloge, retentissent les lamentations. Quand on traite de la famille, il faut, en parlant de son origine, de toute sa descendance, jusqu'à l'époque la plus rapprochée, donner des larmes au mort et procéder de même pour toutes les autres subdivisions du discours.

Après avoir parlé de la race, vient la naissance : « O vanité des » présages recueillis alors ! Vanité des songes qu'on eut à l'époque » de sa naissance ! Malheureuse sa mère ! Enfantement plus mal- » heureux encore à cause de ces espérances trompées ! Car la » mère, en mettant au monde, donna elle-même naissance à ces » illusions. Un tel fit à ce sujet les plus belles prophéties : les » connaissances, les amis s'abandonnèrent au plus riant espoir ; » ils offraient des sacrifices aux Dieux Genethlies, les autels » ruisselaient de sang, une fête de famille réunit toute la maison ; » heureux commencements ! Ils n'étaient donc qu'une amère rail- » lerie d'un Dieu ! L'enfant fut remis à ceux qui devaient l'éle- » ver... Ils conçurent de lui les plus belles espérances, et pour- » tant, ô malheur, le voilà enlevé par la mort ! »

Vous aborderez successivement chacun des autres motifs d'éloge, en donnant aux regrets une vivacité toujours croissante : l'expression en doit être simple, et, afin d'ajouter de l'éclat au personnage, ne craignez pas de ramener l'auditeur au pathétique, vous en trouverez la matière dans le fond ordinaire des éloges ; vous passerez en revue tous les lieux communs de l'éloge : la famille, la naissance, les qualités naturelles, l'éducation, l'instruction, les mœurs. Vous partagerez les qualités naturelles en deux catégories, celle des avantages physiques que vous traiterez en premier lieu, puis celle des qualités morales. Vous chercherez vos preuves dans les trois lieux communs cités en dernier lieu, je veux dire l'éducation, l'instruction, les mœurs. En tirant l'éloge de chacun de ces lieux communs, vous parlerez de la bonne éducation, grâce à laquelle il a corrigé ses imperfections et révélé toute l'excellence de son âme, puis vous lui ferez un second mérite de cette excellence même ; vous traiterez ensuite de son instruction à laquelle il doit de s'être élevé au-dessus de ceux de son âge. Vous prouverez ses mœurs en disant qu'il s'est montré juste, humain, d'un commerce facile, plein de modération ; mais l'essentiel dans tout panégyrique, ce sont les actions. Vous en parlerez après les mœurs et n'oublierez pas de recourir à propos de chaque action au pathétique. Après les actions, vous emploierez le lieu commun de la fortune, disant que le bonheur l'a accompagné en toutes choses pendant sa vie. Il eut tout : richesse, enfants bien nés, amis dévoués, honneurs auprès du prince, honneurs dans les cités. Puis viendront les comparaisons : elles doivent embrasser le sujet tout entier et former comme un chapitre à part. Vous ne vous interdirez pas dans chaque lieu commun les rapprochements qui vous serviront pour ce chapitre spécial. C'est là que vous produirez la comparaison au grand jour en l'appliquant à toutes les parties du sujet et vous passerez par les différents lieux communs comme en suivant une pente naturelle. Ainsi lorsque nous ferons cette revue pour l'éloge de quelque demi-Dieu ou pour celui d'un homme vertueux de notre époque, nous dirons qu'il posséda ces qualités mieux que personne — il faut en effet montrer les choses plus belles que le beau lui-même — si ces mérites se trouvent chez un homme célèbre, il faut comparer sa vie à celle d'Hercule, ou de Thésée, puis à l'occasion de ces grandes figures, vous reviendrez au pathétique ; car par ce procédé nous pleurons encore le défunt, nous le faisons d'une manière originale et qui ne rentre pas dans l'éloge antérieur, nous réveillons la pitié et renouvelons les larmes de l'auditoire.

Viendra ensuite le chapitre des consolations adressées à toute la famille et qui ont pour but d'arrêter les pleurs : « Il vit en effet » avec les Dieux, il habite les Champs-Élysées. » Vous diviserez les éléments que vous fournissent les consolations : vous les offrirez séparément aux enfants, séparément à l'épouse, mais il faut d'abord que vous fassiez l'éloge de cette dernière pour ne point paraître parler à une personne commune et sans mérite. Quand il est question d'un homme, on accepte des paroles prononcées sans dispositions préparatoires, mais s'il s'agit d'une femme, il faut nécessairement préoccuper d'abord les auditeurs de la pensée de ce qu'elle vaut. Si les enfants sont en bas âge, mieux vaut remplacer les consolations par des conseils, car ils ne sentent pas la douleur ; ou plutôt, vous ajouterez à la consolation des conseils, une ligne de conduite à l'adresse de la femme et des enfants. Vous exhorterez l'une à marcher sur les traces de ces femmes d'autrefois, modèles de perfection pour leur siècle, et les autres à imiter la vertu de leur père. Vous louerez ensuite la famille qui n'a rien négligé pour les funérailles, ni pour l'ornement du tombeau, et vous terminerez votre discours par une prière adressée aux Dieux afin qu'ils leur donnent le plus beau sort en partage.

CHAPITRE XVI.

DE LA MONODIE

Homère, le divin poète, parmi les modèles qu'il nous donne, n'a pas oublié celui de la Monodie. Il a prêté à Andromaque, à Priam, à Hécube des discours *monodiques* en rapport avec chaque personnage, comme s'il avait voulu nous montrer que ce genre ne lui était pas inconnu. Il faut donc demander au poète les règles qui lui sont propres et les mettre en œuvre, les yeux fixés sur le modèle qu'il nous en a fourni.

Quel est donc le but de la Monodie ? Exhaler des lamentations et des plaintes. Si le défunt vous est étranger, pleurez sa mort, mêlez à vos larmes son éloge, mais que vos regrets occupent partout la place principale. Le discours ne doit pas être purement un panégyrique, l'éloge ne doit y figurer que comme moyen de justifier les pleurs.

Si le mort est de sa famille, l'orateur devient, lui aussi, un objet de compassion, soit parce que cette perte le laisse seul, soit parce qu'elle le prive d'un excellent père, et alors il déplore lui-même son propre isolement. Si le défunt était à la tête d'une cité, on pourra parler de cette cité, et, dans l'intérêt du sujet, faire entrer son éloge. Par exemple : « La ville est illustre, mais » celui à qui elle doit tout son éclat, c'est le défunt. » Ou bien : « Qui veillera désormais sur elle, qui la sauvera comme celui qui » n'est plus ? »

Si le défunt était jeune, il faudra tirer des motifs de lamentations de son âge, de sa nature, en disant qu'il avait d'heureuses dispositions, qu'il donnait de grandes espérances ; ou des circonstances : son hymen devait bientôt s'accomplir, on préparait la chambre nuptiale ; ou bien encore de la cité : on comptait qu'elle aurait en lui un chef, un orateur, un juge pour trancher les contestations judiciaires. Partout en traitant ces matières, on doit en faire un motif de pleurs. Il faut donc dans ces discours se plaindre dès le début, et des Dieux, et des rigueurs du sort, de la mort qui établit une loi injuste, puis appliquer ces considérations à la fin prématurée du défunt : « Quel homme les destins nous ont » ravi, et que de vertus ils ont foulées aux pieds en sa personne ! » Mais, pour ne pas nous répéter, usez simplement du procédé et dans votre discours passez en revue ces différentes questions. Distinguez dans votre monodie trois époques différentes : l'époque présente que vous placez en premier lieu ; en effet le discours devient plus émouvant quand il relate des choses actuelles et qu'on a eues sous les yeux ; il fait verser plus de pleurs quand il expose l'âge et la manière dont le défunt est mort, soit qu'il ait succombé à une longue maladie, soit que son trépas ait été rapide et l'ait emporté du milieu même de l'assemblée, car il se trouve alors que ceux qui la composaient ne se sont pas réunis pour une cérémonie heureuse, ni pour un spectacle qu'on puisse désirer.

Vient ensuite l'examen du passé : on envisage ce qu'était le défunt, au milieu des adolescents, quand il était jeune ; au milieu des hommes faits, quand il fut parvenu à l'âge viril ; son commerce aimable, son caractère facile, la distinction de son langage, son ardeur parmi les jeunes gens et ceux de son âge, ce qu'il était à la chasse, ce qu'il était au gymnase.

Quant à l'avenir, il donne à apprécier les espérances qu'avaient conçues les parents ; vous userez ensuite de l'apostrophe : « O famille illustre et renommée jusqu'à l'heure présente, tu étais » fière de ton or, de tes richesses, de ta noblesse vantée partout, » et voilà que tous ces avantages sont entraînés et anéantis dans » sa chute ! Possèdes-tu maintenant un objet précieux qui vaille » celui que tu as perdu ? » Pleurez donc avec le père, avec la mère, et ajoutez à la pitié par le rapprochement des espérances dont ils ont été frustrés, puis vous reviendrez à ce qui regarde la ville : « Que n'eût-il pas été pour elle, quels talents il eût déployés » dans les luttes d'ambition et quels mérites s'étaient déjà produits » en sa personne ! » Si le défunt se trouvait au nombre des administrateurs de la cité, énumérez le plus possible de leurs actions en traitant du passé ; s'il devait s'y trouver un jour, reportez ce développement à l'article des choses futures, et en général vous mettrez en harmonie avec les époques ce qui regarde le personnage.

Après avoir traité ces trois époques, vous décrirez la pompe funèbre, l'affluence de toute la population : « Plût aux Dieux qu'elle » ne se fût réunie que pour l'accompagner à la chambre nuptiale » ou pour l'escorter au moment d'un voyage dont il pût revenir, ou » pour entendre un discours qu'il dût prononcer ! » Vous peindrez ensuite la beauté de son corps, cette beauté reléguée dans la tombe, ces joues si roses, cette bouche harmonieuse à jamais muette, cette barbe naissante flétrie pour toujours ; ces boucles de cheveux que désormais n'admireront plus les regards ; ces yeux, ces prunelles éteintes, ces paupières arquées, maintenant détendues, enfin tout ce que la mort a détruit avec lui. Il est évident que les monodies ne sont en usage que pour les jeunes gens et non pour les vieillards, car qui ne sent tout ce qu'il y aurait d'étrange et d'absurde à pleurer la vieillesse comme on pleurerait le jeune âge ? Mais la Monodie peut convenir à un mari parlant de sa femme. Qu'elle interprète aussi les regrets des animaux privés de raison, car eux aussi, comme le bœuf, le cheval, le cygne, l'hirondelle, ne voient pas en êtres insensibles la perte de leurs semblables. Ainsi le cygne abandonnant son aile au zéphyr pleure son compagnon ; l'hirondelle aussi fait entendre des plaintes et souvent, convertissant sa chanson en un hymne de deuil, elle se pose sur le feuillage des arbres pour chanter sa douleur. Mais il ne faut pas que le discours se prolonge au delà de cent cinquante lignes, car dans les malheurs et les revers ceux qui souffrent ne parlent ni longtemps, ni beaucoup. La Monodie est toujours libre de toute règle.

CHAPITRE IX.

DU DISCOURS DE CONSOLATION

Le discours de consolation pleure, lui aussi, celui qui n'est plus et grandit l'importance de la perte en augmentant le pathétique autant que le peut faire la parole. Il se sert à cet effet des moyens que nous avons indiqués [1] en parlant de la Monodie. Il faut ne

[1] Nous avons déjà regretté que l'édition Teubner, dont nous nous sommes servi, laissât à désirer pour la correction et la ponctuation des textes ;

pas perdre de vue que la Monodie se compose de ces lieux communs élogieux : la famille, le naturel, l'éducation, l'instruction, les mœurs, les actions. Gardez-vous bien de prendre un à un toute la série des éloges ; l'orateur ne doit point paraître froidement maître de lui, mais en proie à l'exaltation de sa douleur. Vous partagerez les éloges conformément à la division en trois temps [présent, passé, futur] que nous avons établie. Quiconque offre des consolations doit procéder ainsi dans la première partie de son discours : qu'il dise par exemple, s'il se trouve que le défunt soit mort jeune : « Il a succombé à la fleur de son âge et » de la manière la plus déplorable, et il a trompé les espérances » de ses parents et de sa patrie : car il n'était pas un homme vul» gaire, il avait au contraire telle et telle qualité.... Voilà pourquoi » je ne blâme pas ceux qui pleurent, ceux qui regrettent un tel » homme. »

Puis faisant parler la douleur avec une force croissante, selon l'occurence, vous passerez à la seconde partie de votre discours, aux consolations. Vous commencerez à peu près de cette manière : « J'aurais lieu de m'étonner, ô parents ici présents, s'il ne vous » était pas venu à l'esprit quelque souvenir de ce que dit l'excel» lent poète Euripide, qui fut véritablement le nourrisson chéri des » Muses : Il faut, dit-il, quand un homme vient au monde, pleurer » en songeant au devant de quels maux il s'avance ; quelqu'un » meurt-il au contraire, laisse-t-il là le fardeau de ses peines, on » doit se réjouir et en le félicitant le conduire à sa dernière de» meure. » Vous ne citerez pas textuellement tous les vers du poète, ils sont sus et connus de tout le monde, mais vous en reproduirez le sens, vous ferez de même pour ce qu'Hérodote rapporte de Cléobide et de Biton. Quelques mots de philosophie à ce propos ne seront pas déplacés sur la nature de l'homme en général : vous direz par exemple que la divinité a voué les choses humaines à la mort : que pour tous les hommes, le trépas est le terme de la vie et que les héros et les enfants des Dieux n'ont pu l'éviter ; ceci vous permettra d'autres digressions sur l'anéantissement des cités mêmes et la destruction radicale de certains peuples ; vous

on pourrait en dire autant de l'arrangement des chapitres. Ainsi le discours de consolation (chap. IX) y figure avant l'oraison funèbre (chapitre XI) et la monodie (chap. XVI) ; et pourtant il est clair en le lisant qu'il ne devrait venir qu'en troisième ligne, puisque l'auteur y parle de la Monodie à laquelle il renvoie, comme d'un sujet déjà traité.

pourrez dire encore que le départ le plus prompt de cette terre est le meilleur, puisqu'il nous délivre de l'injustice, de l'avidité et des rigueurs imméritées de la fortune ; que ce qui se trouve en majorité dans les choses humaines, ce sont les tourments causés par les maladies ou les chagrins. Vous ajouterez ensuite que si la vie est un bien, le défunt en a suffisamment joui et vous direz de lui ce que vous savez, par exemple qu'il s'est fait remarquer à la tribune (si la chose s'est présentée) ou au timon des affaires: si au contraire la vie est un mal, c'est une faveur de la fortune que d'en être quitte et dans ce cas le mort a échappé aux misères d'ici-bas. Vous direz en outre : « Je suis convaincu qu'il est allé habiter » dans les Champs-Élysées avec Rhadamante, Ménélas, le fils » de Pélée et de Thétis, avec Memnon, ou plutôt il vit sans doute » maintenant au milieu des Dieux, il parcourt l'Éther, abaisse sur » nous ses regards, et peut-être nous blâme-t-il de nos larmes. » En effet, d'origine céleste, notre âme, après être descendue des » cieux, se hâte de remonter à son principe. C'est ainsi qu'Hélène, » les Dioscures et Hercule vivent, dit-on, avec les Dieux. Célé» brons donc le défunt comme un héros ou plutôt proclamons-le » heureux comme l'un des immortels, reproduisons son image, » invoquons-le comme un Dieu. »

Donnons à ce discours une étendue proportionnée au sujet. Reconnaissons en outre que le discours de consolation peut être prononcé de vive voix ou traité par écrit selon les préférences de chacun.

V.

CHORICIUS DE GAZA

ÉLOGE DE MARIE

La plupart de ceux qui ont coutume de traiter de pareils sujets, déclament des discours lamentables et pensent que les larmes des auditeurs sont pour eux un titre de gloire. Quant à moi, viser à une émotion aussi bruyante, c'est ce que ne permettent ni le caractère de la défunte qui regarda toujours la vie comme peu de chose, ni sa vieillesse, ni sa mort qui précède celle de ses enfants, vœu commun des pères et des mères.

S'il avait manqué quelque chose à son perfectionnement (κόσμος) ou à son bonheur, peut-être aurait-on pu désirer une vie plus longue pour combler cette lacune ; mais c'est après avoir atteint les limites de la vertu et de la fortune (τύχης), après avoir reçu ces récompenses, que les poètes disent le partage des justes — car elle a vu les enfants de ses enfants — qu'elle a trouvé une mort qui la délivre des misères de la vieillesse, et vraisemblablement de beaucoup d'inquiétudes ; en effet l'extrême bonheur est né pour nous causer bien du trouble, même quand il est mérité de celui qui le possède ; aussi, nulle tristesse n'est venue s'ajouter à sa maladie, nulle réflexion amère n'a bouleversé son âme à la pensée de peines causées peut-être antérieurement par elle, et son sommeil, comme celui de l'enfant, n'a point connu l'aiguillon incessant de la conscience ; au contraire, elle avait cette douce espérance qui résulte des bonnes œuvres et qui est la meilleure conductrice pour le voyage suprême que tous nous devons faire ; elle est morte avec cette espérance que lui devait le bien fait partout autour d'elle.

Chacun de ses mérites est un sujet d'éloges, à commencer par le déplaisir que lui causaient les louanges; car elle voulait non paraître vertueuse, mais l'être en effet ; dans sa jeunesse, avant son mariage, elle vécut, dit-on, dans la plus grande modestie, parlait peu, les yeux baissés, d'une voix calme et sans précipitation : la rougeur précédait toujours l'expression de sa pensée : elle partageait l'opinion de Sophocle sans l'avoir reçue de ce poète, mais de sa pensée intime : *à toutes les femmes, mais surtout aux jeunes filles, convient le silence.* Mariée, elle se montra excellente maîtresse de maison, pratiquant une sage économie, entourant de toute sa sollicitude son mari qui aimait les soins par lesquels se prouve la vertu des femmes ; aussi, des séductions féminines, méprisa-t-elle toutes celles qui n'ont en vue que la louange ou l'amour.

Mais quelle fut la récompense de pareilles vertus ? Des enfants nombreux, bons et reproduisant les vertus de leur mère : autant de filles que de fils, en tout huit enfants ; de même que si j'écrivais l'éloge des enfants, je devrais, selon les usages oratoires, commencer par leur faire un mérite de leurs parents, de même je crois convenable de commencer par féliciter la mère des enfants qu'elle a conçus. Celui qui loue les parents de la vertu de leurs enfants me paraît dans les limites du vrai, bien plus que celui qui embellit les enfants des qualités de leurs pères. La vertu des enfants est souvent l'œuvre des parents qui, par l'instruction et l'éducation, les ont façonnés au bien, mais il n'a jamais été donné aux enfants de rien faire pour l'éducation de ceux à qui ils doivent la vie : il n'est donc pas hors de propos, comme l'on dit, de considérer les fils et les filles auxquels elle a donné le jour : les uns nous paraîtront supérieurs à la nature de l'homme, les autres à celle de la femme.

Parmi ses fils, les deux aînés, égaux par leurs actions, sont justement égaux par le prix qu'ils en ont reçu : tous deux sont honorés de la distinction la plus belle qui existe, le sacerdoce ; avant d'en recevoir les insignes, leurs belles actions leur en avaient assuré l'autorité, et depuis qu'ils en sont revêtus, leurs œuvres leur en garantissent la possession, puisqu'il n'est rien de plus élevé.

Voilà ce que sont les deux premiers de ses fils ; voyons les deux autres : l'un, libre de satisfaire tous ses désirs, pratique la justice, chose difficile au dire de Platon ; l'autre, versé dans l'étude de l'éloquence et de la législation, quand le talent de la parole ouvre devant lui une double route, ne sait marcher que dans celle du bien.

Tel est l'éloge qu'on peut faire de ses fils ; car, quand les faits sont dans toutes les bouches, un long discours est un hors-d'œuvre ; son étendue pousse à l'incrédulité et fait croire que, simplement racontées, leurs vertus ne suffiraient pas à l'éloge.

Quant à ses filles, elles suivent exactement ses traces : toutes imitent la vie de leur mère avec cette différence que l'une nous rend son image dans la ville, et que les autres s'exercent hors des murs à reproduire leur modèle.

Admire-t-on les faveurs dont la combla la fortune ? Ce que j'admire, moi, c'est qu'elle sût préserver son âme de tout enivrement, cette femme qui eut le bonheur d'avoir des enfants, et vertueux et nombreux : ou plutôt ne nous étonnons ni de l'un ni de l'autre, ni de ce qu'elle réussit comme elle le méritait, ni de ce qu'elle garda sa modération dans une prospérité dont elle était digne. Elle ne se sentit pas le cœur gonflé d'orgueil au milieu de l'affluence de tous les biens, elle qui ne prononça jamais un mot insolent comme le fit, dit-on, une vieille femme à qui avait souri la fortune : on célébrait les jeux à Olympie — pendant ces jeux il était défendu aux femmes d'y paraître — une vieille s'avance vers le stade ; le magistrat préposé aux jeux la repousse et ajoute : « Femme, pourquoi venir ici quand les lois » le défendent ? » « Eh ! qui donc, reprit-elle, a plus que per» sonne le droit de jouir de la fête, si ce n'est celle qui a » amené son fils pour disputer le prix dans cette assemblée, et » dont les frères y ont été proclamés vainqueurs ! »

Marie ne dit rien de semblable, au contraire ; plus les prospérités entraient dans sa maison, plus elle amoindrissait en son cœur l'opinion qu'elle avait d'elle-même ; c'est ce qui lui conserva un bonheur toujours pur.

Voilà ce qui appela de toutes parts vers ce tombeau les autres personnages les plus considérables de la cité, voilà ce qui a amené les populations voisines et rendu vide notre ville, pour peupler la demeure même du silence. Dans cette multitude réunie sur le même point, on n'a pas vu des gens louant les actions de la défunte, tandis que d'autres écoutaient leurs paroles ; non, chacun voulait avoir des auditeurs afin de raconter toutes ses vertus.

Aussi, bien qu'il soit ordinaire à ceux qui veulent faire l'éloge d'une personne de chercher à savoir toutes ses actions, j'ai éprouvé tout le contraire : croyant que ma pensée ne gagnerait rien à ce que j'entendrais raconter de la défunte, je me proposai de m'écarter de ceux qui parlaient d'elle ; je me complaisais dans l'idée fausse que je n'ignorais rien de ce qu'on pouvait dire sur son compte, mais je ne pus trouver nulle part des personnes qui gardassent le silence ou qui ne racontassent que les faits connus de moi.

Où doit-on supposer qu'une âme semblable ait terminé sa course ? Il est évident que c'est dans ces champs délicieux pleins de consolations et de bonheur paisible, où soufflent vraisemblablement de doux zéphirs, où coulent des flots transparents, de pures fontaines, où se trouvent enfin tous les plaisirs que peut donner une riante prairie [1]. Il est beau, pour bien des raisons, de pénétrer dans ce port, mais surtout parce qu'il ne s'ouvre point pour les méchants. Elle entra donc dans cet asile divin, devant elle marchent ces vertus qui ont environné sa vie, elles lui montrent son époux, elles lui montrent ses parents, elles la conduisent dans le lieu sacré qu'habitent ceux qui ont fait le sacrifice de leur corps pour sauver leurs âmes. Ceux-ci la reçoivent avec une affectueuse bienveillance à cause du culte qu'elle leur rendait, à cause de sa vénération pour ses parents, à cause de l'éducation qu'elle a donnée à sa jeune famille, à cause de ses abondantes largesses [2] par lesquelles elle a rendu aux malheureux leur indigence plus légère. Qu'ils sont nombreux ceux dont elle a marié les filles à l'âge de l'hymen, après les avoir généreusement dotées de ses épargnes ! Qu'elle a nourri d'orphelins laissés dans l'abandon ! Que de veuves célèbrent son zèle officieux ! Que de lettres envoyées par elle, les unes vers un de ses enfants, les autres vers un autre et toutes écrites dans un même but : faire arriver à bien les vœux des suppliants ! Et quand sa générosité se partageait ainsi entre tant de malheureux, si quelqu'un, voulant se faire une idée de cette bienfaisance sans pareille, avait conduit en un lieu quelconque ceux qui avaient reçu ses bienfaits pour leur demander qui avait le plus senti les effets de sa bonté, chacun eût répondu, c'est moi ! Or, chacun se croyant ainsi privilégié, il en résulte cette preuve qu'elle répandait également ses dons entre

[1] Remarquons le curieux mélange de sacré et de profane que présente le tableau des jouissances réservées à Marie dans l'autre monde, en récompense de ses vertus.

[2] χορηγία dépense pour le chœur, ici aumône.

tous et que ses bienfaits avaient toujours la mesure suffisante pour être efficaces.

Puisque j'ai fait mention de ses lettres, je veux en dire quelque chose : c'est là que vous la verrez véritablement simple de cœur, pleine de bonté et désireuse d'épargner de la peine à tout le monde : deux personnes se disputaient une certaine chose et, peu à peu, comme il arrive, la querelle s'agrandit au point qu'elle nécessita l'intervention de l'autorité. Elle écrivit à son fils pour les recommander l'un et l'autre et demander qu'ils gagnassent tous deux [1] leur procès, tant elle avait de douceur, tant sa bonté naturelle ignorait le mal et aussi les affaires !

Je suis convaincu que, dans sa bienfaisance innée, elle indiquait des remèdes aux malades auxquels elle apparaissait en songe, ainsi que la chose arriva à celui de ses fils qui administre notre ville. Une affaire qui réclamait une prompte solution l'avait obligé de se rendre près de l'empereur. Après l'avoir arrangée selon ses vues, il revenait avec la même hâte et repassait de la même manière par cette route d'un parcours difficile pour des cavaliers. A mi-chemin, un bubon lui pousse tout-à-coup : lorsque la nuit fut venue, il eut peine à dormir au milieu de ces douleurs qui écartaient le sommeil ; il dormit cependant le temps nécessaire à une courte vision. Dans ce rêve, sa mère lui demandait la cause de son retard et il lui apprenait ses souffrances : celle-ci, avançant la main, décrivit le symbole du supplice d'un Dieu (τοῦ θείου πάθους συμβόλος) et il lui sembla cette nuit même être délivré de son mal ; le jour venu, il était en effet guéri [2]. Il est donc vraisemblable que les Vertus, mères de ses actions, lui faisaient la grâce que nous venons de dire, et elles prouvent par son exemple que la plupart des hommes se trompent quand ils ne les croient pas des réalités intelligentes [3].

[1] Voici un trait qui nous gâte un peu les vertus de la défunte : la simplicité du cœur y est fort voisine du manque de jugement. Le subtil représentant de la civilisation antique prendrait-il à la lettre l'adage évangélique : « Bienheureux les pauvres d'esprit... ? »

[2] Remarquons ce retour aux superstitions du culte d'Isis, au milieu desquelles le signe de la croix joue un rôle ? Faut-il s'en prendre au voisinage de l'Égypte ? On sait que le culte d'Isis est celui qui, en Égypte, résista le plus longtemps aux progrès de l'Évangile ; il était encore en vigueur à Philes (Haute-Egypte) au milieu du Ve siècle de notre ère (voir le supplément de l'Encyclopédie moderne, article *Isis*).

[3] Je préfère à la correction ἀνονήτους l'expression primitive ἀνοήτους.

O cortége témoin d'un si digne empressement de la part des fils, des filles, et des petits-fils qui l'accompagnent jusqu'au monument funèbre ! O mort sur laquelle il ne faut point verser de larmes ! Voilà la fin qu'elle méritait, la fin qu'elle désira plusieurs fois auparavant et même pendant sa maladie ; car l'aîné de ses fils, dans son émotion, ayant versé des pleurs : « J'ai obtenu, dit-elle, ô » mon fils, ce que j'ai désiré. » Telle est la mort la plus douce aux yeux de toute femme de sens. Il ne faut pas en effet que la mère pleure sur ses fils, mais que le fils voie sa mère morte avant lui : c'est ce que se dit cette femme peu de temps avant sa fin. Elle fut bien loin de ressembler aux autres vieillards qui, jusqu'à un certain temps, feignent de vouloir mourir, et disent qu'ils ont assez joui de la vie ; mais que l'un d'eux, tombant malade, se sente près de sa dernière heure, alors il découvre le fond de son cœur, il trouve trop courte la durée de l'existence humaine et reporte sa pensée comme ses regards vers les jouissances de la vie.

Socrate au moment de mourir, voyant tous ses amis fondre en larmes, leur reprocha leur faiblesse d'âme et renvoya les femmes qui se lamentaient, afin, dit-il, de ne pas commettre en cela quelque faute : ainsi, il regardait comme une faute l'action de verser des larmes. Pour nous qui sommes maîtres des autres mouvements de notre cœur, comme l'avarice, la plaisir, la colère, il convient que nous nous rendions maîtres encore de cette dernière faiblesse, la douleur. Toute émotion doit être évitée par les sages, et le chagrin doit l'être d'autant plus que la volupté, la richesse, la colère entraînent avec elles une sorte d'excuse pour ceux qui pèchent par elles [1]. La volupté donne la joie ; la richesse, le gain ; la colère, la punition des ennemis ; mais le chagrin ronge celui qui l'éprouve et ne produit aucun autre résultat.

Je suis convaincu que vos sœurs irréprochables — quoique par nature la femme se brise facilement sous le poids du chagrin —

Cette existence personnelle prêtée aux *vertus* présidant aux actions humaines constitue une sorte de paganisme chrétien qui devait plaire à Choricius. Il était d'ailleurs du goût des Grecs : n'ont-ils pas dédié le plus célèbre de leurs monuments religieux, à la *sainte Sagesse*, dont peu à peu on a fait *sainte Sophie ?*

[1] Singulières consolations pour des chrétiens ; plus singulières encore quand on songe qu'elles sont à l'adresse de deux évêques. Nous les avons vues du reste dans la lettre de Plutarque à sa femme sur la perte de leur jeune enfant, page 236.

supporteront courageusement ce malheur, si toutefois Platon a dit vrai, lui qui a avancé que, non-seulement aux hommes, mais encore aux femmes dignes d'estime, il convient de ne pas pleurer.

Peut-être vous sentez-vous l'âme abattue en songeant qu'elle était votre mère, qu'elle vous avait portés dans ses bras, vous montra la route jusqu'à l'âge où vous êtes, s'était sentie heureuse de vos honneurs et vous avait aimés d'une tendresse telle qu'elle vous cacha le danger, même au plus fort de sa maladie, et pria nos Asclépiades de vous répondre qu'elle allait mieux, lorsque vraisemblablement vous leur demanderiez des nouvelles de sa santé...

Ces souvenirs, éveillant naturellement chez vous des regrets, font sortir des regrets la douleur. J'en excepte ce qui excite en vous de l'admiration pour elle. Ces derniers souvenirs peuvent être un adoucissement pour vos peines, car il est évident qu'elle gardera toujours votre affection et vous procurera un surcroît de bonheur.

Car s'il faut dire quelques mots de philosophie — et il le faut quand on parle d'une femme aussi parfaite — les écrivains les plus habiles [1] sur cette matière disent et prouvent que les âmes de ceux dont la vie a été pure, quand leurs corps ont été déposés dans la tombe, jouissent de pouvoirs plus étendus qu'avant la mort [2], de manière qu'on doit attendre d'elle des bienfaits supérieurs à ceux d'autrefois. Du reste il faut songer que s'il n'est pas donné aux hommes de vivre immortels, il leur reste un grand bonheur, celui de terminer leur vie sur le seuil désiré de la vieillesse. Solon devant Crésus, roi de Lydie, vante la félicité de l'Athénien Tellus, parce qu'il mourut heureux père et heureux aïeul. Celle-ci dépassa d'autant plus le bonheur de Tellus qu'elle put voir des enfants de ses petits-enfants. Le théâtre l'eût avec raison proclamée heureuse, puisque son bonheur [3] traversa sa dernière heure ; un poète pourrait donc écrire en vers sur son tom-

[1] Pourquoi les *écrivains les plus habiles* et non les livres saints ?

[2] Quoique ceci soit rapporté à la philosophie, il est facile d'y constater le pouvoir reconnu par l'Église à l'intercession des saints et par conséquent une croyance chrétienne.

[3] Remarquons cet emploi de l'un des lieux communs les plus usités de l'oraison funèbre païenne : *le bonheur durant la vie.* Qu'il y a loin de ce point de vue tout sensualiste à celui du christianisme, qui n'envisage la vie que comme un temps d'épreuve !

beau, cette inscription que jé prononce en prose, car je ne suis pas poète : « Ne pleure pas en voyant cette tombe : ici git une » femme âgée : rien en elle ne doit faire verser des larmes, toute » sa vie fut digne de respect, elle laissa en mourant des fils, des » petits-fils, des arrière-petits-fils. »

Vu et lu,

A Paris, en Sorbonne, le 30 mai 1860, par le doyen de la Faculté des lettres de Paris.

J.-Vict. LE CLERC.

Permis d'imprimer :

Le Vice-Recteur,
ARTAUD.

TABLE DES MATIÈRES

SUPPLÉMENT A LA TROISIÈME PÉRIODE.

QUATRIÈME PÉRIODE.

SUPPLÉMENT A LA QUATRIÈME PÉRIODE.

APPENDICE.

www.ingramcontent.com/pod-product-compliance
Ingram Content Group UK Ltd.
Pitfield, Milton Keynes, MK11 3LW, UK
UKHW020202250726
13967UKWH00003B/1216